中国近现代出版企业制度研究

范　军　主　编
欧阳敏　副主编

中国传媒大学出版社
·北　京·

出版是理想主义者的事业，

而理想让出版人拥有尊严。

作者手记

范军，1961 年生，湖北荆门人，历史学博士。《华中师范大学学报》主编，华中师范大学文学院二级教授、博士生导师，文化传播研究中心主任，国家文化产业研究中心兼职教授。曾任华中师范大学出版社总编辑、社长、董事长。第五届全国百佳出版工作者。首批全国新闻出版行业领军人才。

长期从事出版实践和出版教育，致力于出版文化与产业、出版史、文化传播学的研究。主持国家社科基金项目、国家科技支撑计划项目、教育部人文社会科学基金多项。出版《出版文化散论》《中国出版文化史研究书录》《中国出版文化史论稿》《中国诗歌编辑史专题研究》《现代书业广告二十家》《中国共产党出版史研究综论》《岁月书痕》《苏东坡的人生哲学》等论著十余部。在 CSSCI 来源期刊发表论文 100 余篇。研究成果获湖北省社会科学优秀成果一等奖、武汉市社会科学优秀成果一等奖、中华优秀出版物奖优秀出版科研论文奖多项。

本书辑录“中国现代出版企业制度研究”系列论文

荣获第十一届湖北省社会科学优秀成果奖一等奖

出版说明

中国出版产业发展研究丛书是中国传媒大学传播研究院编辑出版研究中心策划并主持的出版项目。丛书直面深化出版体制改革、出版产业政策调整、当代出版文化等重大问题，多视角、全方位地为中国出版产业的发展提供理论支持和实践参考。丛书有幸被列为国家出版资金资助项目，已陆续推出第一辑和第二辑。

当前，中国特色社会主义进入了新时代。这是我国发展新的历史方位，也是我国新闻出版业发展的重要契机。要推动新闻出版业实现高质量发展，必须进一步深化文化体制改革、完善文化管理体制，健全现代文化产业体系和市场体系，重视传播手段建设和创新，提高国际传播能力。在这个新时代，我们的中国出版产业发展研究丛书有志成为一个开放性平台，聚合起更多同行者，跟进、反思并推动中国新闻出版业的改革和发展，为此进程不断地贡献力量。

德不孤，必有邻。感谢为丛书贡献智慧和力量的各位作者，这是中国出版人和出版研究者共有的平台。我们坚信，中国出版产业改革一直“在路上”，我们的研究和行业观察也一直“在路上”。祝愿丛书不断延续，日益精进。

目　录

宏观与中观：近现代出版企业制度的回顾与反思

商务与中华：近现代出版企业双子星座的引领与示范

其他书局:近现代出版企业制度的模仿与创新

人物与史料:近现代出版企业制度的关键与基础

宏观与中观：
近现代出版企业制度的回顾与反思

试论建立有文化特色的现代出版企业制度

——兼谈出版企业制度中非正式制度的作用

一、问题的缘起

2015年9月，中共中央办公厅、国务院办公厅印发了《关于推动国有文化企业把社会效益放在首位、实现社会效益和经济效益相统一的指导意见》（以下简称《指导意见》）。《指导意见》强调，文化企业提供精神产品，传播思想信息，担负文化传播使命，必须始终坚持把社会效益放在首位、实现社会效益和经济效益相统一。其实，这个文件标题中的提法本身并不新鲜，之所以现在重新提出，又刻意在标题中予以强调，一方面是一种新形势下国家意志的体现，是一种宏观的导向；另一方面，也说明前些年国有文化企业包括出版企业改革中出现了一些偏差，过分注重文化企业的经济功能、经济效益，在一定程度上忽视了社会责任与社会效益。《指导意见》在“总体要求”部分明确指出：“以建立有文化特色的现代企业制度为重点，以落实和完善文化经济政策、强化国有文化资产监管为保障，建立健全确保国有文化企业把社会效益放在首位、实现社会效益和经济效益相统一的体制机制，打造一批具有核心竞争力的骨干文化企业，推动社会主义文化大发展大繁荣。”这里，把“建立有文化特色的现代企业制度”提高到了一个十分重要和突出的地位。

国有文化企业需要建立的“有文化特色”的现代企业制度到底包括哪些内容，如何进行建设，中央文改办负责人有过论述，《指导意见》中也有所阐发。《在两个效益相统一方面发挥示范引领作用——中央文改办负责人答记者问》一文中有这样一段话：“建立有文化特色的现代企业制度，是文化企业区别于一般工商企业的重要特征，其目的就是要推动文化企业把握正确导向，突出文化特色，形成文化企业特有的经营理念和治理结构，确保把社会效益放在首位、实现社会效益和经济效益相统一。具体来说，在经营理念上，要强化文化企业意识形态属性，明确把社会效益的要求体现在企业宗旨中，贯穿到生产经营管理各环节和全过程，成为广大员工的自觉追求和行为准则；在治理结构上，要加强文化企业党组织建设，科学设置企业内部组织机构，健全党委领导与法人治理相结合的管理体制，确保正确内容导向；在绩效考核上，要推动文化企业建立科学的内部绩效考核体系，实行差异化考核，突出社会效益。”①这里讲的“经营理念”“治理结构”“绩效考核”三个方面虚实结合，而偏于实际应用，特别是治理结构和绩效考核都是很具有操作性的内容。

在《指导意见》中，也有一些关涉有文化特色的现代企业制度的具体表述。论及“完善企业内部运行机制”时《指导意见》指出，“科学设置企业内部组织结构。企业党委成员以双向进入、交叉任职的方式进入董事会、监事会和经营管理层，党委书记任董事长，切实履行内容导向管理第一责任人职责”，“从事内容创作生产传播的文化企业，要建

---

① 在两个效益相统一方面发挥示范引领作用——中央文改办负责人答记者问[N]. 中国新闻出版广电报，2015－09－15.

立和完善编辑委员会、艺术委员会等专门机构，强化总编辑等内容把关岗位的职责，对涉及内容导向问题的事项，具有否决权”，党报党刊、电台电视台等新闻传播单位“可以依法依规开展有关经营活动，但必须做到事业与企业分开、采编与经营分开，禁止采编播人员与经营人员混岗”；论及“推动企业做强做优做大”时指出，“明确股份制改造的范围、股权结构和管理要求”，可以“在新闻出版传媒领域探索实行特殊管理股制度”；论及“强化国有文化资产监管运营”时《指导意见》指出，“充分体现文化特点，制定文化企业无形资产评估指导意见。做好有关清产核资工作，完善和落实文化企业国有资产指定入场交易的具体办法。建立健全文化企业国有资本审计监督体系，建立健全资产损失责任追究制度”；论及“加强企业干部人才管理”时《指导意见》又指出，“建立企业负责人述职述德述廉述法制度，合理确定并严格规范企业负责人履职待遇、业务支出，完善经济责任审计制度”，同时还要“建立企业负责人履行社会效益责任追究制度”；等等。

认真研读《指导意见》以及中央文改办负责人的“答记者问”，我们注意到关涉国有文化企业制度建设的论述，相当一部分是属于“正式制度”，也有少数内容属于“非正式制度”。笔者认为，对于国有文化企业来说，建立“有文化特色”的现代企业制度，“正式制度”的建立健全固然重要，而“非正式制度”问题更加值得重视，因为国有文化企业的文化特色更多是通过非正式制度来呈现的。我们这里要讨论的出版企业（或称出版文化企业）作为国有文化企业的一个重要组成部分，如何在现代企业制度建设中形成文化特色，凸显社会效益优先原则，同样也既需要在正式制度建设方面下足功夫，更需要在非正式制度方面做足文章。这也正是本文探讨问题的重心所在。

二、出版企业与一般工商企业制度建设上的相同性

在特别强调国有文化企业制度建设上的文化特性时，人们容易走入另一个误区，即忽视文化企业与其他一般工商企业（或称非文化企业）在企业制度上的相同性与一致性。既然同为企业，同样要建立现代企业制度，必然有一些基础的、根本的东西是内在一致的，否则，我们说的文化企业特别是本文要探究的出版企业的现代企业制度就无法成立。那么这种矛盾的相同性、统一性，或者说质的规定性具体体现在什么地方呢？笔者认为可以从现代企业制度内涵、特征、内容三个方面来看。

首先是出版文化企业与一般工商企业在现代企业制度内涵上的相同性。

什么是现代企业制度？它的内涵到底是什么？回答这两个问题，要顺着企业、企业制度、现代企业制度的逻辑来分析。所谓企业，就是由人、财、物等要素组合而成、以营利为目的的经济组织。而企业制度，则是以企业财产组织形式体现的、用于调节生产要素所有者之间权利和利益分配关系的“契约”。从总体上来说，企业制度是以产权为核心的企业组织与管理制度。其基本内涵包括企业形态和企业管理制度。

出版文化企业与一般工商企业在企业形态上的内涵无疑是相同的。企业制度中的企业形态，主要有经济形态、法律形态和经营形态。从经济形态看，企业制度是产权关系的契约；从法律形态看，企业制度是指依法确立，并以法律来规范和调整组织行为的企业形态；从经营形态看，企业制度是指企业经营方式的组织形态和组织制度。民国时

期的出版企业像商务印书馆、中华书局、世界书局、大东书局、开明书店、文通书局①等都初步具备了这种企业形态。张元济一再强调的"在商言商"其实质就是指这种出版企业与一般工商企业企业形态内在的一致性、趋同性。否则,老商务就不成其为企业。关于出版文化企业与一般工商企业在企业管理制度上的相同性,也是不言而喻的。对此,我们在下文谈现代企业制度内容时还会涉及,此处就不展开了。

其次,出版文化企业与一般工商企业在现代企业制度的内涵方面也是具有相同性的。

"现代企业制度是指在现代市场经济条件下,以规范和完善的法人制度为主体,以有限责任制度为核心,以公司制企业为主要形式的企业制度。"②作为现代企业制度主体的公司制,其表现形式主要有限责任公司和股份有限公司两种,基本的特征是产权清晰、权责明确、政企分开、管理科学。"产权清晰,就是要用法律手段来界定企业的出资人与企业组织的基本财产关系;权责明确是指在产权关系清晰的基础上,企业通过法律来确立出资人与企业法人各自应履行的义务和承担的责任;政企分开,是指在产权明晰的基础上,实行企业与政府的职能分离,理顺政府与企业的关系;管理科学,是指企业内部的管理制度既能体现市场经济的客观要求,又能体现社会化大生产的客观要求。"③上述对现代企业制度的界定和内涵的概括,既适合一般工商企业,也同样适合出版文化企业;这种一致性在 2003 年以来的出版文化体制深化改革中有很充分的展现。

2009 年 4 月,国家新闻出版总署印发了《关于进一步推进新闻出

---

① 本书中个别处根据行文需要,或简称"商务""中华"等。

② 孙义敏,杨洁. 现代企业管理导论(第 2 版)[M]. 北京:机械工业出版社,2010:27.

③ 汤少梁. 现代企业管理管理概论(第二版)[M]. 南京:南京大学出版社,2010:11.

版体制改革的指导意见》。这个《意见》明确提出，推进新闻出版体制改革的目标任务之一，是“全面完成经营性新闻出版单位转制任务，建立现代企业制度”；而按照中央有关要求，“党政机关所属新闻出版单位转制为企业后原则上逐步与原主办主管的党政机关脱钩。已经完成转制的新闻出版单位要按照《公司法》的要求，加快产权制度改革，完善法人治理结构，建立现代企业制度，尽快成为真正的市场主体”。自 2009 年以来，陆续完成改制任务的出版社，无一例外都在原来名称的后面加上了“有限责任公司”或者“有限公司”字样；一些集团公司，后来组建成了“股份公司”。这种添加或改变，不仅仅是文字符号的增添或改变，其实质是从事业到企业的性质转变。

其三，出版文化企业与一般工商企业在现代企业制度的内容方面也同样具有相同性。

现代企业制度的基本内容包括产权制度、组织制度和管理制度三个方面。在这三个方面的企业制度建设上，出版文化企业与其他一般工商企业就基本面来讲也并无二致。众所周知，产权制度也即企业法人制度，其关键在于确立企业法人财产权，理顺和完善国家与企业的财产关系，实行出资者所有权与法人财产权的分离。现代企业组织制度，则是企业组织的基本规范。它规定企业的组织指挥系统，明确人与人之间的分工与协调关系，规定各部门及成员的职责。而公司管理制度，是公司管理活动的制度安排，包括公司经营目的和观念、公司目标与战略、公司的管理组织以及各业务职能领域活动的规定。我国传统具有事业性质的出版单位实行转制改企，其实质就是要按照现代公司的一般法则，建立完善的产权制度、组织制度和管理制度。而民国时期已基本具备现代公司制度形态的商务印书馆，从产权制度、组织制度、管理制度角度看，与当时其他工商企业并无本质的差异，倒是共性大于个性,一般多于特殊。[①]

我们探讨出版企业与一般工商企业在现代企业制度建设上的相同性、一致性,一方面是为了方便下文讨论出版企业制度的文化特色问题,另一方面还因为当今的出版文化企业在一般意义上的现代企业制度建设方面并没有很好完成任务,比如产权关系并没有真正理清,法人治理结构尚不完善,政企不分或隐或显地还存在着,严格意义的市场主体地位并没有确立,等等。这些都不是"文化特色"的问题和范围,但同样需要通过进一步解放思想、深化改革来解决。

三、现代出版企业制度建设中的非正式制度因素

出版文化企业的现代企业制度建设包括一般和特殊两个方面。一般意义上的出版企业制度建设,必须遵循现代企业制度建设的一般规律,严格按照《公司法》的基本规范和要求,并吸纳国内外企业制度建设的经验与教训,走常规化、法制化道路。2009 年以来出版社转制改企陆续到位后,出版文化企业一直在这个方面进行积极探讨,成效是明显的。当然,其中无论是在产权制度,还是组织制度,抑或管理制度建设方面,与成熟的、规范的现代企业制度尚有一段距离。这方面的建设还必须进一步推进,这种建设主要是从正式制度上发力的。而从特殊意义上讲的建设有文化特色的现代出版企业制度,要形成"文化"内涵、彰显"文化"特色,笔者以为当更多从非正式制度建设入手。

---

① 范军,何国梅.商务印书馆企业制度研究(1897—1949)[M].武汉:华中师范大学出版社,2014.

非正式制度是西方新制度经济学家提出的一个概念。其基本含义是,制度是由正式制度和非正式制度两种规则要素构成的。正式制度是人们有意识地建立起来的,并以正式方式加以确定的各种制度安排。它通常是成文的并由权力机构来保证实施的,如法律、条例、政府法令、公司章程、商业合同等。非正式制度,又称为非正式约束、非正式规则,指的是人们在长期社会交往过程中逐步形成,并得到社会认可的约定俗成、共同恪守的行为准则,包括价值观念、习俗、传统、道德伦理、意识形态等。在人类行为的规则约束体系中,尽管正式制度构成了基本结构,但对人们行为的具体约束大部分是由非正式制度来维持的。非正式制度既是正式制度形成的基础,也是正式制度有效发挥作用的必要条件。对于二者的对立统一关系,有不少著作和文章进行过探讨,兹不赘述。

在非正式制度的诸多要素中,价值观念显得十分重要。"非正式制度在本质上是一种价值观念体系,这种价值观念体系在国家出现之后,会转变成国家意识形态,但公众中的价值观念体系仍然被保留下来。在这种价值观念体系的支持下,人们通过内心判断,自发地知道什么是社会推崇的行为,什么是社会厌恶和禁止的行为。虽然在这里不存在正式制度的强制性约束,但人们清楚地知道自己行为的后果。"①事实也充分证明,这种价值观念在现代出版企业的制度建设中也具有极其重要的作用。对此,我们可以民国时期著名的开明书店为例来略加阐释。在旧中国的出版企业中,既有现代企业制度因子,又不乏鲜明文化特色者,开明书店无疑是一个典型代表。

成立于 1926 年 8 月的开明书店,创办人是章锡琛、章锡珊兄弟;

---

① 伍装. 非正式制度论[M]. 上海:上海财经大学出版社,2011:10.

从企业形态来说，最初应属于股份合伙制。到 1928 年，由夏丏尊、杜海生、丰子恺等人共同发起，将开明书店改组为股份有限公司，资本总额为 5 万元。1929 年公司正式成立，1930 年增资 5 万元，1931 年增资 10 万元，1933 年增资 5 万元，1936 年增资 5 万元，共计股本 30 万元。“开明书店改组为股份有限公司后，业务发展迅速，规模日益壮大，编辑机构迁至虹口梧州路，发行所从宝山路迁至上海书业集中的望平街。1932 年 1 月，开明书店又搬到福州路，成立门市部，与中华书局毗邻。1934 年，总公司参照商务、中华的组织体系，设有 3 个处所、1 个室、18 个部、33 个课和 4 个委员会，员工一百多人，俨然已是一家大书店。在当时的书业界，其规模仅次于商务、中华、世界和大东，排行第五，并在业界和读书界，享有良好的口碑。”①时至今日，人们对开明的印象仍旧是浓浓的“书卷气”，浓浓的“文化味”。但我们仔细查阅资料，发现开明书店在正式制度上与那个年代的其他出版机构并无大的区别，即便是与其他非文化企业相比，在产权制度、组织制度和管理制度等方面也没有本质的差异。汪耀华选编的《民国书业经营规章》收录了开明书店的 28 份规章制度文件，主要是企业组织制度和管理制度方面的，包括《开明书店股份有限公司组织大纲》《经理室暂行办事规程》《编译所暂行办事规程》《营业处暂行办事规程》《职员待遇暂行章程》《练习生规则》等，全面、具体、细致，很具有操作性。② 仔细阅读这些规章，我们仍旧无法感受开明书店企业制度上的“文化特色”。那么，到底是什么铸就了开明书店的文化特色呢？我认为主要是非正式制度，而不是这些规规矩矩，甚至有些冷冰冰的正式制度。

① 王余光，吴永贵. 中国出版通史（民国卷）[M]. 北京：中国书籍出版社，2008：108.
② 汪耀华. 民国书业经营规章[M]. 上海：上海书店出版社，2006：281－360.

唐锡光在《开明的历程》一文中，专门有一节谈“开明人和开明风”。[①] 他说：“组织和支持开明书店的，几乎都是章锡琛的同事和好友。他们大多数是文化人，如作家、教师、编辑等，由于各人的旨趣相投，所从事的职业相同，还一起参加学会和一起办学，因此在开明同事之间，一般都是和睦相处，友情深厚。”这些开明同人有着共同的文化教育理想和出版价值观念，形成了一种独特的开明风格和开明精神。这种风格和精神在叶圣陶为开明书店成立二十周年写的那首诗中较好地体现出来，诗云：“书林张一军，及今二十岁。欣兹初度辰，镂金联同辈。开明夙有风，思不出其位。朴实而无华，求进弗欲锐。惟愿文教敷，遑顾心力瘁。此风永发扬，厥绩宜炳蔚。以是交勉焉，各致功一篑。堂堂开明人，俯仰两无愧。”正是开明人的文化人本色，使他们素来注重出版与教育的紧密联系，关注出版对社会的文化贡献，强调出版物的内在质量，不苟且，不滑头。作为出版企业的开明书店通过非正式制度因素，形成了自成高格的文化品位和浓郁醇厚的文化特色。这一点，在当时的文化生活出版社中也有很好的呈现。看来，王余光、吴永贵在《中国出版通史》（民国卷）中把两家书店放在同一节来阐述，自有其道理和考量。

非正式制度的内容是丰富多样的，不同国家、不同民族和不同人种，往往存在着不同类型的非正式制度。企业制度中的非正式制度，也是富有内涵且千差万别的。一般而言，从宏观看非正式制度最重要的是意识形态，具体到企业内部则是价值观念。这一点我们从前举开明书店已约略可见。像开明书店、文化生活出版社这样的出版文化企业，从主体的人员构成来看，就是一个价值共同体、理想信念共同体。

---

① 中国出版工作者协会. 我与开明[M]. 北京：中国青年出版社，1985：311－312.

虽说它们也实行股份公司制，但又辅以"同人"性质，办书店（出版社）是一批志同道合者的共同事业。书业同人展现出来的崇高理想、价值观念、人文关怀，对企业的发展起着至关重要的作用。"虽然与正式制度相比，非正式制度对人的约束是软约束，但却是更持久、更坚韧的约束，由于非正式制度涉及人的价值观念、文化传统、理想和终极关怀等，非正式制度约束又是一种对人类行为的终极约束。"[①]在出版文化企业的制度建设中，如果说正式制度带有浓厚的"他律"色彩，非正式制度就明显具有"自律"的性质。二者有机结合，才能共同铸就出版企业的制度文化，推动企业健康发展。

值得注意的是，非正式制度具有复杂性、多面性，其中既有正能量的积极因子，也不乏消极的因素，一些所谓"潜规则"其实也属于非正式制度的范畴；有些很好的正式制度在执行过程中往往大打折扣甚至形同虚设，有时候就是被一些非正式制度（潜规则）消解了。因此，出版企业的非正式制度建设当取其精华，去其糟粕。

四、两点思考

建设有文化特色的现代出版企业制度是一项系统工程，需要从立法机构到政府部门、再到企业自身的共同努力。2015 年在中国出版协会六届六次常务理事会暨中国出版年会上，全国人大教科文卫委员会主任委员、中国出版协会理事长柳斌杰指出，今后五年是非常关键的五年，新闻出版整个制度在"十三五"期间要基本形成。"在柳斌杰看来，未来五年，中国新闻出版的基本制度要更加完善，包括它的性质、

---

① 伍装. 非正式制度论[M]. 上海：上海财经大学出版社，2011：16.

定位、产权关系、收益关系、政企关系、政事关系等，基本制度要定下来。其二，相关的法律法规要基本健全。"[①]为配合这一制度建设，宏观管理的体制要进一步理顺，而微观经营管理也需要常态化、制度化。笔者认为，这些制度建设十分紧迫也非常重要，它们主要属于正式制度；与此同时，我们还需要进一步加强非正式制度的建设。回眸中国近现代出版企业制度建设的历史，结合当下新闻出版企业制度建设的实际，我们觉得以下两点值得特别注意。

首先，不同的出版企业在制度建设上并没有统一的模式。作为文化企业的出版机构无疑都需要在制度中凸显文化特色，但不同的出版社或出版集团，正式制度与非正式制度结合上所呈现的面貌是不相同的。一些巨型的出版社、超大的出版传媒集团往往对正式制度的要求更高、更严，一些中小出版机构，像现代出版史上的一些具有同人性质的书店（出版社）、刊社，则非正式制度发挥的作用往往更加明显。民国时期的商务印书馆与文化生活出版社、开明书店等就有这样的区别。老作家萧乾在《我与商务》一文中，谈及他最初在商务印书馆出版的三本书以及后来由文化生活出版社出版的著作，感受到两家出版机构的区别。他说："不像文化生活出版社，商务不是同人出版社，对我没有那么亲切。但另一方面，我感觉它有现代企业的制度。没有一本书像《书评研究》跟我那么久！1935 年以后，我的生活流动性很大。但不论我走到上海、香港、英国，战后 1949 年又由香港回到北京，商务总按季度向我报告该季度销了多少册，作者应得版税若干，并如期汇到。1935 年在商务出的书，版税通知单一直追踪我到解放后，只有严

① 陈香. 柳斌杰：五年建成中国出版基本制度[N]. 中华读书报，2015－01－27.

格的企业制度才能做到这一点。”[1]吴朗西、巴金等人主导的文化生活出版社在读者中也有良好的口碑，在书刊出版与经营中也十分注重诚信，但他们更多依靠所秉持的“安那其主义”的人生信念，是道德自律，是靠非正式制度的约束。

其次，在有文化特色的现代出版企业制度建设中，领军人物的作用极其重要。在中办、国办的《指导意见》中，多处涉及文化企业制度建设中的人事问题，可见在企业制度建立健全过程中，人的因素是至关重要的。与出版企业相关的重要人事方面的制度安排，既有对传统做法的延续和进一步强调，如强化总编辑内容把关的职责；也有与以往做法（如社长负责制）不同的新的制度安排，如党委书记兼任董事长，履行内容导向管理第一责任人职责。这种重要岗位的制度安排，其用意无疑是很好的。我个人觉得，这里面关键还是这些领军人物自身的素质与能力问题。如何选择人岗相宜者担任党委书记（兼董事长）、社长（总经理）、总编辑，如何协调和处理好几个重要岗位之间的关系，如何协调和处理好“新三会”和“老三会”之间的关系等，都有很多问题值得探讨。从建设有文化特色的现代出版企业制度角度来看，一家出版机构有无文化品位和文化特色，关键还要看“掌门人”的类型和素质。拿民国时期的商务印书馆和世界书局相比，前者显然更有文化品位和人文情怀，也更好地承担了企业的社会责任。若看企业正式制度，二者基本没有什么区别，真正的差异是在非正式制度上，商务印书馆（前期）的领航人是张元济——一个一流学者兼现代儒商，而世界书局的掌舵者是沈知方——一个典型的出版商人。被誉为知识分子心灵家园的三联书店，在范用、沈昌文、董秀玉这些文化人先后掌舵时

---

① 商务印书馆一百年[M].北京：商务印书馆，1998：76.

期，皆能坚守文化品格，彰显文化特色，成就卓著。但同样是这家老牌出版机构，在20世纪90年代也曾出现了所谓“三联风波”，差点偏离了传统的文化轨道，引起出版界和文化界轩然大波。这其中最重要的原因就是当时接手的掌门人不是真正的文化人。这个教训十分深刻，从反面正好说明了领军人物对出版文化企业风格、品牌建设的极端重要性。这也印证了原中国青年出版社社长胡守文“社长是出版社的名片”那句名言。

笔者曾经把出版人大致分成了文化人型、商人型、政治家型和企业家型四种类型。[①] 我们今天要建立有文化特色的现代出版企业制度，就必须培养更多文化人型的出版家。这种文化人型的出版家要像张元济、邹韬奋、陆费逵等人那样，兼具政治家素养、文化人情怀和企业家精神。只有形成了优秀出版家成长的现实环境和体制机制，有文化特色的现代出版企业制度的建设才会更加顺利。

（原载《中国出版》2016年第11期，作者范军）

① 范军. 论出版人的文化类型[J]. 河南大学学报(社会科学版)，2015(3)：149－156.

试论中国出版企业制度的近代化转型

从企业组织的角度说，中国传统出版业无疑是以独资为主，兼有合伙经营特点的。从技术、形式、内容、贡献及影响来说，则也有自己的独特方面。“以木板刻印为出版技术特征，以线装竖排为装订排版形式，以经史子集为主要出版内容的传统出版业，自唐代以降，千余年连绵不绝，在繁荣中国传统学术文化、促进世界文明进步方面，作出了巨大贡献。若不是1840年的鸦片战争，古老中国在西方列强武力的冲击之下，被迫开始近代化之旅，传统的雕版印刷也许还会像往朝历代一样，波澜不惊地缓步前行。然而，历史是不能假设的。1842年8月清朝政府与侵略者签订的城下之盟，决定了中国社会再也不可能按照自己固有的方向继续发展，中国古老的传统出版也在中国社会的近代化进程中，开启了行业变革的历史新途。”①这个转型当然包含了十分复杂的因素，有“技术的新手段，经营的新方式，出版物的新内容，出版观的新调整，出版职业的新确立，出版体制的新变迁，出版布局的新转移，出版文化的新递演”②等。拿技术来说，它就是最活跃的出版生产力要素。近代石印技术的传入与推广，铅印技术主流地位的确立，都极大地促进了我国出版印刷业的快速发展，同时也对图书装帧形态等产生了重要影响。不过，这里笔者更关注的是出版企业制度如产权

① 吴永贵. 中国出版史(下册)[M]. 长沙:湖南大学出版社,2008:3.
② 吴永贵. 中国出版史(下册)[M]. 长沙:湖南大学出版社,2008:25.

制度、组织制度、管理制度的近代化问题,它为什么转型,又是如何转型的。

一、在华教会和传教士出版活动的影响

"从历史上看,中国新式出版的起步,不是源于传统出版内部条件的自身成熟,而是来自外力的强力推动。新式出版发轫于外国传教士的出版活动。"①经济史学家称这种现象为企业组织发展过程的"非连续性"。在鸦片战争之前,西方传教士的在华文字出版活动就已起步。1813 年来华的伦敦会传教士米怜,主要工作就是协助马礼逊将译成的著作刊刻印行。1814 年,他们得到了大英圣经公会近4 000美元的资助,在澳门办印刷所并出版了2 000本木刻新约圣经,还有其他一些小册子。1815 年,他们又在东印度公司资助下出版了马礼逊编撰的《汉英、英汉字典》,全 3 卷至 1823 年出齐,计有 6 大本4 595页。在报刊方面,则有怡和洋行 1827 年创办的《广州记录报》;郭士立 1833 年在广州创办的《东西洋考每月统计传》(后来迁往新加坡发行),这份报刊被戈公振称为我国现代报刊的"第一种"。此外,还有热心文化出版活动的公理会的裨治文 1832 年在广州创办英文报刊《中国丛报》(亦译《中国文库》或《澳门月报》),该报直到 1851 年停刊,历时长达 20 年。②

1840 年鸦片战争之后,古老中国的大门被西方列强打开,清政府原来对传教士的禁令逐步解除,各国传教士纷纷涌入中国各地,特别

① 吴永贵. 中国出版史(下册)[M]. 长沙:湖南大学出版社,2008:25.

② 姚民权,罗伟虹. 中国基督教简史[M]. 北京:宗教文化出版社,2000:59 - 62.

是一些通商口岸城市。据统计,至19世纪末,来华的各教会团体约有80多个,但基督教的传教士仅81人,到了1890年,便增加到1 000余人。这批佩戴十字架的传教士进入中国,除了兴建学校、开办医院外,还办报刊、设书局,创建了不少新闻出版机构。具有现代意义的出版社、报馆传入中国和发展演进的过程,是和基督教传入中国的路线与过程有相当程度契合的。叶再生《现代印刷出版技术的传入与早期的基督教出版社》一文指出:“最早的一批出版社是基督教出版社。它首先出现在澳门和南洋一带城市,然后迁移或发展到香港、广州,并从这些地方扩展到上海、福州、宁波等沿海港口城市,最后深入到中国内地,并逐步向上海集中。基督教出版社在中国的创办,其模式,包括编辑工艺、经营管理方法等,是从当时的英美移植来的。”①

英国伦敦教会的传教士麦都思1843年在上海创设了著名的印书机构——墨海书馆。② 这是上海最早拥有铅印设备的编辑出版机构,也是中国内地第一个使用铅活字机器印刷的机构,馆址设在上海县城东门外。1845年英租界开辟以后,伦敦教会购进山东路一段为地基,墨海书馆于1861年迁至这里的麦家圈。王韬就曾在这家书馆长期供职,从22岁到34岁一直担任编辑。该书馆前后存在了二十多年,出版印行了《圣经》等宗教读物和一些科学启蒙书籍,还办有由伟力亚烈主编的月刊《六合丛谈》,影响颇为广泛。

美华书馆是我国近代出版史上又一家重要的印刷出版机构,由美

---

① 中国近代现代出版史编纂组.中国近代现代出版史学术讨论会文集[C].北京:中国书籍出版社,1990:48.

② 关于墨海书馆的创立时间,学术界有不同的说法。熊月之《西学东渐与晚清社会》(上海人民出版社1994年版)认为是1843年12月(见该书第183页);潘建国的博士后报告《清代后期上海地区的书局与晚清小说》(未刊稿)(国家图书馆收藏)认为是1844年(见报告第1页)。

国传教士创立,前身是1844年美国基督教(新教)长老会派在澳门开设的华花圣经书房。1845年迁往宁波,并更名为美华书馆;1860年再迁移到经济与文化都更繁荣的上海,地址在上海北京路18号(江西路口)。作为当时规模最大的出版印刷机构,美华书馆有工人100多名,印刷及相应设备精良先进。其铅字及活字有大号、中号、小号和极小号等几种,并将铅字分为常用、备用和不常用几类,常用字最多,足够同时排印几部书籍。在当时,美华书馆规模大,出版物多,在出版界具有垄断地位。据统计,至1897年,美华书馆总共发行图书40万册,其中24万册为传教的劝世文。后期的美华书馆馆址,改在上海牯岭路80号,已经由中国人经营。最后在1923年美华书馆出盘给了商务印书馆。

美国纽约长老会1861年还在上海设立了清心书馆,又称清心书院。该书馆开办较早,早期还是以教育为主,1875年后出版了《小孩月报》《图画新报》两种期刊。商务印书馆的创办人夏瑞芳、鲍咸恩、鲍咸昌都曾就读于清心书院,并结为好友。其中,夏瑞芳是11岁随母到上海,入清心堂读书,三年后入清心书院,半工半读,并开始信奉基督教。后来又先后在两家英文报馆从事排字工作。这些无疑对其后来的商务印书馆创设及运作产生了直接的影响。

从19世纪初叶到清王朝覆灭的约百年间,西方传教士在中国共办了57家出版印刷机构。[①] 有的依托于布道站,如前面提及的墨海书馆;有的作为教育机构、慈善机构或医疗卫生机构的附属,如1880年的汕头英国长老会书馆;当然也还有比较单一的或以印刷出版为主要任务的机构,如美华书馆、福州卫理公会书馆、广学会等。这些书馆、

① 胡国祥. 近代传教士出版研究[M]. 武汉:华中师范大学出版社,2013:141－142.

印刷所由基督教新教创立的为多，占到了 81%，其余为天主教会所设立。它们分布极为广泛，除了通商口岸、繁华都市，还遍布全国许多地区，北至东北有 1881 年成立的牛庄哥伦比亚小书馆，南到台湾有 1884 年成立的台南英国长老会书馆和 1890 年成立的海南岛长老会书馆，西边则有 1905 年成立的喀什福音堂印书馆。

传教士在华出版活动带有鲜明的“事业”性质和“非营利”特征，其主要的使命是宣传宗教教义、传播上帝福音。“其出版的经费主要来源于各种不求经济利益回报的资助。这些资助有教会的资助、社会的捐助以及传教士个人的无私奉献。从经费的直接来源看，教会资助是主要的。”在管理上往往实行简单的成本管理，“如英华书院在印刷宗教品时一直实行印刷成本加 10% 的方式收取印刷费。在管理形式上传教士出版机构多采取社团管理而非企业管理的形式，实行董事会、委员会制和秘书（总干事）制。这里的董事会不是如企业一样以资本为基础的董事会，而是一种以身份和地位为基础的事业机构董事会。特别是无论是董事会成员和秘书、干事，还是一般工作人员（除中国雇员外），他们往往是不支领薪水的。”①这些机构虽为非营利性的，但纯粹由教会补贴、不计成本的，为数极少。它们仍然十分重视加强经营管理，确保效益，着眼长远。

传教士在华出版活动本质上是一种殖民主义文化侵略活动，但它在客观上促进了中西文化交流，其出版物对于长期处于封建思想禁锢下的中国读者来说具有极其深刻的启蒙价值。这些出版活动对中国传统出版业的近代化转型起到了一定的推动作用，一是体现在技术上，二是体现在经营管理上，三是体现在人才培育上。

---

① 胡国祥. 近代传教士出版研究[M]. 武汉：华中师范大学出版社，2013：147 - 148.

石印技术和铅印技术都是随着外国人的印刷出版活动传入中国的。1827年广州出版的《广州记录报》是用英文铅字印刷机印制的。英华书院1843年从马六甲迁来香港，是中国第一家拥有中文铅字设备的印刷机构。1853年创刊的《遐迩贯珍》，就是用英华书院铅印设备印刷的。石印技术在鸦片战争前夕传入中国，1838年创刊的《各国消息》就是石印出版的，当时广州已有石印机三台。铅印和石印技术的引进为国人办报刊、办书局创造了有利条件。“近代出版的发展是一种由传统的非商业性出版向商业性出版发展的过程。商业出版对于印刷的要求就是有速度、有规模，就是高效低价，只有以机械活字为主要特征的近代印刷才能满足这种要求。近代印刷业的发展为近代出版业的发展提供了土壤，也提供了必要的技术条件和产业支撑。换个角度也可以说，中国近代出版业的发展是从印刷近代化开始的。而在中文印刷近代化的过程中，传教士作出了重要贡献。”①此说言之成理。中外企业发展史都一再证明，大机器生产是近代企业组织得以成立的重要前提条件。可以说，没有印刷业的机械化生产方式，也就很难有近代出版企业组织的形成与发展。

传教士的编译出版机构大多具有西方同类机构的特点。在组织模式上，或采用公司制，或采用会社制，规模较大者还实行股份制，设立类似于董事会的管理部门。其最典型者当属1887年设立的同文书会（1892年改为“广学会”）。它由英、美、加拿大等国的传教士、商人、海关和外交官员等39人联合发起，由时任中国海关总税务司的英国人赫德任总理。1888年成立董事会，以赫德为会长，德国驻上海总领事福克为副会长，英国传教士威廉臣为督办。其他机构不如同文书会

---

① 胡国祥. 近代传教士出版研究[M]. 武汉：华中师范大学出版社，2013：147－148.

那样典型,但亦具有程度不同的类似特征。英华书馆1843年由马六甲迁至香港,1847年再迁上海,始终保持着原有组织模式;益智书会由外国传教士与英美商人联合开办,具有类似于同文书会的会社组织模式。这些印刷出版机构,在经营管理方面大多具有比较健全而明确的分工,设有行政领导、翻译编辑、印刷和发行等部门或专职人员。各机构一般由主办教会委派行政领导或联合发起者组成董事会,负责机构的全面工作;再由行政领导者聘请翻译和编辑人员,专事编译工作。有的机构自设印刷所和发行部,亦均聘专人负责。①

至于教会出版机构培育了新式的中国出版人,如黄胜、梁发等,而王韬则是其中一个典型代表,商务印书馆所谓"教会派"中诸元老夏瑞芳、高凤池、鲍咸恩、鲍咸昌等得益于教会出版印刷机构甚多,更是不言自明的。

二、外国在华商人从事出版活动的示范作用

外国传教士在华出版活动主要是事业性质的,但也有少数采取了企业经营模式,但真正从企业制度、出版经营的角度给国人办出版提供经验和样板的应该是外国商人创办的新闻出版机构。中文商业报纸的迅猛发展给了国人办报办刊出书更为直接的刺激和启示。19世纪后期,由外商创办的中文商业报刊在上海出现,最早的一份是北华捷报馆于1861年11月19日创办的《上海新报》,字林洋行出版,初为周刊,1862年5月7日起由周刊改为周三刊,初创时日约销售300份。外商所办商业报纸影响最大的要数《申报》以及《字林西报》《新闻

---

① 虞和平. 中国现代化历程(第一卷)[M]. 南京:江苏人民出版社,2007:88.

报》。我们过去研究这些报纸、报馆以及报人，往往仅限于新闻传播史的视野，其实它们自身及其所具有的出版史、企业史价值是同等重要的。文化机构的企业化是近代中国的一个新趋势、新变化。所谓企业化，就是按照资本主义商品生产与商品流通的规律与方式来经营文化事业，从而在科学管理和规模效应的基础上通过大批量生产以降低成本，来达到占领和扩大市场并获取利润的目的。这里我们重点看看《申报》的新闻理念、出版理念和经营管理。[①]

《申报》是英国商人安纳斯脱·美查等人集资创办的。1872 年 4 月 30 日，《申报》(初名《申江新报》)创刊，起初为两日刊，第五期起改为日报，用毛太纸单面印刷。1874 年 9 月 11 日起，《申报》开始增加篇幅，更换纸张，改用赛连纸印刷。1877 年 6 月 20 日，《申报》再次扩充版面。自 1879 年 4 月 27 日起，《申报》取消每周休刊一天的办法，星期日照常出刊。1884 年，《申报》业务上进一步改进，篇幅进一步扩充，新闻报道进一步加强，纸张质量进一步提升，带来的效果是读者增加、广告激增、经济效益大幅上升。

美查是一个商人，建报馆、编报纸目的就是赚钱，“在商言商”是其从事出版活动的明确理念。但要赚钱，就得面向市场，赢得读者和广告客户，这里报纸的质量与社会影响是关键。因此，美查十分重视办报质量。《申报》创刊之前，美查曾派与王韬相识的钱昕伯去香港考察学习中文报纸经营运作情况。报纸创刊后，他将编辑大权交给蒋芷湘、钱昕伯等熟悉中国国情的中国文人，在外国人所办的报刊中，一直由中国人主持笔政的，这是第一家。在美查的精心策划下，《申报》发行量不断上升。在广告、发行等报业经营上，《申报》积累了不少经验。

---

① 方汉奇. 中国新闻传播史(第二版)[M]. 北京:中国人民大学出版社,2009:58－61.

在创刊的第一年，它采用廉价销售的营销策略，本埠每张8文，外埠10文，趸售6文；雇佣报童在街头叫卖。出版不满半年，日销售数已达3000份以上，并从上海渗透到江浙等地。1873年，《申报》进一步加强外埠发行工作，先后在杭州、福州、广州、北京、长沙、沙市、宜昌等城市设立分销处，聘请经理人员负责该报在当地的发行事宜。没有设分销处的地区，则委托信局代邮。1877年6月20日，《申报》刊出告白，宣布该报每日销数为八九千份。这在当时是很了不起的数字。《申报》还积极宣传广告的作用，向社会招刊广告（即告白），广告50字起计费，每天收费250文，字数多、刊期长的，给予优惠，以鼓励各界人士踊跃刊登广告，充分挖掘了报纸"二次售卖"的潜力和价值。

我们这里需要特别关注的是《申报》的产权制度、组织制度、商业化运作等方面的经验。这种新的制度建设对于中国本土的民族民间报业、书业的引导与示范作用是极其重要的。资本主义为报业带来了充足的资金、先进的技术与广阔的市场。资本主义生产关系渗透到报纸生产的全过程，使报纸的商业化倾向在内部机制上集中体现为一种资本主义企业生产性质，正是在这个意义上，列宁说过："资本主义使报纸成为资本主义企业。"[①]这一点在《申报》那里确实体现得也比较充分。美查是1871年（清同治十年）开始着手《申报》的筹备工作的。"他和他的三位友人每人出股银四百两，合银一千六百两。这三位朋友的姓名是：伍华特（C. Wood Word）、普莱亚（W. B. Pryer）、麦基洛（John Mohuon）。合约中指明，此项股款专为投资于印刷机器、铅字及其他附属设备之用，并详细规定四位股东的权利和义务。股款银一千六百两，虽由四人分摊，但因美查负实际经营责任，故规定：凡盈余及

① 张隆栋，傅显明. 外国新闻事业史简编[M]. 北京：中国人大学出版社，1988：78.

亏耗划为三份，其中美查独占两份，余三人则合为一份。如报纸盈利，美查得二份；如有亏损，美查所负亦多。该合约系手写，一式四份，《申报馆内部通讯》第一卷第十期内，刊有该合约的影印字迹。”①这类似商务印书馆最初的股份合伙制。从这份合约看，资产所有权和经营权相对分离，股东间责、权、利分明。到 1888 年，申报馆“添招外股”，改为股份公司。来华外国人办报办刊，在资金筹措上一般都采用个人集资、合伙集资和招股集资的方式。创刊较早、规模不大的报刊，一般由创办者个人出资和教会资助；创办较晚、规模较大的报刊，则多以合伙和招股集资为主。如《万国公报》，出资者多为教士，是传教士集资创办的；1886 年创设的天津《时报》，其资本由天津海关税务司德璀琳与怡和洋行总理笳臣集股而得。

我们需要特别关注的是，《申报》馆不仅仅是办一份报纸，它实际是一个按照现代企业制度进行运作的文化产业集团，实行的是集团型的规模化经营。我们从后来商务印书馆身上不难看出某些申报馆的痕迹，无论是企业的多元化经营、报刊与书籍互动，还是各地分支机构的建立，抑或对读者、市场、广告的高度重视，等等。申报馆在国内率先出版了以图画为主的刊物，这就是 1877 年 6 月 6 日创刊的《寰瀛画报》，开一代新风。1884 年 5 月 8 日，报馆又创办了著名的《点石斋画报》，由风俗画家吴友如主编，内容以新闻时事画为主，兼刊人物及风俗画和铜版照片，绘印精美，为同时期其他画报所不及，前后出版 13 年之久。申报馆兼营书籍出版业务，成绩显赫。1872 年 10 月 16 日，该馆公开发售刊印的第一本书《王洪绪先生外科证治全生集》。之后，又出版一套铅印的《聚珍版丛书》，先后刊行 160 多种，大多是颇有价

① 徐载平，徐瑞芳. 清末四十年申报史料[M]. 北京：新华出版社，1988：3 - 4.

值的濒临灭绝的孤本名著，此举为保存中国传统文化作出了贡献。1874 年开办附属的申昌书局。1876 年，美查创办点石斋印书局。1878 年 12 月 30 日，《申报》为点石斋印书局装备了进口石印机器。1884 年，《申报》设立上海图书集成印书局，着手用铅字翻印丛书《古今图书集成》。1888 年，用扁体铅活字排印的《古今图书集成》大功告成，共 1 万卷，分订1 628册，有"康熙百科全书美查版"之称，对保存中国古代文化遗产发挥了积极作用。

早期的申报馆无疑是以报纸出版为主业的，但它同时特别注意期刊和图书的出版发行。《申报》在媒体的选择上，由报而刊而图书实现多种媒体兼营，每一步相隔约半年。报馆出版图书和期刊，出发点还是发展营业，目的不外是谋利盈利。申报馆满足读者多方面的市场需求，注意到当时中国人传统的阅读方式还主要是书籍这个现实。而这种多样化的出版策略又是很经济的："首先利用报馆现有机器印刷设备来印刷出版图书，是对于报馆剩余生产力的一种调剂，即用剩余生产力来印刷图书。同时，也是书与报的互动与优势互补，是多种营业的互利互动，多种营业互动才能有效地取得效益。"因此，申报馆不仅办了当时最有影响的商业报纸，而且也"是商务印书馆创建之前中国最重要的期刊和图书出版机构之一"①，以致有人说它垄断了中国出版近三十年。

申报馆对我国近代出版还作出了技术上的突出贡献，是它将先进的西洋印刷技术投入于近代中国出版事业申报馆拥有当时最先进的印刷设备和最雄厚的资金，在技术上对于中国近代出版的推进是客观存在的事实。人们知道，石印技术对我国近代新闻出版业发挥了极其

① 王建辉. 申报馆：报业之外的图书出版[N]. 中华读书报，2002－06－12.

重要的影响，有人认为这个技术是由传教士开办的土山湾印书馆最先引入的，也有人认为是通过申报馆首次运用的。“不管是谁在中国最先引入石印技术，申报馆最先采用石印技术出版画册以及它对于中国石印技术的推动，是无可怀疑的。一方面用石印来印刷中国古籍图书，尤其是大部头的工具书，比原来用木板刻书，成本低而出书快，容易推销，也就容易获取利润。另一方面同时也就推广了石印技术，刺激了中国近代印刷业的发展。”[①]后来以印刷起家的商务印书馆、以图书出版起家但高度重视印刷的中华书局对现代印刷技术的关注、对先进印刷设备的引进、改造和创新，与申报馆显然都是有所师承的。

1889 年，就在《申报》业务日益兴旺，所属的出版事业蒸蒸日上的时候，美查因年事已高，将申报馆旗下所有企业包括工厂、报馆和三家书局，改组为美查股份有限公司，变卖了《申报》的股权，收回本利约合白银 10 万两后回到了自己的国家。前期《申报》时期（计 17 年）于此结束。新成立的美查股份有限公司设立董事会，由董事 4 人、经理 1 人主持，其中有 1 名中国籍董事，《申报》由外国人独资报纸转为中外合资经营的报纸。而随着商务印书馆等民营出版企业的崛起，申报馆逐渐退出图书出版领域而专营报业。

就市场化运作来说，略晚于《申报》的《新闻报》可圈可点。它一创立就形成了对《申报》的巨大冲击，展开了沪上报业的商业战。该报是 1893 年 2 月 17 日创刊的，初为中外合资性质，后来全部股权归英商丹福士所有；到 1899 年 11 月，美国人福开森买下该报；1906 年，新闻报馆改组为公司。《新闻报》创刊伊始，就同《申报》展开竞争。该报采用低价推销办法，报费每日铜钱 7 枚，比《申报》便宜 1 枚。其广告

---

① 王建辉. 申报馆：报业之外的图书出版[N]. 中华读书报，2002－06－12.

业务除了主动兜揽，甚至采取非正当手段抢夺《申报》的客户。1893年12月，《新闻报》开始出版画报单页，随报附送石印画报以争取读者，此属开先河之举。每月还附送总目一张，便于读者装订成册。在此基础上，《新闻报》1894年4月创刊《新闻报馆画报》。1894年，《新闻报》刚刚出版1年，发行量就由初期的300份增加到3 000份，仅次于《申报》位居第二。后来，它在商界的影响力甚至超出《申报》。比起《申报》来，上海商民更喜欢《新闻报》这种商业味道更浓的报纸。“这时候，上海商界，不论操何行业，他们所看的报纸，总是《新闻报》。上海是东亚第一个大商埠，商人在全年人口统计里，约占十分之六，这十分之六的商人，他们每天爱读的报纸，《新闻报》最少占有十分之八的势力。”①该报的影响和成功，取决于它的商业化、企业化和大众化。而中国近现代史上一些极为出色的报刊之所以未能持久，往往是因为没有能建立自身的造血功能和市场机制。从制度建设角度看，《新闻报》馆的企业化程度也是很高的。《新闻报》馆下设3部28科19股，生产部门（印刷部）与经营部门（营业部）地位上升，与编辑部并驾齐驱，成为企业化的重要特征。而3部（印刷部、营业部、编辑部）都归“总理处”管辖，总理处之上则是报馆的董事会，其“报馆之组织，采公司制度”。② 报馆各重要部门在财务上往往采用独立核算制度，追求利润。

申、新两报的企业化过程在我国报刊史、出版史上都具有重要的示范意义。“近代报刊发展到今天，先进通讯手段的采用，高效印刷机械的运行，规模的进一步扩大，都必须有资金的支撑。同人集资，政党津贴，都无法使报刊维持很长的时期，更难以使现代化的综合性大报

① 胡道静. 上海的日报[M]. 上海：上海通志馆，1935：65.

② 戈公振. 中国报学史[M]. 北京：中国新闻出版社，1985：164－165.

长久出版下去。只有进行企业化经营，才能获取报业发展所必须的资本。为什么中国报刊史上一些曾为舆论先导、办得有声有色的报刊寿命都不长，而像申、新两报这样思想上舆论上并没有多大号召力的报纸，却延续了长久的历史？原因就在于企业化经营使它们不仅保证了生存的条件，而且具备了发展的经济基础。没有这一点，事业的发展、业务的改革都无从谈起。报纸企业化是现代报纸发展的必由之路。申、新两报的成功，使得许多报纸的经营，都朝企业化方向努力。不仅民营报纸，就连政党报纸、官办报纸，也力图实行企业化经营。"[①]这种情况不仅反映在近代报刊出版机构中，以图书出版为主的出版社也面临着同样的问题。商务印书馆也好，后起的中华书局、世界书局还有开明书店也好，其实都是自觉地学习和汲取了外国商人报业经营的经验和教训的。

三、国人自办新式出版的初步尝试

在清末自强运动时期，外国教会及商人所办新闻传播和印刷出版机构继续发展；就国人来说，除了官办的翻译出版机构、官书局和民间传统刻书机构外，已经开始出现民办的现代概念的出版社和报刊。而在洋人所办书局浸淫多年之后的王韬，则成为中国"现代出版第一人"。

有研究者指出："作为经营的新出版，是(以)1873 年(清同治十二年)王韬和黄胜合办的'中华印务总局'到同年创刊《循环日报》(为开

① 秦绍德. 上海近代报刊史论[M]. 上海：复旦大学出版社，1993：124.

端的)。”[1]过去人们往往只把王韬作为一个报人来研究,其实他还是一个有很大贡献的新式出版家,其出版活动起步很早,内容丰富,持续时间长久,而且是商业化运作。中华印务总局的创办比《申报》仅晚一年。中华印务总局当年即刊行《普法战争》,则比申报馆的点石斋(1876年开始)早。在10多年的时间里,王韬刊行了近40种著作。这中间有些是他自己的书,有些是朋友的集子,如《瑚瑚舌雕》《芬陀利定》。中华印务总局出版的图书中最值得我们注意的是黄遵宪的《日本杂事诗》和郑观应的《易言》(此书后来增订改名为《盛世危言》)。王韬还注重出版面向市场的经营性读物,《板桥杂记》《英粤字典》等都是。王韬的出版活动能够坚持多年,无疑在产权、组织、经营管理等方面有些好的经验,可惜没有史料留存。他在办《循环日报》的同时还以“弢园”名义出版铅印图书。1884年王韬回到上海定居,次年又开设弢园书局,以木活字印书,也有些书籍交由美华印书馆以铅字排印。

中国人尝试用股份制经营报纸当属唐廷枢等人1874年创办的《汇报》。1872年,在李鸿章的直接支持下,我国近代第一家股份制企业——轮船招商局诞生,由此拉开了国人创办公司的序幕。而轮船招商局的创办直接导致了报业股份制的产生,这就是上海第一份国人自办报纸——《汇报》(1874年)的股份制实践。它的主要创办人唐廷枢时任轮船招商局总办。《汇报》的创办对轮船招商局的股份制方案进行了简单复制,成为国人自办的第一家准报业公司。[2] 后来的《时务报》《皖报》《湘报》等也或多或少地借鉴了公司制,在企业制度及经营管理方面进行了一些探索,但无疑都还比较粗糙、随意,如有的虽推举

① 汪家熔.新出版、新出版第一人——王韬[C]//中国近代现代出版史编纂组.中国近代现代出版史学术讨论会文集.北京:中国书籍出版社,1990:517-518.

② 沈松华.民国报业的公司化进程研究[J].杭州师范大学学报(社会科学版),2009(4).

有若干名董事,但从没开过董事会;有的公司虽是由若干股份构成,但连“股份均一”都没有做到;至于监察人,或没有设置,或虽有但形同虚设。可见,当时一些报业公司无论是在治理层面还是在管理层面,都与规范的现代企业制度有一定距离。

19 世纪后半叶到 20 世纪初期,新式出版印刷机构大量涌现。仅《1906 年上海书业商会会员名录》中的新出版机构就有 22 家,具体为:商务印书馆、启文社、彪蒙书室、开明书店、新智社、时中书局、点石斋书局、会文学社、有正书局、文明书局、通社、小说林、广智书局、新民书店、乐群书局、昌明公司、群学会、普及书局、中国教育器械馆、东亚公司新书店、鸿文书局、新世界小说社。[①] 1905 年 12 月成立的上海书业商会是代表铅印平装书为主的所谓新派书业商人利益的商会团体,与同年年初成立的以刊行雕版书、石印书、翻印古书为主的书坊同业组织——上海书业公所成为各有侧重、互相渗透的书业同业组织。比较而言,上海书业公所的会员企业历史更为悠久,从事的是传统书坊经营;上海书业商会的会员企业大多存世时间不长,伴随着铅印的成熟而诞生,但它们更能代表书业企业新的趋势、新的发展方向。

上面统计的新式书局中有一个广智书局,应是大名鼎鼎的梁启超和康有为所创办。我们来看看他们是如何经营图书出版,又是如何管理报刊的。[②] 早在 1902 年 2 月和 11 月,梁就在日本先后创办了《新民丛报》和《新小说》。同时,他和康有为又用“保皇会”的名义,以入股的形式,向北美、澳洲华侨和香港、澳门的华人集资,在上海开设了广智书局。受到申报馆老板成功经验的启发,梁启超用股份制来经营管

---

① 汪耀华. 上海书业名录(一九〇六——二〇一〇)[M]. 上海:上海书店出版社,2011:2-3.

② 鲁湘元. 稿酬怎样搅动文坛——市场经济与中国近现代文学[M]. 北京:红旗出版社,1998:92-94.

理报刊和书局。他对股份制企业是有自觉的理性认识的，1910 年曾在《敬告中国之谈实业者》一文中指出：中国实业不振在于股份公司不发达，“质而言之，则所谓新式企业者，以股份有限公司为其中坚者也。今日欲振兴实业，非求股份有限公司之成立发达不可”①。作为股份制企业的广智书局，股东主要是北美华侨。书局除了刊行图书，还是《清议报》《新民丛报》和《新小说》的总经销。开头几年，书局经营良好，效益可观，梁启超因此分到过上万元的股息。后来书局渐趋衰微，既有盗版等方面的原因，也有管理不善的原因。这种用股份制来经营报刊、运作图书的形式，在晚清民国时期还大有人在。20 世纪 20 年代的创造社出版部、北新书局、大江书铺、春野书店、《新月》月刊和新月书店，还有邹韬奋创办的生活日报社等，也都是走的股份公司制或股份合伙制的路子。

中华印务总局之后、商务印书馆成立之前还具备新出版要素且产生了重要影响、获得了良好效益的出版机构，当属 1881 年（清光绪七年）成立于上海的同文书局。仅从出版物内容看，它还不是那么新，主要是传统古籍，包括《古今图书集成》《殿本二十四史》《资治通鉴》《康熙字典》《佩文韵府》《子史精华》《篆文六经四书》《佩文斋书画谱》一类，此外还有插图本《三国演义》《聊斋志异》等；但书局的经营方式、管理理念以及对新技术的运用等，明显属于现代出版形态。

同文书局是由徐润、徐鸿复兄弟等共同集股创办的。朱联保说该书局是“1881 年广东人徐裕子（鸿复）设立，购置石印机 12 架，雇用职工 500 人，专事翻印古书善本”②。学界对于创办人的情况还有不尽相

---

① 陈书良. 梁启超文集[M]. 北京：北京燕山出版社，1997：353.
② 朱联保. 近现代上海出版业印象记[M]. 上海：学林出版社，1993：224.

同的认识。有研究者分析指出:“一般说到同文书局创办人,多举徐鸿复的名字,其实徐鸿复的哥哥徐润才可能是书局的最终决策者。徐润本为洋行买办出身,积累了一定资本后,附股于外资,自己也开设了一些商号,成为一个新式的商业资本家。后来,他把资本投往国内的一些新式企业,逐渐由商业资本家转而兼营产业,特别是1873年受李鸿章之邀主持轮船招商局的经营管理后,他的投资方向,更向生产领域倾斜。1882年招商局总资本增加到二百万两,徐润自己的投资就增加到四十八万两,同时,他还募集到亲友们的资金五六十万两。同文书局恰恰就是在这一时期,在徐润依托李鸿章等洋务派的政治背景下,从买办型商业资本转为官商合营的产业资本的时候创办的,因此,开始便具备了近代企业的性质。”①

作为“由中国人自己集资创办的第一家石印书局”,一下子就购买十几台石印机器,雇用数百名工人,虽然大量翻印的还是那些古籍善本、辞书和科场用书,但其显示出以传统手工业操作为主的书坊无法比拟的经营规模和生产能力。就连清朝中央政府影印耗资数十万银两的《古今图书集成》,也委托了该书局。同文书局之所以具备如此生产规模与经营格局,无疑与徐润兄弟的擘划与巨额资金投入有关。朱联保说它“当时与申报馆之点石斋石印书局,宁波某人办的拜石山房,三家鼎立,极一时之盛”②。这个阶段,鸿文书局、蜚英馆、大同书局等石印机构也相继创建,相互竞争,刊行中国传统典籍数千种,流通全国各地,形成了一个利益丰厚的重要产业。

我们感兴趣的,还有同文书局的经营方略与筹资办法。石印《古

① 王中忱.新式印刷、租界都市与近代出版资本的形成——商务印书馆创立的前前后后[J].中国现代文学研究丛刊,1999(1).

② 朱联保.近现代上海出版业印象记[M].上海:学林出版社,1993:224.

今图书集成》《殿本二十四史》时，书局采取“股印”的方式。股印类似现在的预约征订。1883 年，同文书局在《申报》上刊登了股印《古今图书集成》的启事。翌年，又刊登了股印《古今图书集成》和《殿本二十四史》的启事。前者规定招印1 500股，约定以 2 年为期印就该套图书。具体办法是：“凡来认股者，先交半价银一百八十两为定，一俟目录告成之日，再登申报通知在股诸君来取目录，即将所余半价缴足，本局并发分次取书单三十二纸，以后各典续出，随出随取，俾臻两便。”《股印二十四史启事》则规定：“本局现以二千八百五十金购得乾隆初印开化纸全史一部，计七百十一本，不敢私为己有，愿与同好共之，拟用石印，较原版缩略，本数则仍其旧。如有愿得是书者，预交英洋壹百元，掣取收条，并分次取书单念四纸，各史随出随取，两得其便。”这是一种融资方式，同时也是推销广告。[①]

上海古籍翻印热潮的出现，其实并不是传统刻书业的简单迁移与再度复兴。太平天国时期，作为传统木刻雕印基地的苏州、南京等文化名城相继毁于战火，一些经营书业的商人还有文人学士、藏书家等纷纷避难上海，同时携带来相当的资金和藏书，这些无疑为上海的古籍翻印提供了重要基础。“但上海的古籍翻印热潮，与其说是以木刻雕印为根基的传统书业的复活，毋宁说，其实意味着传统书业的解体和变貌。这不仅在于从江南迁至上海的老书铺都不再固守传统木版，而积极采用了石印技术（如明代设立于苏州的扫叶山房），更主要的还在于，新开设的各书局的生产和经营方式，都与传统书业有明显的不同。”[②]对于新书局，上面选择有代表性的申报馆、同文书局进行了比较

---

① 叶再生. 中国近代现代出版通史（第一卷）[M]. 北京：华文出版社，2002：368－369.

② 王中忱. 新式印刷、租界都市与近代出版资本的形成——商务印书馆创立的前前后后[J]. 中国现代文学研究丛刊，1999（1）.

详细的介绍和分析。传统刻书家的新变，这里再来看看著名的有数百年悠久刻书历史的老字号——扫叶山房。

扫叶山房创建于明朝的万历年间，先设于松江，不久移至苏州阊门内，清代的同治六年（1880）设分店于上海县城彩衣街，是为南号，同时设雕版印刷所于东唐家弄，上海开埠后，又在租界棋盘街设立支店，称为北号。民国初年，扫叶山房另设分店于汉口，还在松江（今属上海市）马路桥也设立分号。据1933年《扫叶山房书目》所载，该书坊先后刊印图书2 000余种，主要是经史子集、字典、尺牍、字帖、中医书、旧小说等。[①]

从印刷技术的角度看，扫叶山房过去出版的书籍都由传统的雕版印刷而成，重视版本，刻印精良，颇有声望；但到清末民初时期，由于受到西方传入的铅印、石印技术冲击和新书局的挑战，老式的书坊、书肆纷纷弃木刻而改用铅印、石印。“在这种情况下，扫叶山房于清末民初采用石印新技术，大量翻印古籍，同时还编辑发行期刊，以顺应时代之变化。”[②]扫叶山房自光绪中采用石印技术后，逐渐放弃雕版印刷，至民国间已完全改用石印出版书籍。

据民国七年（1918）《扫叶山房发行石印精本书籍目录》统计，自清末至民国七年，扫叶山房出版的石印古籍多达419种。[③] 扫叶山房的出版物内容，这一期间也更加注重面向市场的通俗读物，如《毛声山评点绣像金批第一才子书三国演义》《绣像评点封神榜全传》《千家诗》《龙文鞭影》等，这些都是很常见且能常销的书籍。民国初期扫叶山房还创办《文艺杂志》和《织云杂志》，改用洋装铅印形式，虽刊物存

---

① 叶再生. 中国近代现代出版通史（第一卷）[M]. 北京：华文出版社，2002：371.

② 杨丽莹. 扫叶山房史研究[M]. 上海：复旦大学出版社，2013：156.

③ 杨丽莹. 扫叶山房史研究[M]. 上海：复旦大学出版社，2013：156.

世时间不是太长，但充分体现了传统书坊与时俱进、谋求新变的出版理念，杂志的内容也很能反映自身的特色，也可以说是该书坊图书出版的宣传刊物。“扫叶山房是较早进入上海彩衣街、棋盘街的，而这一带是中国国内许多书坊最早采用西方近代印刷术、转变为近代民营印刷出版企业的中心。因此，扫叶山房在光绪年间进入上海并较早采用先进印刷技术从事印刷出版业，表明它是中国第一批由旧式书坊转化为近代印刷出版企业的书坊之一。”[①]关于扫叶山房的企业制度人们似乎还关注不够，相关史料有待挖掘。

宣统元年（1909）发行的《图画日报》上，有一个栏目名为“上海著名之商场”。自创刊以来，这个栏目仅刊登过两家出版机构的广告。一家为扫叶山房，一家便是商务印书馆。这两家出版机构可谓是当时上海民间出版文化之新旧两种潮流的代表。作为出版旧学之代表的扫叶山房，还在广告中表达了坚持旧学、保存国粹的文化理念与出版追求。[②] 扫叶山房虽然有调整，有变故，也有创新，但与合着时代脉搏大踏步前进的商务印书馆、中华书局、开明书店这样的先进文化企业相比，还是显得暮气略重，活力不够，前途不广。叶再生说它“五四运动后，业务渐衰，于1954年歇业”。[③] 扫叶山房没能完全抓住新文化运动带来的机遇、新教育变革带来的市场，或许也没有能在出版企业制度上做更为彻底的革故鼎新，因而逐步走向衰落。

通过以上的追溯和梳理，我们可以清楚地看到，1897年创立的商务印书馆并不是荒野上突兀地长出的一棵橡树，它是在适合的土壤、

---

① 戚福康. 中国古代书坊研究[M]. 北京：商务印书馆，2007：268－269.

② 杨丽莹. 扫叶山房史研究[M]. 上海：复旦大学出版社，2013：200.

③ 叶再生. 中国近代现代出版通史（第一卷）[M]. 北京：华文出版社，2002：372.

适合的阳光下,从一片茂密树林中冒芽并茁壮成长起来的。在当时的中国,尤其是上海,近代形态的印刷业和出版资本已经基本形成气候;尽管当时的出版企业从产权制度说方生未死,组织制度新旧杂陈,管理制度则中西混用,但毕竟与完全传统的出版机构相比已经有了很大变化。“夏瑞芳等人面对的并非一片荒凉。无论在西式印刷技术的引进,还是出版经营体制的创建方面,他们都无缘做最初的开拓者。并且,在资金和技术设备方面,他们无法和外商经营的《申报》馆和有中国官商背景的同文书局匹敌。”[①]起步于小小印刷作坊的商务印书馆,在当时没有竞争优势可言,它是如何立足并获得巨大发展与进步,并成为民国时期首屈一指的出版界“冠军”的?我们认为除了人才、机遇,更重要的是制度,是现代企业制度的运用与日渐完善。它将晚清开启的新式书业企业制度从“初级阶段”,发展到了一个新的水平,创造了新的历史高度。关于商务印书馆的企业制度我们将另文进行专题研究。

（原载《华中传播研究》2015 年第 1 辑,作者范军）

---

① 王中忱.新式印刷、租界都市与近代出版资本的形成——商务印书馆创立的前前后后[J].中国现代文学研究丛刊,1999(1).

略论中国近现代出版企业制度的三种形式

企业制度是企业产权制度、企业组织形式和经营管理制度的总和。企业制度的核心是产权制度,企业组织形式和经营管理制度是以产权制度为基础的,三者分别构成企业制度的不同层次。企业制度是一个动态的范畴,它随着商品经济的发展而不断创新和演进。

从企业发展的一般历史来看,具有代表性的企业制度经历了从业主制、合伙制到公司制的发展历程。从晚清到民国,我国的出版企业特别是民营出版企业也大体经历了这样一个过程。当然,这个历史演变并非彻底的以新代旧,从业主制到合伙制,再到公司制,是一个总的、大的发展趋势,其间有混合,有并存,也有自我更新。

一、关于业主制出版企业——以亚东图书馆为例

业主制的物质载体是小规模的企业组织,即通常所说的独资企业。在业主制企业中,出资人既是财产的唯一所有者,又是经营者。企业主可以按照自己的意志经营,并独自获得全部经济收益。这种企业形式一般规模小,经营灵活。正是这些优点,使得业主制这一古老的企业制度一直延续至今。但业主制也有其缺陷,如资本来源有限,企业发展受限制;企业主要对企业的全部债务承担无限责任,经营风险大;企业的存在与解散完全取决于企业主,企业的存续期限短;等

等。因此，业主制难以适应社会化商品经济发展和企业规模不断扩大的要求。

书业企业的业主制在我国可谓源远流长。古代的私刻尤其是坊刻大体是可以归入业主制一类的。所谓“私刻”和“坊刻”，其实都是民间个人资本的刻书行为。区别在于前者不以营利为目的，追求的是学问探究、文化积累和知识传播；而后者注重经济效益，刻书意在牟利。因此，坊刻更接近企业经营的性质。以营利为目的的坊刻，通常以家庭作坊为刻书单位，一般有自己的写工、刻工、印工，也称书肆、书堂、书棚、书铺、书籍铺、经籍铺等。自唐初雕版印刷发明以来，坊刻就广泛存在于民间了。南宋临安以刻印诗文集闻名的陈起的书坊，明代建阳以刻印通俗小说见长的余象斗的三台馆，还有清代苏州以刻书品种丰富、经营得法著称的席氏扫叶山房，都是中国古代著名的业主制类型的刻书机构。

中国近现代的出版企业设立实行的主要是登记制，在比较混乱的年代甚至连登记都不必。因此，19 世纪后期 20 世纪前半叶，大大小小的出版机构（很少称为某某出版社）如雨后春笋，数不胜数。许多小书店，旋生旋灭，没有留下多少痕迹。朱联保编撰的《近现代上海出版业印象记》一书，就涉及出版机构近六百家。作者在“编撰说明”中指出：“本书内容材料，空间以上海市区为限，时间自鸦片战争后上海辟为租界时起，至上海解放后私营书业进行社会主义改造时为止。所记单位近六百家，主要的单位大致在内，然亦有少数中小单位因无甚材料可记而遗漏；无招牌的书摊、流动性的皮包书店，亦未列入。”①上海以外的京津地区、苏杭一带、湖广闽赣，还有巴蜀、云贵、台湾等地，出

① 朱联保. 近现代上海出版业印象记[M]. 上海：学林出版社，1993：编撰说明.

版机构亦不在少数。有人说现代中国的大小书局多至万家,也只能是一种推测或估算。

在众多出版机构中,真正一开始就按照公司制成立的出版机构无疑是非常少见的。绝大部分的书局书店(旧时书店、刊社、报馆等往往兼营甚至主营出版业务)起家时或为独资经营,或为合伙开办。这里我们来看一家独资性质的书业企业的发展情况。

亚东图书馆无疑是现代业主制出版企业中的一个成功者;从成立到1952年歇业存活了40年,若算上前身就正好是50个春秋。亚东的创办人同时也是老板的汪孟邹(1878—1953)是安徽绩溪人,早年深受维新思想影响,密切关注新书新报,吸收新思想新知识,并与一帮徽籍人士建立了良好的关系。早在1903年,他就在安徽芜湖独资创办了科学图书社,代售上海出版的各种新书报,发行同乡陈独秀编辑的《安徽俗话报》,并兼营文具用品。由于进货及时,经营得法,服务到位,科学图书社取得了不错的业绩,受到社会好评。

1913年,汪孟邹在上海创办亚东图书馆,带领自己的侄子汪原放一起开始了他新的出版生涯。亚东初创时期,出版一些分类地图,并送到日本去印刷,受到市场欢迎。业务得到发展后,亚东就从原来比较偏僻的里弄搬到上海著名的书店街——福州路。1919年,陈独秀任北京大学文科学长,他把北大的不少刊物交给亚东出售,又为亚东添了一把火。亚东的供稿者大多是安徽绩溪的同乡,如陈独秀、胡适、陶行知、蒋光慈等。出版的著作包括陈独秀的《独秀文存》,胡适的《四十自述》《尝试集》,吴虞的《吴虞文录》,陶行知的《行知书信》,俞平伯的《冬夜》,田汉、宗白华、郭沫若的《三叶集》,朱自清的《踪迹》等。这些书用今天的话说都是"双效书",社会影响大,销售业绩好。

亚东在陈独秀等思想文化精英大力支持下，积极策应社会进步思潮，引领新式出版潮流，在20世纪20年代出版史上书写了辉煌一页。在推出新人新作、名人名作的同时，亚东在古典小说的推陈出新方面进行了大胆尝试，也取得了巨大的成功。由陈独秀、胡适等名家作序，汪原放用新式标点进行分段、标点的《水浒传》《儒林外史》《西游记》《红楼梦》《三国演义》《镜花缘》《老残游记》《儿女英雄传》《今古奇观》《三侠五义》《海上花列传》等，在赚得盆满钵满的同时，还赢得了如潮好评。连鲁迅先生都说，若论古旧小说，标点要让汪原放，作序要推胡适之，出版则只能由亚东图书馆。

亚东无疑是成功了，以至1922年汪孟邹准备为芜湖科学图书社出一本20周年纪念册，请陈独秀题词时，陈独秀这样说："这二十年，你办了个亚东图书馆，我办了个《新青年》，其他就别无所获了。"评价之高，无出其右。这样的成功当然与老板汪孟邹的文化理想和经营方略息息相关。王建辉曾说："汪有一个商人的文化良心，早年他曾与胞兄双双考中秀才，是一个有旧学根底的知识分子，在变化的时代中又经受了新学的洗礼，他对新书业以身相许，是以良士而为良商，以书生之道行商。"[①]汪孟邹自己有句名言："与其出版一些烂污书，宁可集资开妓院好些。"亚东有这样的老板，就始终坚持不出烂污书，形成了"亚东本"的品牌。亚东出版的书刊不仅内容好，而且编辑认真，校对仔细，印制精良，当时就有人说："亚东版的书籍，校对特别仔细，错字几乎没有，版本形式特别优美"，"亚东出版认真，不肯苟且"。

亚东成功了，但没有取得更大的辉煌；亚东是有条件、有机会"做大做强"的，结果不仅是没有，而且衰落了。有研究者指出："20世纪

---

① 王建辉. 老出版人肖像[M]. 南京：江苏人民出版社，2003：123.

20年代的亚东红红火火，到了30年代却走向了衰落。出版社还是那个出版社，主管者还是那个主管者，经营的手段与方式也没有大的改变，而结局却如此的不同。书海沉浮，令人反思。”①到底亚东衰落原因何在？朱联保的一席话或许能给我们一些启发：

> 汪孟邹、汪原放叔侄是以旧式商店的管理方法经营亚东图书馆的。陈独秀曾建议可与群益书社合并改组为股份公司；后期因经济周转困难，由胡适介绍与王云五商谈，想请商务印书馆投资数万元改组为股份公司，均未能实现。他们店内的工作人员，最多时亦只20余人，绝大多数是安徽绩溪同乡，若非本族，便是亲戚。出版物每年不过一、二十种，有几年不到十种，故在旧社会出版业中只是一家中型书店，不能上升到大同行之列。②
>
> 汪孟邹是旧式文人，以封建家长式经营出版事业，经济上家店不分，并以店内资金去做粮食、百货等生意，有所损失，故时有纠纷，常由章、陈、胡三人从中调解。胡适留美回国后，曾挽在上海银行界任职的留美同学为亚东担保贷款。③

对这两段话，过去人们写文章谈汪孟邹、说亚东图书馆，很少注意，也几乎无人引用。其实，朱联保是“搔到了痒处”的。亚东图书馆作为个人独资企业，汪孟邹是它的唯一投资者。他享有生产决策和经营管理的全部权力，并对企业债务负无限责任。在亚东这样的小书局

---

① 王余光，吴永贵，阮阳. 中国新图书出版业的文化贡献[M]. 武汉：武汉大学出版社，1998：166.

② 朱联保. 近现代上海出版业印象记[M]. 上海：学林出版社，1993：207.

③ 朱联保. 近现代上海出版业印象记[M]. 上海：学林出版社，1993：209.

中，私人业主制的集权模式是最有效的制度安排，但要“做大做强”则是不可能的。亚东具有所有私人业主制书业企业的致命弱点：投资者单一，财力有限，规模偏小，投资风险大，不能适应社会化大生产的要求，在市场竞争中常常处于不利地位。亚东图书馆在相当长一段时间里，出版、发行、印刷等主要业务，都是汪孟邹一人负责，即便再老的同事也只是处于“帮手”地位；连编辑所也迟至书局成立十年以后才建立。出版业是充满风险和变数的，在书海摸爬滚打多年的汪孟邹深知其中的险恶；在20世纪20年代亚东取得初步成功后，老板没有进一步扩大再生产，用赚来的钱“办纸印书”，而是对侄子汪原放津津乐道储蓄的好处，积极向同行好友赵南公推荐如何多多购买公债票。汪孟邹毕竟缺乏做大出版家的眼光、气魄和韬略，固守小作坊式的小本经营，满足于小书局的小富即安，亚东没能再延续它的辉煌。有研究者认为，亚东图书馆因为与陈独秀、胡适诸人的地缘关系，“小”和“趋新”意识而在五四时期崭露头角，也正是过于依赖和陈独秀、胡适诸人及一系的作者关系，亚东无法突破传统的地缘人际网络，从而限制了自身的发展（黄华，2015），此处显然并没有说到点子上。

中国近现代的新式出版业主要不是古代出版的延续与发展，更多是受了欧风美雨的浸染。当新出版业萌发之时，大家都处在一个起跑线上，中小书局如百舸争流，难分高下。当众多书局都是小舢板时，有竞争，但还不至于太激烈，但发展一段时间，少数书局在积极引进先进生产力、改善生产关系，并“与国际接轨”以后，优势很快显现，中小书局面临的局势就比较艰难了。亚东老板汪孟邹醒得不晚，起得还比较早。1903年涉足书业，1913年创办亚东，20世纪20年代获得良好业绩。我们要说，思路决定出路，制度决定高度。亚东没有走得更高更远，问题就出在主政者的思路以及所采用的企业制度。这对我们处于改革转型期的中小出版社也不乏启示价值。

现代出版企业中实行业主制而取得成功的还不乏其例,如张静庐1934年创办的上海杂志公司就是。这里我们还有必要说说近现代的一些不以营利为目的,似乎更重"公益性"的私人出版机构,从资本组合方式来看,也属于业主制。鲁迅所办"三闲书屋",曾朴所办"真善美书店",邵洵美所办"金屋书店"等,都是一些个人独资经营的出版发行机构。投资人或为对付反动当局的出版封锁,或为实现个人的文化理想,或为满足一己的文学艺术爱好。这类小书局对我们今天的企业经营没有直接借鉴意义,但若从国家与社会繁荣思想文化、建立良好的多样化的出版生态角度来说,仍然是很值得研究的。

二、关于合伙制出版企业——以万叶书店为例

合伙制企业是由两个及两个以上的少数人联合投资,合伙人对企业债务负无限连带责任的企业。它的主要特点表现有四:(1)合伙人对企业负有出资责任,并依据投资份额,享有经营决策和利润分配的权利。(2)合伙人对企业债务承担无限连带责任,即每一个合伙人都负有清偿企业全部债务的责任,或者说,债权人有向任何一个合伙人追索全部债务的权利。(3)合伙人之间的契约关系建立在人际关系的基础上,当合伙人及其关系发生变更时,合伙制企业也将终止。(4)合伙制企业承担民事责任,企业的重大决策由合伙人共同做出,并由每个人签字,日常经营管理一般由合伙人共同选聘的代理人负责。

相比私人业主制的个人独资企业,合伙制企业在一定程度上突破了资本限制,有利于扩大企业规模,促进生产的发展。我国明清时期存在于手工行业中的合伙制,其最明显的特点就是解决手工工商企业

个人资金不足与生产发展规模之间的矛盾。它不仅普遍存在于陶瓷业、农产品加工业、采煤业、井盐业和矿业中,而且通过契约逐渐制度化。在四川井盐业中,合伙制不仅普遍存在,更发展到相当成熟的程度,以至有的研究者认为应将其称为“中国契约股份制”。传统的延续、西法的影响,使得我国近现代出版行业合伙制出版机构十分盛行。同人刊物、同人书店,绝大多数采用合伙制的形式。即便是一些有名气的、有重大影响的书局如商务印书馆、中华书局、开明书店等,在创设初期也多采用合伙制或合作制。若能够充分发挥合伙制的优势,克服其局限性,书业合伙制企业也可以有很好的发展。万叶书店应该是现代合伙制图书企业中一个比较成功的范例。

万叶书店创办于 1938 年 7 月 1 日的上海。那是一间只有 6 个人的小书坊,主要创办者就是著名出版家、音乐教育家、装帧设计家钱君匋。当年,他和好朋友位育中学校长李楚材、教员季雪云,澄衷中学教员顾晓初、陈荣则,妻妹陈学鞶等 6 人,每人出资 100 元,合计 600 元,创立了万叶书店。钱君匋回忆说:“万叶书店刚诞生的时候,其规模是小到不能再小了。经过协议,由我担任经理兼总编辑,陈荣则、李楚材、顾晓初任编辑及推广,陈学鞶任会计,季雪云任总务。不久,陈学鞶受聘为小学教师,不再担任会计,另聘我的胞弟钱君行担任会计,还聘陆凤玉任助理,发行方面又陆续增聘了一二人。”[①]店址设在上海北站区海宁路咸宁里 11 号一间租借来的房子里。

从钱君匋的叙述中我们清楚地看到,万叶书店成立时是典型的合伙制书业小企业;他本人由于有在开明书店长达 7 年的编辑出版工作经验,又富有经济头脑,精明、实干、勤奋,便成为了“合伙人共同选聘

① 钱君匋. 书衣集[M]. 太原:山西人民出版社,1986:139.

的代理人”。当前任会计另有他任后，钱君匋聘请自己的弟弟担任会计这个重要职位，既是正常的人员补充，也不排除把可信赖的人放在关键岗位的考虑。

万叶书店最初出版音乐、美术等学校辅助读本，有《小学活页歌曲选》《儿童画册》《国语副课本》《子恺漫画选》等。后来业务发展，资金增加，开始出版文学读物，出版了《文艺新潮》月刊，由钱君匋、李楚材、锡金主编，出版了《文艺新潮小丛书》，作者有茅盾、巴金、靳以、丰子恺、王西彦、适夷、瞿秋白、凤子、李广田、臧克家、梅林、索非等，还出版了新文艺作品集《第一年》，收辑了张天翼著《华威先生》、姚雪垠著《差半车麦秸》等解放区和大后方的文艺名作。抗战胜利后，万叶书店大量出版音乐读物，达 200 种左右，后期专门从事音乐书籍的编辑出版。

从出版经营的角度看，万叶书店发展空间越来越大，选题运作越来越集中，筹资范围则越来越广泛。

当书店有了一定基础后，钱君匋就租用了北站区天潼路宝庆里 39 号石库门楼房，面积达 300 平方米。书库、纸库就有 4 大间。不久，他又用 30 根“大黄鱼”(金条)购买了上海南昌路 43 弄 26 号一幢三层楼房做店址，面积达 600 平方米。万叶书店还投资创办了坐落在上海北四川路四达里的一家合作印刷厂，主要用于铅排文字和乐谱。一家 600 元起家的小小书坊，经过七八年的苦心经营，发展成为编辑、印刷、发行一体化的中型出版机构，实力充足，品牌优良，远近闻名。

万叶书店的出书范围涉及文学、美术、音乐、儿童读物、学校教学辅导读物等领域。前期主要还是走开明的路子，后期收缩战线，集中力量专攻音乐书籍，形成了自己的特色和品牌，也形成了自己的核心竞争力。之所以这样，钱君匋是这样解释的[①]：

> 我在想，出版美术和文学、儿童读物，在编辑上、技术上都比较容易，出版音乐书籍，因为情况复杂，比较困难，我既有这方面的知识和经验，如果我不去搞这一行，那就不会再有比我更内行的人去搞了（指要精通音乐和出版）。于是我就毅然决然地在万叶书店的后期，把原来平均从事儿童读物、美术读物、文学读物的出版，一下子改了个调子，停止了以上这些门类的出版，转到音乐上来，专门致力于这方面的出版，结果把儿童和美术读物转让给童联书店继续出版，文学读物转让给联营书店继续出版，专心致志地向音乐书籍大踏步进军，成为我国独一无二的一家音乐专业出版社，为新中国的音乐从业人员提供了不少音乐方面所急需的知识，付出了辛勤培育的汗水，转化为今天的人民音乐出版社。

万叶书店选题战略的调整是很有启发性的。中小出版社如何走特色化、品牌化道路，如何打造人无我有的核心竞争力，从钱先生的这段话中可以得到一些教益。近现代中国的大小书店数以万计，人们今天还能记住万叶，而且万叶还存活在今天的专业出版机构——人民音乐出版社里，决策者的取与舍是至关重要的。

1945 年抗战胜利后，万叶书店步入新的大发展阶段。随着营业额的直线上升，资金需求也变得紧迫。这年万叶发行了自己的股票，成立了股份有限公司。钱君匋的朋友盐商陆海藩、画家费新我等社会名流加盟入股，股东达 70 多人。据万叶老职工、后任人民音乐出版社副

---

① 钱君匋. 书衣集[M]. 太原：山西人民出版社，1986：142 - 143.

社长的杨昌霖回忆说："钱君匋家的股票占 90%，第二是陆海藩，费新我编辑了钢笔画、铅笔画等书稿，他是以稿费入股的一个股东。"①向社会筹集资金，无疑是有助于企业发展壮大的重要举措。笔者认为，从现有资料看，还很难说万叶书店 1945 年底就是一个真正的股份公司了。它没有实行出资者所有权与法人财产权的分离，所有者与经营者的分离，没有股票的自由转让，也没有建立董事会、监事会、经营者的制衡机制。若前面所说钱先生个人股份占到 90% 属实，那他似乎更像一个名副其实的私人老板。

回过头看，以合伙制起家的万叶书店在抗战及其后那样的非常年代，居然取得了不错的成绩，不断发展壮大，这也在一定程度上证明了合伙制书业企业有其优点，有自己的生命力。除了天时、地利等外在因素，"人和"与"人合"在合伙制企业中实在太重要了。以人际关系为基础的合伙制，又可以称为"人合公司"，这同股份公司的以资本联合为基础是不同的。合伙制企业的合伙人"合得来"，和谐团结，共同奋斗，是办好企业的基础和前提。万叶的成功，在很大程度上就是"人和"与"人合"的成功。有钱君匋这样一个品德好、靠得住、懂经营、善管理的"代理人"，其他合伙人互相配合，彼此信任，才有了万叶的发展与辉煌，光荣与梦想。著名出版家赵家璧与大作家老舍 1946 年也曾创办过合伙制的晨光出版公司，也是合伙制图书企业的一个好的典型，值得特别关注。

另一著名合伙制书局的结局则反证了"人和"是多么重要。1927 年由宁波人洪雪帆创设的现代书局，起家5 000元资本；后来有张静庐、沈松泉、卢芳加入，成为标准的合伙制企业。书局起初发展也不

① 黄大岗. 我国第一个音乐出版社——钱君匋和万叶书店[J]. 中央音乐学院学报，2007(2、3).

错，出了很多有影响、销路也好的文学著作，出版了有重要影响的《现代》杂志。据当时在书局编辑《现代》杂志的施蛰存后来回忆说，张静庐尽管在职位上低于总经理洪雪帆，但在业务上却是张静庐大权独揽，洪雪帆除了在收支单据上签字别无他事。[①] 张静庐被排挤出门也就不奇怪了。最后的结果是，1935 年现代书局资不抵债而关门大吉。

三、关于公司制企业——以世界书局为例

公司制企业包括股份有限公司和有限责任公司，它们都是由多个投资者共同投资兴办的企业，投资者以其出资额对企业债务负有限责任，企业以其全部资产对债务承担责任。股份制企业与合伙制企业的不同有以下几点：(1)股份公司是企业法人，实行出资者所有权与法人财产权相分离。出资者即股东，按投入企业的资本额享有权益，包括资产收益、重大决策和选择管理者等权利；企业是享有民事权利、承担民事责任的法人实体，对出资者承担资产保值增值的责任。公司法人制度是公司制与合伙制的根本区别。(2)股份公司的股份原则上是可以自由转让的，这就确立了公司制是“资合公司”的原则，避免了排挤有才干的企业家管理生产的现象。(3)股票持有者或股东的责任是有限的，这就锁定了投资者的风险。

众所周知，股份制企业是以股份形式将社会上分散的私人资本和其他形式资本集中起来设立的企业，是商品和信用经济发展到一定阶段的产物，是社会化大生产时代出现的标志。1872 年轮船招商局的诞生，标志着这种从西方引进的新型企业资本组织形式开始在中国社会

---

① 施蛰存. 我和现代书局[M]//施蛰存散文. 杭州：浙江文艺出版社，1999：407－408.

中出现。此后,由于这种资本组织形式具有集资广泛、迅速以及集资成本低、适应生产社会化发展的要求等特点,逐渐发展成为近代中国新式工商业企业主流的资本组织形式。据有关统计,1928 年 2 月至 1935 年 6 月注册登记的1 966家公司中,实行股份制的企业数占 70.4%,资本数占到94.37%。[①] 而20 世纪二三十年代,也是中国出版企业大发展的黄金时期。其中,位居前列的几大书局如商务印书馆、中华书局、大东书局、开明书店等,无不采用的股份制形式。这里我们选取民营书局的老三——世界书局(主要以沈知方主政时期的世界书局为例),来看看股份制在我国现代书业企业的运用情况,并总结经验与教训。

1917 年,沈知方因债务纠葛不得不离开中华书局。他还是重操旧业,以3 000元的资本租房出书。所出图书,比较正规的,用广文书局的名称;属于投机性质的,则用世界书局或中国第一书局的名称。因没有自己的门面,所出图书委托大东书局发行。后因用“世界”名称的图书销售最好,他便废弃了其他两个名称。这几年大约出书 200 多种,营业额也逐年上升。

因为出书品种增加,生产规模扩大,书局要获得更大发展,个人的资金局限就十分明显了。1921 年 7 月,世界书局改组为股份有限公司,注册资金是25 000元;选举出董事沈知方、魏炳荣、林修良、毛纯卿、张丽云,监察陈芝生、胡挺楣。沈知方任总经理。书局位于上海的福州路、山东路的怀远里,并于怀远里口(福州路 320 号)租店面为门市部,门面漆成红色,又叫红屋。同时,在闸北香山路和虬江路设立编辑所和印刷所。1923 年受盘俄商西伯利亚印书馆。1925 年,虬江路

① 朱荫贵. 中国近代股份制企业研究[M]. 上海:上海财经大学出版社,2008:1.

印刷所因失火获得保险金，便在虹口大连湾路（今大连路）建造总厂。1926年，总务处、编辑所、印刷所迁入总厂。1932年建成五层楼厂房，又添置大批印刷设备，拥有全张密勒机17部。同年，发行所迁入福州路390号，实力进一步增强。

红屋开张以后的世界书局果然红红火火，特别是1924年进军教科书领域获得成功后，很快跃居为全国第三大书局。1931年，世界书局迎来了组建股份公司的第一个十年。为了庆祝和纪念，特发行《世界杂志增刊（十年）》以志其功；其中《十年来的世界书局》一文，是专门对书局十年经营史进行回顾和总结的，数据详明，线索清晰，可资比较。吴永贵据此转换成一个表格，让人对书局的进步与发展一目了然。[①] 拿1921年和1931年进行年度比较，出版物品种由200余种增加到2 000种以上，资本总额从2.5万元增加到近100万元，营业额从13万元增加到200余万元。用“跨越式”来形容世界书局头十年的发展是一点也不过分的。

集中散钱办大事是股份制企业的一个重要特征。以股份的形式将社会上分散的资本或其他资本集中起来，就可以有效地解决企业资金不足的困难。企业要做大做强，首先得解决发展资金问题。世界书局的成功在很大程度上可说是资本运作的成功。有研究者将解放前的开明书店和世界书局从融资角度进行比较，[②]给人启发，很有见地。开明书店显示出更高的文化品格和职业道德，而世界书局则表现出更浓厚的商业色彩，把更激烈的竞争带入出版界，促进了整个书业经营水平的提升。用现在的话说，就是一个更注重社会效益，一个更注重

---

① 吴永贵. 中国出版史（下）[M]. 长沙：湖南大学出版社，2008：158－159.

② 刘积英，张新华. 同人书店和商人书局——从融资方式看开明书店与世界书局的发展[J]. 北京印刷学院学报，2000（4）：36.

经济效益。二者的这种差别突出体现在融资方式上：开明书店更多地依赖本店同事、作者以及文化知识界同人的支持，对融资持谨慎态度，方式比较单一；世界书局则广泛吸纳社会资金，方式也多种多样。1928 年开明书店改组为股份公司时资本金是 5 万元，到全面抗战爆发前的 1936 年也才扩大到资本金 30 万元，发展速度和生产规模远不及原先基础差不多的世界书局。今天人们为开明书店说好话的比较多，对世界书局则毁誉参半，甚至批评为主；其实，从现代企业经营的视角来看，世界书局是一个更成功的范例。

世界书局改组为股份公司时，主要投资人背景很杂。其中有经营书业的，如魏炳荣、李春荣、张元石、贺润生；有经营纸业的，如陈芝生、林修良、毛纯卿、张丽云、胡挺楣。中期增资扩股，投资者来源更加广泛。侦探小说家程小青说沈“有一种口吐莲花的募集股金的特殊手腕”。担任董事的除了初期的几位，还有后来增补的吴蕴斋（银行经理）、陈嘉庚（华侨领袖）、吴南浦（报关行老板）、吴臣笏（鱼行老板）、罗坤祥（绸庄老板）等。商界、司法界的不少要人，都成为世界书局的大股东。沈知方还常常拉作者入股，用书局股票向作者付酬。

除了正常的增资扩股，世界书局还采取银行揽储的办法大量吸纳社会游资。20 世纪 20 年代末，世界书局设立了同人储蓄会（一说为“读书储蓄部”），后又改为读者服务部（一说为“同人存款部”），在极短的时间里，就吸收了 180 万元的巨额资金。为大量揽储，储蓄部还公开在报纸上连续刊登大幅广告。上海商业储蓄银行 1930 年 3 月 20 日发给上海银行公会的信函中指出：“迩来沪上各商号如中国内衣公司、世界书局、中法药房等，均以储蓄两字为增加营业资本之唯一方法，假报纸广告大事宣传，不惜诱以厚利，多方招徕，甚至大世界游戏场亦添设各种储蓄存款以固厚其营业上之实力。因之沪上储蓄机关之多至汗牛充栋。”该信函忧虑重重地指出:“诚恐此端一开,日后商店无论大小皆将以储蓄为主要业务,其资本不必筹措,尽可以厚利吸收。”[①]令人印象最深刻的,是《申报》曾全版刊登的世界书局读书储蓄部创立的大幅广告,该广告用整整一个版面的篇幅,宣传和鼓动社会大众参加“读书储蓄部”储蓄。该广告的宣传中心,是“读书作为知识储备,储蓄作为经济储备”。该书局的广告词确有迎合社会大众心理、能够抓住人心之处,如:“赠言:种瓜得瓜、种豆得豆,及早储蓄,终生无忧”,“读书:一日有一日之益;储蓄:一年多一年之利”,“唯读书才能成名,唯储蓄才能得利”,“读书储蓄,是最进步的储蓄新法”,“读书储蓄,是成名得利的捷径”,等等。在宣传鼓动的同时,该广告还以参加储蓄可以获得购书“宝洋书券”和赠送“百宝箱”的方式进行诱惑劝导,可谓“劝之以情,动之以利”。[②] 世界书局读书储蓄部在活期储蓄方面是七厘。它同样在定期方面设立了整存零取、按月支息、零存整取、整存整取、对本对利等不同方式,存款数额和利息息率的规定各不相同,其中“最低之一年期利息,统扯有一分三厘八毫,期长者利息愈厚”。这明显高于同年同月在《申报》刊登广告的上海汇通商业银行的储蓄利率。

世界书局不满足于有银行之实,还要争取银行之名。1930 年,南京政府颁发禁止企业商号吸收储蓄的禁令。6 月 16 日,世界书局储蓄部向南京政府财政部申报“以银行名义,请求注册”,南京政府财政部认为,“该世界书局为求兼办储蓄,不惜假借名义,趁势招摇,足见该行之设立,专为接办世界书局之读者储蓄,并非实在经营银行业务”,“该

---

① 朱荫贵.中国近代股份制企业研究[M].上海:上海财经大学出版社,2008:116.

② 朱荫贵.中国近代股份制企业研究[M].上海:上海财经大学出版社,2008:118-119.

世界书局既违法营业于前，复趁本部严行取缔之际，竟敢以银行名义来部蒙请注册，实属不合。除批斥外，相应咨请贵市政府查照，即希转知租界当局，严饬该书局不准兼办储蓄业务，并将各户储金分别清偿具报，以维法纪而杜效尤”。[1] 政府不允，世界书局照样悄悄干。

企业红火往往暗藏着危机。钱多了能成事也能败事。1934 年前后，沈知方投资房地产失利，加上出版物销路日狭，教科书课程标准变更导致存货积压，局内用人又多，开支很大，内虚外露，书局的世界商业储蓄银行发生挤兑风潮，致使资金周转不灵，捉襟见肘，企业效益明显下滑。最后，不得不由吴蕴斋、钱新之通过张公权引入李石曾的官僚资本，世界书局才渡过了难关，但沈知方担任总经理总揽全局的时代也就结束了。我们现在的出版集团，一些书业公司也同样热衷于房地产开发，多种经营，其实，任何投资都是利益与风险并存的。作为现代企业的资本组织形式——股份制，也包含欺诈行为、幕后交易和过度投机等弊端和局限；企业也并非“一股就灵”“一股就活”，更不是“一股就强”。

1934 年，陆高谊接任世界书局总经理。抗日战争期间，大连湾路的总厂被日军占领，厂内财物损失严重。抗战胜利后，李石曾强制投资半数，自任常务董事与总经理。张静江、杜月笙先后任董事长，吴稚晖等人为监察人。这是后话了。

过去，我们习惯于根据企业的所有制形式，把企业类型分为国有企业、集体企业、个体企业、私营企业和外商投资企业。书业也是这样。这种划分方法具有很大的历史局限性，它只适用于投资主体是单一所有制的情况。现代市场经济和社会化大生产的发展，客观上要求

---

① 朱荫贵. 中国近代股份制企业研究［M］. 上海：上海财经大学出版社，2008：124.

企业包括出版企业进行合资经营,实现资本的社会化。因此,从企业制度的角度来观察、研究现代企业特别是中国出版企业,无疑是值得重视的。我们通过上面对我国近现代书业企业的几种类型的介绍与初步分析,也多少能得到一些引人深思的东西。

(原载《出版发行研究》2012 年第 4 期,作者范军)

试述民国时期出版企业股票的募集与流通

股票是股东对公司出资的权利凭证，由公司签发，可以证明股东所持股份和股权。股票在我国已有一百多年的发展历史。据专家考证，我国最早的股票发行于晚清时候的同治十一年（1872 年）。它是李鸿章为筹建官督商办“轮船招商局”，成立中国第一家股份制企业而发行的。清末民初，工商业快速发展，股份公司非常活跃，书业企业的股份制也纷纷出现，如 1902 年港商冯镜如在沪创办上海广智书局即发行了股票。①

民国时期，市面（多为非正式交易所）上流通的出版企业股票大致有商务印书馆、中华书局、世界书局、大东书局、开明书店、永祥印书馆这几家。近代中国的证券市场发展幼稚且畸形，证券市场长期是“公债市场”，股票处于附庸地位，在此情况下，商务、中华的股票交易多私下进行，但因为企业经营稳固且效益甚好，基本上是有行无市；抗日战争爆发以后，股票市场蓬勃发展，商务、中华、世界等企业的股票在证券交易所公开交易，受到投资者的追捧。股票在市场上的状态能够反映企业的整体经营水平以及投资者对企业的信任度。本文从史料中窥民国时期几家大型出版企业股票的发行及流通情况之一斑，并探讨这些股票在市场上表现优良的原因及其对今天出版企业的启示。

---

① 郭忠庆. 从一张民国老股票谈实物股票所蕴含的文化内涵［J］. 社科纵横，2013（02）：127 – 129.

一、股份制出版企业股票的发行

(一)发行股票是出版企业持续发展的重要因素

前辈出版家汪家熔认为,近代出现过的出版机构多达1万家,但中华人民共和国成立前夕,国统区所存民营出版机构不满200家,而其中有69家专营连环画,如果再除去儿童读物和画片出版机构,剩下的也就100家,这反映了旧时出版机构在商业社会中的“成活率”是非常低的。[①] 在激烈的市场竞争中脱颖而出的一批出版企业,其成功的要素是多方面的,其中,股份制的建立及股票的发行是出版企业持续发展的重要因素。

建立股份制、发行股票是企业筹集发展所需的大量资金的首选途径。近代出版业本身是大机器生产时代的产物,对技术设备和资金的要求较高,技术设备的引进和更新也需要资金,经济活动中资金占有极其重要的地位,故而马克思认为“资本是经济增长的第一推动力”。商务、中华、世界、大东等四家大型出版企业,它们在技术上处于当时出版业的第一梯队,自身都建立了独立的印刷系统,实力相当雄厚,政府的钞券,这4家企业均有承印;若论资本,它们更是同业中的绝对优势者,据陆费逵1932年统计,“上海书业公会会员共四十余家,资本九百余万元,其中商务印书馆五百万元,中华书局二百万元,世界书局七十万元,大东书局三十万元。此外都是一二十万元以下的了”[②]。4家企业的资本合计占当时上海出版业资本总额的近9成,考虑到上海是

① 汪家熔.旧时出版社成功诸因素——史料杂录(之一)[J].出版发行研究,1994(03):45.
② 陆费逵.六十年来中国之出版业与印刷业[J].申报月刊,1932(01):16.

近代中国出版业的重心,这一比例也具有全国性的意义。一个共同点是它们创办初期资金短少,后来随着业务壮大改合伙制为股份制,渐次发行股票以增加资本。

(二)股票的发行方式:自行募集与近乎包揽的公开募集

正式意义上的近代上海证券市场创始于1920年代初,“公债”业务占了98%的绝对优势,股票居于附庸地位。[①] 这一情形直到1941年太平洋战争爆发后才有大的改观。时人曾论股票市场的呆滞状况:“在证券市场中股票交易未能确立地位之前,不但成交稀少而且行市也非常呆滞,持有股票者除了视其为长期投资的对象外,得不到周转资金的利益,所以股票投资由金融界或其他投资事业者来看,近乎一种半冻结的长期投资。倒过来因为股票交易的不圆滑,任何企业创立时候,招募股款成为一大难关,劝认股票类乎揩面子说人情的事项。”[②]

因此,1941年以前,股份制企业在发行股票时主要采取自行募集的方式,通过券商募资的甚少见到,出版企业也不例外;1941年以后,虽然通过券商发行股票,但对外开放程度低,近乎包揽。四大书局在发展过程中根据实际需要改合伙制或股份无限制为股份制,并曾多次增资,发行股票。发行的方式,大抵是由老股东优先认购若干份额,余下的份额则面向社会有条件地开放。

以中华书局为例,中华书局创立时资本为2.5万元,后陆续增至500万元。1913年4月20日,股东会决定中华书局改组为股份有限公司,资本增至100万元,认购对象主要为老股东,此外,公司还留出5万元给政

---

① 刘志英.近代上海华商证券研究[M].上海:学林出版社,2004:19.

② 王雄华.上海华股市场的过去及将来[J].中央银行月报,1946(11):73.

界、学界人士认购。1916 年第 6 次股东会，决议增加股本 100 万元，资本总额遂增至 200 万元。此次的招股方案刊登于《申报》：

除留出二十万元归办事人认缴外，现以四十万元归旧股东，四十万元另集新股，六月十一日经新董事会议决，办法如下：(一)此次增收八十万元，以四十万元归旧股东添附，以四十万元另集新股。(二)收股期限定为四个月，即自阳历六月十五日起至十月十五日止。(三)在期限内缴来之股份，以收满新旧各四十万元为度。(四)如期限满时，旧股添附业已足额，新股尚未收足，旧股东仍于新股额内添附；如新股已足额，旧股添附尚未收足，新股东亦可于旧股额内附入。(五)愿附股者如立即缴足，请径向本公司会计部缴纳，制取收条，俟新股票印就，凭收条换取；如稍缓缴款者，可先填写股单及姓名住址表寄本公司会计部存记，以免额满见遗。(六)官余利自股款缴付次日起算，新股权利义务与旧股一律。①

大东书局创立于 1916 年，资本 3 万元，后多次增资。1924 年改组为股份有限公司，资本增至 10 万元；到 1932 年资本增至 50 万元；1933 年，大东书局股东会决议增资至 100 万元，增资方案如下：

本公司股份每股银元一百元，一次收足。股票或一股一张，或五股一张，或十股一张，由股东酌定依照填给。本公司招股期间自即日起，一经足额随时截止。认股者请填写认股证书，将股款送交上海四马路本公司总管理处。总管理处主计科制取股款收据。认股人缴付股款后，即于次日起按照本

---

① 中华书局. 中华书局股份有限公司增集股本通告[N]. 申报，1916－06－18.

公司章程计算股息及本年度红利。①

1941年太平洋战争爆发后，汪伪当局禁止外国股票和货币买卖，大量游资向中国股票集中，上海开展股票交易业务的大大小小的股票公司达140多家，国内股票市场始告勃兴；1943年，日伪当局为加强对股票市场的管控，取缔了大部分股票公司，重建了上海华商证券交易所，国内股票市场呈现畸形繁荣的局面。

鉴于当时上海物价高涨，市场活跃，企业或出于扩大再生产的目的，或单纯为投机牟利，纷纷增资。除商务印书馆外，上海其他的几家主要出版企业如世界书局、开明书店和中华书局，都有增资。增资的方式与以前相比，最大的不同在于以前是以现金认购为主，此番则采用"升股+现金认购"的模式，股票一般通过股票市场公开发行，但认购人主要为公司同人，外人难与其间。所谓"升股"，是指上海全面沦陷后汪伪当局强制改法币为中储券，原先票面额按法币计算的股票改为按中储券计算，"法币股票"转为"中储券股票"就是升股，往往一股老股升为1—5股新股，带有"送股"色彩。1942年，世界书局的资本由法币300万元增资为中储券500万元；中华书局的资本则由法币400万元增资为中储券800万元。增资的方式大同小异，具体如下：

世界书局。原有股票除一股折成中储券外，所缺由公司之准备金下拨付之，此外老股作为二股（因改票面为二十五元），亦认新股一股，尚有五十万元由公司董监及同人分认之。

中华书局。每一老股得照票面国币（即法币——本文作

① 大东书局. 大东书局之过去与今后计划[M]. 上海：大东书局，1933：36.

者注）五十元认购新股一股。[1]

1943 年，世界书局、开明书店和中法集团旗下的永祥印书馆均有增资。受上海恶性通货膨胀的严重影响，此次的增资额巨大，世界书局的资本由中储券 500 万元增至4 000万元，开明书店由 300 万元增至3 000万元，永祥印书馆由 200 万元增至 700 万元。[2] 不同于当时许多企业为投机而增资，这几家出版企业的增资确实出于扩大生产之需要。以世界书局为例，1942 年书局盈利达1 000余万元，当年每股股票面值 25 元，每股股息 5 元，股息率达 20%，非常可观。1943 年的股东常会鉴于良好的经营情势，决议增资，方案如下：

> 经全体股东会一致通过，资本五百万元增加至四千万元，每股票面二十五元。每一股份，得升三股（计一千五百万元，由公司资产增值项下移充之），认购三股。尚有五百万元，由董监事及公司职员认购，藉做特别酬劳。[3]

此外，在增资发行股票时，一些企业由于得到社会人士的深切信任，投资者踊跃应募，市场需求旺盛，因此，这些企业在增资时股票溢价发行。开明书店便属于这类企业，1943 年增资时，每股票面值为 20 元，溢价 20 元发行。

据时人的统计数据，截至 1943 年 11 月，“上市”文化企业，包括世界、中华、商务、大东、开明等各公司，资本总额为 0.83 亿元（中储券），约为“上市”地产企业资本总额 2 亿元的 40%，约为当时龙头行

① 吴毅堂. 中国股票年鉴[M]. 上海：中国股票年鉴社，1947：16、17.
② 吴毅堂. 中国股票年鉴[M]. 上海：中国股票年鉴社，1947：22.
③ 华股日报. 世界书局股东常会通过增资四千万元[N]. 华股日报，1943，33.

业——纺织业“上市”企业资本总额6.6亿元的13%，小幅落后“上市”药业公司1.12亿元的资本总额，约为当时117家“上市”公司资本总额20.5亿元的4%。[①] 这些数据一定程度上能够反映出版业在国民经济中所占的较为重要的地位，这也从一个侧面表明了出版企业文化和经济的双面孔。

民国时期，由于证券市场不发达，企业在发行股票时一般并不通过证券交易所进行，而是企业直接发行；1940年代增资时，虽然通过证券交易所公开发行股票，实则包揽发行，缺乏法律束缚和机关管理，公司以外的人很难认购，出版企业亦属此类。时人对此现象有所针砭：

> 包揽发行者，即某公司股份中公开招募的部分，全数包给另一个机关，而由该承包机关代为行使发行权是也。过去中国股票之发行，几尽属于此种包揽制度。但此公开招募股份之中又往往半数先由承募机关认购，且认股期满，如有招募未足额者，仍由代募机关认购足额，故实际上外界所可认者，当不足二分之一，而此佥佥之数，则有无数人争购之，结果所派到者不过百分之五六。此种发行方式，名为公开，实属包揽。[②]

公司的股东群体自股份公司成立之日起就已大致定型，日后增资也只有少部分股份可为公司之外的人士认购，此为民国企业的普遍现象。主要原因在于老股东多为与公司发起人关系较密切者，不愿新股东介入以分其利，公司主持者亦不乐股权大量落入圈外人甚至官僚之

---

① 吴毅堂.中国股票年鉴[M].上海:中国股票年鉴社,1947:29.

② 吴毅堂.中国股票年鉴[M].上海:中国股票年鉴社,1947:11.

手,如1940年代,社会经济情况恶化,商务印书馆的一些股东变卖股票,连创始人鲍氏兄弟的家人也将大宗股票售出,张元济对此比较警惕,曾特意嘱托商务印书馆的大股东俞明时,“遇有商务印书馆股票大宗流动时,务请尽早通知,要他们努力防止商务印书馆的股票落入对商务印书馆不怀好意的人手里”①。虽然股票的发行近乎包揽,比较呆滞,但股票的流通,抗战以前不甚活跃,抗战以后则日趋兴盛。

二、股份制出版企业股票的流通

股票市场包括发行市场和流通交易市场,发行市场是筹资者和投资者之间的交易市场,流通交易市场是投资者之间的交易市场。总体来说,出版企业股票的流通与其他企业的股票一样,主要有“上市”交易和“场外”交易两种形式。前文述及,民国时期证券市场不发达,股票交易市场长期呆滞,在很长一段时间里,股票成交量少,且主要以场外交易的形式进行;1941年之后的数年,商务印书馆、中华书局、世界书局等企业的股票“上市”交易表现良好,一度形成投资者拥趸“文化股”的现象。

(一)“上市”交易:证券交易所的绩优股和老牌股

民国时期最早的股票交易机构,当是1914年由股票掮客们成立的上海股票商业公会。公会成立时,会员仅10余家,此后数年,渐增至60余家。公会有较为完整的规章:

① 汪家熔.中国近现代出版家列传张元济[M].上海:上海辞书出版社,2012:326.

（一）会员十二家，各推重要职员为上会代表；（二）创立时每家捐银二十两，经常费，每家每月银二两；（三）聚会时间每日上午九时至十一时；（四）买卖标的分政府公债、铁路债券、公司股票、外国货币等；（五）买卖手续，彼此对做，一经讲定，报告市场管理人记录。等等。[①]

该公会交易的股票有商务印书馆、中华书局、大生一厂、汉冶萍、交通银行、中国银行等20余种。“上海股票商业公会”本质上已经具备华商证券交易所的雏形，直到1920年以前，它一直是上海华商证券交易的活动中心。可见，商务印书馆、中华书局的股票是民国时期最早“上市”交易的一批股票，亦可见公司经营业绩良好。1914年至1920年间，出版企业股票在上海股票商业公会的具体交易情况的资料比较缺乏，但可以肯定的是，交易是存在的。

1920年代初，上海相继建立两个证券交易所，一是1920年5月成立的上海华商证券交易所，一是1920年7月成立的上海证券物品交易所。这两家证券交易所的先后成立，标志着近代上海华商证券市场的正式形成。其中，上海华商证券交易所，由上海股票公会改组而成，为专营证券机构，属上海证券市场之重心。它们主要进行政府公债和股票交易。1921年5月，上海证券物品交易所发布《证券部现期买卖纲目》，所列证券种类主要有“公债票”和“股票”，“股票”主要有中国银行股、浙江兴业银行股、商务印书馆股、中华书局股、汉冶萍股、南洋烟草公司股等20余种，股市呈现一派繁荣的景象。

然而好景不长，1921年12月，上海发生金融风潮，风潮之后，股票

---

① 吴毅堂．中国股票年鉴[M]．上海：中国股票年鉴社，1947：2．

信誉大受影响，大部分企业股票退出交易市场，只有少量信誉良好的老牌股，如商务印书馆、中华书局、招商局、中国银行等的股票仍然在证券交易所内挂牌，但实际成交的不多。1922—1937 年，上海华商证券市场主要以政府公债交易为主，占 98% 的绝对优势，股票交易则处于附庸地位。[①] 股票交易的实际场所绝大多数转移到一些非正式的交易所，各家行市不一，比较混乱。这一时期出版企业股票的交易情形，可以从张元济写给侄子张树源的几封书信中得知一二：

商务印书馆股已为汝购到十股，价五百五十元（此为十股的总价——本文作者注），尚未续购。（1932 年 10 月 29 日）

商务印书馆股前为汝购得十股，价仅五十五元，现已涨至六十至六十五元，不知汝意尚要买否？（1932 年 11 月 3 日）

现在商务印书馆股票票面改为每股六十元，价值已涨至六十二至六十五元。（前九月托李拔可先生为汝购进十股，每股价为五十五元。）以后要再买否？望速来信。我意亦要添买，六十五元尚可买也。（1932 年 11 月 10 日）

汉馆经理陈君云有商务股票百股出售，我已直接函致陈君，如在六十元以下，全数为我留下，汝要多少，函来告知。如过六十元，即请其问明数目，用航空信复我，商量再定。（1932 年 11 月 11 日）

股票已涨至每股六十三元。汉馆陈君所云百股，我拟出价六十三元，已告知矣。

近购到商务印书馆股份若干，每股仅六十五元，市价已

① 刘志英. 近代上海华商证券研究[M]. 上海：学林出版社，2004：19.

售七十，汝要即以五股归汝。（1933年8月2日）[①]

1932年“一·二八”事变的次日，日军轰炸商务印书馆，公司资产损失1 630万以上，占总资产的80%。馆方原有资本500万元，分作5万股，每股100元。事变后，投资者对商务印书馆股票信心大降，股价急剧下跌。是年11月3日，商务印书馆召开临时股东会，决议减资本为300万元，分作5万股，每股60元。此为引文中张元济叔侄股票买卖的背景。通过引文可以发现两个要点：其一，1920—1930年，商务印书馆的股票在证券交易所上市交易，有一定的成交量，张元济提到“市价已售七十”可证；其二，商务印书馆股票是老牌绩优股，在遭受重创后，商务印书馆股票的市价有过急剧下跌，但数月之后即显著回升，较大幅度地超过票面价值，投资者的信心基于商务印书馆是老牌绩优股。

抗战爆发以后，随着上海“孤岛”地位的形成，洋商股票兴盛，华商股票交易日渐活跃。太平洋战争爆发后，一直到1943年，上海的华股市场出现畸形繁荣的局面，股市上一度出现投资者拥趸商务印书馆、中华书局、世界书局、大东书局等“文化股”的现象。商务印书馆等文化股的热门，通过当时报纸上的股市消息可窥见一斑：

六日华商股票市况，人心倏忽，故趋势虚软，惟文化股则殊呈坚昂……商务印书馆，曾扣三百元关，终见平定。中华书局，求户不寂，价颇坚挺。世界书局，进户接踵，而卖方则扳持，是以市气扶摇直上，穿出七十元，昂至午收七十二元半。[②]

---

① 张元济. 张元济全集（第二卷）书信[M]. 北京：商务印书馆，2007：319－327.

② 德惠. 市况：人心又呈倏忽，行情略见平软，唯文化股坚挺[N]. 华股研究周报，1942(175)：2.

十四日华商股票市况，趋势荣辱互有……商务印书馆、中华书局，俏风仍劲，各升五六元。①

十九日华商股票市况，人心活跃，趋势见挺，商务印书馆、中华书局涨风仍炽，前者由二百四十元俏腾至二百七十五元，又涨二十五元；后者由二百六十五元飞升至二百八十五元，再涨二十元。世界书局，冲出八十元关外，结果上涨六元。②

二十七日华商股票市场……实业股之文化业，涨风又起。中华书局，将行增资，搜购见殷，由二百七十元升至二百八十元，终升五元。商务印书馆，跟亦向荣，挺二元半左右，出三百七十元。世界数据集，涨势仍厉，业已穿出一百元大关，午收一百〇二元，升四元左右。③

这一时段，商务印书馆股票每股票面价值为 100 元，中华书局和世界书局都为 50 元，涨幅当以中华书局为最大。当时市场上游资汹涌，投机猖獗，百货股、纺织股、化工股、文化股等都曾被投资者热炒过。对于文化股，投资者除了投机动因，应该还有其他方面的考量："文化股自有其价值。日后局势平靖，民生安定，出版业必可立趋兴盛，持股人既不患无优稳之利益，此其一。华股上涨日盛，依比例而言，文化股的涨度实为最少，因之续涨的可能性仍甚大，此其二。投资应以稳妥有利为大前提，文化股各厂均根基深厚，实符合此项原则，若不贪图近利唯求远益，则投资于文化股，而放长其眼光，确为购买股票上策之一，此其三"④。

---

① 德惠. 市况：行情荣辱互见，文化股俏风仍劲[N]. 华股研究周报，1942(181)：2.

② 德惠. 市况：买户搜求热烈下，文化股猛涨不已[N]. 华股研究周报，1942(185)：2.

③ 德惠. 市况：市势转见稳定，文化股复蓬勃[N]. 华股研究周报，1942(192)：2.

④ 江川. 文化股的透视[N]. 华股研究周报，1942(3)：43.

1944年，股市全面逆转，呆滞经年，1945年又陷入疯狂状况。1946年，新组建的上海证券交易所制定了较为严格的股票上市准则，首批批准上市的股票有20种，出版企业只有商务印书馆一家，票面价格为国币100元，其余的19种股票，票面价格为10元的有18种，20元的有1种。1949年4月1日上市交易的股票共计29种，其中出版类有商务印书馆和世界书局两家。1949年5月5日，上海证券交易所宣告停业，从而结束了近代上海华商证券市场的历史。

（二）"场外"交易：有价无市，一票难求

1912—1937年，出版企业股票的流通主要采取"场外"交易的形式，股票买卖双方私下自行交易。由于商务印书馆、中华书局、世界书局等大型出版企业经营效益较好，早年间股息、红利的发放较为优厚，因此，股东一般不会变卖股票，将股票视为一种能带来长期收益的"债券"。故而"场外"交易的常态是"有价无市，一票难求"。

以笔者目前掌握的资料，商务印书馆的股票不仅是出版股中的热门股，也是所有股票中的热门股。1936年，马寅初曾对此有过论述：

中国银行从北平搬来，当国民政府初立时，其股票行市低至四十元，今则信用大佳，故又回涨。但亦不过六七折，当此市面不景气之秋，公司股票总是跌多涨少，故有行市反不如无行市之为愈也。"一·二八"前，商务印书馆股票涨至一百六十元，结果亦等于有行无市，此因股票太好，无人肯出卖故也。①

中国银行股票与商务印书馆股票的一冷一热，对比鲜明。商务印书馆的股票在1932年前因为隐匿资本和每年股息、红利都很高的缘

① 汪家熔.商务印书馆史及其他[M].北京：中国书籍出版社，1998：44.

故,转让时大致可以增价 30% 左右。[①] 股东变卖股票一般是因为急需现金。1926 年,章锡琛从商务印书馆离职后,准备创办书店,他多方设法筹集资金,为此,甚至将手中的十几股商务印书馆股票变卖,充作开店资本。[②] 1920 年代初,罗振玉和王国维合伙做书画生意,为筹集资本,罗振玉建议王国维出售所持的商务印书馆股票,并认为股票售卖所得足以作为买卖书画的资本,王国维最终听从了罗振玉的建议。[③] 商务印书馆的股票作为一种稀缺的有价证券,馆方也将其作为笼络人心的一种手段,1926 年茅盾从服务了十年的老东家商务印书馆离职,馆方托郑振铎致送茅盾 900 元的支票和一张票面 100 元的股票,茅盾随后便以 200 元的价格将股票转给一位本家。[④]

此外,商务印书馆的股票甚至还可以充当典当物品。我们党早期的优秀党员何孟雄、缪伯英夫妇,1920 年代在上海做党的地下工作时,有时急需用钱,就将所持的商务印书馆股票拿到当铺典当,有钱时再赎回。[⑤]

中华书局、世界书局、大东书局股票的“场外”买卖情况,总体来说,不如商务印书馆的活跃,但交易的情况大致相似,买卖双方私下转让,或是企业将股票送给员工作为奖励、充抵稿酬,等等。

三、结语

民国时期出版企业的股票,在市场上有很好的表现,受到投资者

---

① 中国出版工作者协会. 我与开明[M]. 北京:中国青年出版社,1985:292.
② 中国出版工作者协会. 我与开明[M]. 北京:中国青年出版社,1985:292.
③ 中国文艺思想史论丛编委会. 中国文艺思想史论丛[M]. 北京:北京大学出版社,1984:335.
④ 李频. 编辑家茅盾评传[M]. 开封:河南大学出版社,1995:76.
⑤ 曹仲彬. 何孟雄传[M]. 长春:吉林大学出版社,1990:155.

的追捧，既是老牌股，也是绩优股。这一现象带来的启示如下：

股票本是为融资而生，投资者基于信任而选择某只股票，这种信任既可以是经济的信任，也可以是文化的信任，甚至可能是政治的信任。一张小小的股票也可能影响政治的走向。1911 年，清政府将已商办的川汉、粤汉铁路“收归国有”。四川修筑铁路的股金面向社会公开招募，投资者不仅有绅士、商人、地主，还有农民，而且农民购买的股票占很大比例。清政府颁布“铁路国有”政策以后，收回了路权，但没有退还、补偿民间资本，投资者购买的股票成为废纸，因此招致了四川各阶层，尤其是广大城乡劳动人民的反对，从而掀起了轰轰烈烈的保路运动，间接促成武昌起义的爆发。一张股票折射出投资者对政府的不信任，进而引发一场革命，这是股票影响力在特殊情况下的极端放大。投资者对出版企业股票的信任，从宏观层面来说，是投资者对出版业促进国家社会进步的认可。

在微观层面，出版企业股票良好的市场表现，说明了投资者对企业整体经营水平的认可。产品精良、管理先进，是民国时期有担当的企业的经营目标，今天依然。王云五、陆费逵、陆高谊等人既是有文化情怀的出版家，同时也是精于企业经营的企业家，并且在整个企业家群体中，他们都处于领先地位。1930 年代，上海企业界 20 余家企业领头实践科学管理法，四大书局就位列其中。王云五积极推广与实践科学管理法，在企业界产生了较大影响；陆费逵著有《实业家之修养》，是国内最早的企业家理论，如果说穆藕初是国内的“科学管理之父”，那么陆费逵当是国内的“企业家理论之父”。商务印书馆、中华书局等的股票能够在市场上坚挺三十几年，长期为投资者拥趸，小小的股票所投射的是出版企业长期在“产品精良、管理先进”上的成功践行。

股票中所投射的前辈出版企业家的成就，今天的出版人恐怕难以再现,似乎也较难超越,一个重要的原因在于,与民国时期的媒介生态相比,今天纸质出版的地位已不再于居于中心,新媒体带来的挑战日益严峻,求新求变,似乎成了一种必须的心态。本文认为,应该要适时地打破唯"新"主义,媒介的演化没有止境,新的传播工具、新的传播方式只能是传播活动的"方法论",而不能成为将人异化的"目的论";真正有价值的,应该是媒介演化中历久传承的相对"不变"的文化内核,它能够增强受众对本国文化的自信,对出版业文化坚守的信任与认可。纵然今天的出版生态环境令出版人难现往日辉煌,但是,我们依然可以有所作为。数十年后,如今的出版业的每一个方面,包括股票,都将成为当代出版业的全息投影;努力探寻和坚守出版业稳定的文化内核,不盲目求新,或许是会得到后人赞许的做法。

(原载《出版发行研究》2016 年第 1 期,作者范军、欧阳敏)

20世纪二三十年代新闻出版企业的会计改革

20世纪二三十年代虽然军阀混战、社会动荡,但却是追求科学和民主的变革年代,也是传统工商业向近现代工商业转型的时期。以上海商务印书馆为代表的新闻出版企业顺应时代潮流,及时进行了改革,包括会计改革,获得了跨越式发展,成为当时亚洲首屈一指、全球排名领先的大型出版文化企业。本文主要以上海商务印书馆为例,兼及其他新闻出版企业,对它们当时的会计改革进行梳理,以期对现今的新闻出版企业的改革有所启示。

一、20世纪二三十年代新闻出版企业会计改革的背景和条件

(一)会计改革的背景

1. 上海开放的氛围和外企先进管理的示范效应

自18世纪中叶开埠始,上海便揭开了城市现代化的历史篇章。经过半个多世纪的发展,到20世纪初上海已经成为中国最大的现代城市,是当时中国经济、文化中心。伴随着城市的发展,西方传教士、商人和侨民不断涌入,国际资本也迅速流入上海,西方文明对沪上的影响日渐显现,越来越多的有识之士希望革新图强。

西方传教士、商人和侨民,在上海创办了大量的工商企业,包括印刷、新闻、出版企业,如1860年天主教会创办的上海土山湾印书馆,同

年迁居上海的美国长老会主持的美华书馆,1877 年基督教会设立的益智书会,1872 年英国商人美查等创办的《申报》(1909 年收归国人所有),1893 年中外商人合资创办(外商占最大股份)的《新闻报》(1929 年完全收归国人所有)。外资或中外合资创办的书馆、报馆等新闻出版机构,采用的是西方先进的机器印刷技术,它们通过机器印刷降本增效,获得利润。西方传教士和商人等创办工商企业,不仅带来了西方先进的设备与技术,也引入了西方先进的管理理论和管理经验。这些成功的管理理论和管理经验,对国人创办的企业产生了示范效应,也成为其进行内部管理改革的动力之一。

1897 年,商务印书馆于上海创立。它的出现,打破了以美华书馆、申报馆为主的外国人垄断中国近代出版业的局面。但以商务为代表的中国新闻出版企业,要生存和发展,就必须引进西方的技术和管理方法;要与外资企业竞争,也需要学习其管理方法,进而从单纯的技术、设备的引进转向技术、设备的引进与制度的效法并重。时势所迫,必须进行改革。

2. 西方科学管理思想的传播和应用

西方科学管理思想最早由民国时期著名企业家穆藕初引入国内。穆藕初 1909 年自费赴美留学,1914 年学成回国。留美期间,穆藕初结识了科学管理之父泰勒(F. W. Taylor)及其弟子吉尔培莱斯(F. B. Gilbreth),他对泰勒的科学管理理论推崇备至。1915 年 10 月至 1916 年 3 月,穆藕初与董东苏合译泰勒的《科学管理原理》一书,以《工厂适用学理的管理法》的中文译名在《中华实业界》上分 5 期连载,1916 年由中华书局出版发行,成为泰勒的《科学管理原理》一书的第一个中文译本。除穆藕初之外,杨杏佛、林和成、张廷金、杨端六、王抚洲等留学生也先后出版了一批介绍科学管理思想的著作，向国人推介科学管理思想。1930 年 6 月，在国际科学管理学会的推动下，以“研究科学管理方法、增进工商业效率，实现民生主义”为宗旨的中国工商管理协会成立，国民政府工商部长孔祥熙担任协会理事长。中国工商管理协会的成立，进一步推动了科学管理思想在中国的发展。

20 世纪初，中国早期的公司制企业虽然在形式上建立了现代企业制度，但其内部管理大多仍然沿袭和采用传统的工头制、包工制的管理模式。这种管理模式有两个基本特点，一是“人治”，二是“经验唯上”。它与现代企业制度化的治理结构和管理体制格格不入。

20 世纪 20 年代，在西方科学管理思想的推动下，随着国内现代职业经理阶层的逐渐形成，加之因管理不善而导致公司倒闭破产事例的发生，科学管理对于公司制企业发展的重要性已被越来越多的人所认识。到 20 世纪 30 年代初，近代中国的公司制企业，特别是在诸如上海这样的工商业大都市的公司制企业，已经开始进入崇尚和全面推行以科学管理为主要内容的现代企业管理的阶段。公司组织的内部管理以及现代企业中的会计制度等已经受到企业界的普遍关注。[①] 新式会计制度是科学管理的重要内容之一，推行科学管理必然要推行新式会计制度。

3. 新文化运动的推动和新闻出版企业经营陷入困境

新文化运动初期，商务印书馆对民主与科学的呼声仅是冷眼旁观，游离于新文化运动主流文化圈之外。这种状况引起了新文化界的严重不满和批评，在新文化人士看来，商务印书馆与“抱定金钱主义”

---

① 张忠民. 20 世纪 30 年代上海企业的科学管理[J]. 上海经济研究，2003(6).

的出版商并无二致，同样是把商业利益放在了第一位，而抛弃了出版的文化责任。[①] 高举新文化运动大旗的《新青年》《新潮》等刊物纷纷对商务印书馆旗下的杂志提出批评。陈独秀在《新青年》上抨击商务的《东方杂志》反对西方文明、提倡东方文明的论调。《新潮》发表罗家伦《今日中国之杂志界》一文，更把商务各种杂志批得体无完肤。商务的声誉受到严重打击，在社会文化领域的影响力不断下降。

由于与时代脱节，商务的出版物已无法满足新一代青年的心理期待和阅读需求，商务因此流失了一大批支持或同情新文化运动的读者，以至其经济效益出现明显的下滑，其杂志销售从 1917 年的 14.6 万元减少到 1918 年的 11.6 万元，到 1919 年初积压和滞销的图书和杂志多达 60 万册，[②]总码洋超过 100 万元。[③] 商务明显陷入经营危机。

商务的经营危机虽然与时局有关，但从根本上说却是在新文化运动冲击下的人才危机。商务的元老中不乏清末维新运动以来传播西学的有功之士，在新文化浪潮的冲击下，他们渐渐落后于时代。张元济、高梦旦等商务印书馆的高层，越来越迫切地感受到任用新人和改革的必要。1920—1921 年，商务印书馆出台了一系列变革举措，包括聘用新一代编辑、与学术团体结盟、改革《小说月报》等杂志、建立新式会计制度、酝酿改组编译所等。新进商务编译所的李石岑、郑振铎、郑贞文、杨端六等少壮派新人大多在国内外受过高等教育，对商务陈旧的管理体制、落后的经营方式及过低的工资待遇等诸多方面心存不满，急欲改良编译所。他们对商务印书馆的现代化起了重要的推动作

① 吴永贵. 商务印书馆：近代出版机构中保持活力的典范[J]. 编辑之友，2008(5).
② 周武. 商务印书馆与五四新文化运动[J]. 社会科学，1999(5).
③ 吴永贵. 商务印书馆：近代出版机构中保持活力的典范[J]. 编辑之友，2008(5).

用，为商务印书馆的全面改革做好了铺垫。[1] 其中，杨端六直接主持了商务的会计改革工作。

1921 年 4 月，高梦旦亲自北上，力劝胡适离开北大，南下商务出任编译所所长。胡适到商务考察了三个月，但最终没有留在商务，却推荐了他早先的英文老师王云五。1922 年 1 月，王云五就任编译所所长，特别是他 1930 年出任总经理之后，在张元济等元老的大力支持下，对商务印书馆进行了大幅度的改革。

4. 内部财务管理问题的暴露

1910 年 7 月，在外国金融骗子的哄抬下，上海发生了一起轰动一时的橡皮股票风潮。在这场风潮中，约有9 000万两白银被外国金融骗子席卷而去，上海钱庄纷纷倒闭。商务印书馆总经理夏瑞芳挪用公司巨款炒股，在这次投机中损失惨重，使商务陷入了一场财政危机。公司不得不出卖一大排新建的房屋并辞退一批资历较浅的员工，以挽救危机。除夏瑞芳挪用公司巨款炒股外，“五四”运动以前，商务还曾发生夏瑞芳亲戚鲁云奇贪污案、香港和安徽分馆会计携款潜逃、职员私改邮汇兑换等贪污舞弊事件。挪用和贪污舞弊事件的发生，反映出商务印书馆早期的财务及管理体制尚不完善，存在巨大的漏洞。比如，1917 年 2 月，商务印书馆安庆分馆账房褚某卷款潜逃。消息传来，张元济当即召集有关人员商议。不几日，他亲自定下“整理账务”的两条决定：经理管图章；月结单由经理逐笔核对。为加强各地分馆账务的力量，商务向社会招考财会人员。张元济在他的日记中不厌其烦地记下了数十名“正取”“备取”“备补习”的名单及其评语。公司在张元

---

① 钱益民. 1920 – 1921 年商务印书馆的改革[J]. 浙江师范大学学报：社会科学版，2002，27(3)

济的主持下，很快制定了分馆稽查账务规则等章程。但当时总的财务制度还很不健全。比如账房所设仍是老式簿记；公司历年结算报告，只载贷借对照表而无损益计算书。少数人仍然借机营私舞弊，中饱私囊，贪污案时有发生。图书公司鲁某挪用公款七千余元，在外私设进出口洋行，私自印售书籍。1918 年 1 月事发后，不少人为此人说情，劝张元济不要将案子捅出去，私下了结完事。张元济一面自责“平日用人不当，办事疏忽，咎无可辞”；一面坚持将事揭破，诉之公堂，限期追回赃款。一个部门长期不向总馆解缴收货款，竟无人过问；出了问题，有人又以“此事于公司甚不好看”，主张私下解决。对此，张元济态度鲜明，认为“公司范围日广，不能不照章办事”。从此他更加关心各部门账务，经常派人查核，有时亲自调阅账册。他清楚地意识到，改革制度必须物色一位能掌握会计工作全局的人才。他在日记中写道：“公司范围日广，簿记必须更改新式，但事前必有预备，人才必须预储。最难一层，旧人必不惯此，将改未改之时，必有无数阻力。如抓办此事，必须通盘筹划，并非佣雇一二人便可着手也。”1920 年，张元济终于聘请到了年轻的英国留学生杨端六，制定全公司的会计制度，使商务的管理向现代新型企业迈进了一大步。杨端六还为商务的编译工作提出过改组办法，深得张元济信任。①

张元济在一封致总经理高凤池的信中，就商务“永久之根本计划”提出“用人”“财政”“组织”三条大纲。在“财政”一条中，他指出：“是理财亟宜得人。会计制度缺点不少，宜聘有经验有学识者预备修改。”②如何从制度上堵塞漏洞，是关系到商务前途和命运的大事。张

① 柳和城. 书里书外——张元济与现代中国出版[M]. 上海：上海交通大学出版社，2017：14.
② 柳和城. 书里书外——张元济与现代中国出版[M]. 上海：上海交通大学出版社，2017：13.

元济为此在 1916 年间多次提出改革方案，引入新式会计方法，其中包括：着手调查账房簿记改革，拟订各部门、各分馆办事章程和预算制度，改进栈房管理办法等。

（二）会计改革的条件

企业的改革需要有将才、各类专业人才和先进理论的引入。革新势力张元济、王云五是改革商务印书馆内部管理制度的主帅，而杨端六则是受命改革商务印书馆会计制度的将才。清末民初，会计教育的发展为以商务为代表的新闻出版企业的改革培养了所需的专业人才，西方会计理论和方法的引进也为会计变革提供了必要的条件。

1. 西方会计理论和方法的引进与推广

鸦片战争后，随着中国民族工商业的发展，中国的旧式会计已经难以适应日益复杂的近代工商业，人们开始学习、引进并推广西方的会计理论和方法。1905 年驻外使节蔡锡勇所著的系统介绍西式簿记（即后文所称"新式簿记"或"复式簿记"）原理的《连环账谱》由湖北官书局出版。该书不仅在引进西式簿记方面具有先导性作用，而且通过举例说明中西账法相结合的基本原理，还对后世改良中式簿记学派的理论产生直接的影响。1907 年，谢霖在东京出版中文版《银行簿记学》，将近代银行会计运用的"现金式借贷分录法"引进中国，并在大清银行试行簿记改良。1912 年，谢霖根据复式簿记原理和银行业务特点，设置了中国银行的账簿组织体系，首次采用西式账页和阿拉伯数字；1917 年，他又为交通银行改革账簿组织，也颇有成效。1918—1919 年，《上海银行周报》主编徐永祚在《上海银行周报》特辟会计研究专栏，展开了会计簿记方面的学术性探讨。徐永祚力主改良中式簿记的观点，得到一些学术机构、社团组织、会计界人士和政府机关的支持。清末民初，民间会计变革既有理论的引进、探讨，也有具体的实践，这为20世纪二三十年代新闻出版企业的会计改革提供了理论支持，也积累了较丰富的实践经验。

2. 会计教育事业的发展

清朝末年，清政府设有两所经济专科学堂，即银行学堂和江南高等商业学堂，为当时试行改良中国会计培养了几十名精通西式簿记的会计专门人才。辛亥革命后，国内上下都提倡革新，政府部门和企业开始广泛运用西方会计理念和方法，会计账簿也发生了很大变化，但能使用新式簿记之人仍寥寥无几。为了全面切实地推行新式簿记，当务之急是培养专门人才。为此，北洋政府举办簿记讲习所、审计讲习所，因势利导、就地取材发展会计教育事业。这是中华民国初期最早的公办会计教育。短期会计培训教育，传授了新式会计账册知识，介绍了新的会计方法。北洋北京政府成立以后，大学里在开设经济类相关专业时设有簿记学或会计学课程。1921年复旦大学商学院开设会计系，成为系统培养会计人才的公办学校教育的开端。当时，上海是中国会计教育最发达、最集中，也最有影响的地区，上海乃至华东地区是旧中国会计教育事业发展的中心。这一时期大批回国的知识分子投身教育事业，试图通过教育来振兴民族工业，达到救国救民的目的。他们创办的私立学校如雨后春笋般不断涌出，形成了与政府公立会计教育交相辉映、并驾齐驱的教育格局。[①] 会计教育事业的发展，为会计改革奠定了基础，培养了会计专门人才。

① 郭华平，曾劲. 论中华民国初期的会计教育[J]. 中国经济史研究，2009(3).

二、20 世纪二三十年代新闻出版企业会计改革的内容

20 世纪初，正值中国新闻出版企业从业主制或合伙制向公司制转型时期，如商务印书馆于 1905 年转型为股份公司，世界书局、开明书店分别于 1921 年和 1928 年转型为股份公司。由于公司的所有权与经营权分离，股东需要公司提供公开透明的会计资料，而公司规模的扩大也使传统的中式簿记难以适应经营管理的需要，从而促使公司进行系统的会计改革。

20 世纪初，商务的会计改革是由杨端六完成的。杨端六于 1906 年赴日留学，1913 年二次革命爆发后，受黄兴资助，又赴英国留学，进入伦敦大学政治经济学院学习经济学，在英留学长达七年之久。1920 年杨端六回国后，即在商务印书馆主办的《东方杂志》任撰述。1917 年他在《太平洋杂志》上发表《会计与商业》一文，此后深受商务领导重视。于是在 1921 年，商务与杨端六订立筹办新会计制度的合同。1921 年 8 月，商务成立改革会计制度筹备处，以杨端六为主任。1922 年 1 月起，杨端六提出的新会计制度付诸实施，改革获得成功。从此，商务原来较为混乱的财会工作得到了改变。1923 年，杨端六被正式任命为商务的会计科长，直到 1927 或 1928 年离职。

杨端六之得以在商务一展长才，主要还是有赖于张元济的慧眼识英才，因此有学者认为张元济致力于将商务建成一个现代化的资本主义企业，比如他进行了商务管理方式的改革，并在中国第一个引进了

现代会计制度[①]。20 世纪 30 年代初，王云五推行“科学管理”，其中一项重要内容也与财务密切相关。他注重财政预算与成本核算，将馆内财政预算分为公司、处所、部科、个人四项，并结合考核计酬，以奖勤罚懒。[②]

以商务为代表的中国新闻出版企业在 20 世纪二三十年代的会计改革主要是采用新式簿记，同时建立相关制度，培训会计人员。

1. 采用新式簿记(复式簿记)

新式簿记是指源自西方的复式簿记。为区别于中国长期使用的单式簿记，时人将前者称为新式簿记或新式账，将后者称为中式簿记或旧式账。

复式簿记对每项经济业务都以相等的金额在两个或两个以上相互联系的账户中进行记录，即作双重记录，故为“复式”；单式簿记除少数业务外一般只在一个账户中登记，且只记录现金收付和人欠(债权)、欠人(债务)业务，记录简单且不全面。比如，出版企业以现金购买纸张等材料，复式簿记需记录现金的减少和材料的增加，而单式簿记则只记录现金的减少。

复式簿记的产生需具备两个条件，一是商业的发展，新的经济要素的产生；二是资本的出现和扩张，产权关系的复杂化。[③] 复式簿记的推广使用也需要具备这两个条件。20 世纪初，中国的民族工商业快速发展，规模不断扩大，经济业务日益复杂化；中国民族资本在 1914 年

---

① 叶宋曼瑛. 从翰林到出版家——张元济的生平与事业[M]. 香港：商务印书馆(香港)，1992：392.

② 郭太风. 王云五在商务印书馆推行科学管理的功过是非[J]. 东华大学学报：社会科学版；2001(1).

③ 宋丽智. 民国会计思想研究[M]. 武汉：武汉大学出版社；2009：22－23.

至1921年、1925年下半年至1920年代末经过两次迅速发展，出现了资本集中和资本集团，[①]使用复式簿记的条件显然已经成熟。改革会计制度，以适应商品经济的复式簿记替代适应自然经济的单式簿记，成为历史的必然趋势。时人称复式簿记为新式簿记。当时，中国的新闻出版企业已陆续开始采用新式簿记。商务印书馆在杨端六的主持下于1922年1月开始采用新式簿记。改革取得成功，原先混乱的财会工作走上正轨，国内其他公司纷纷仿效。《大公报》和《世界日报》也都采用了新式簿记。据记载，1926年吴鼎昌、胡政之、张季鸾组成"新记公司"，盘收《大公报》。"新记"《大公报》采取严格的财务核算，使用新式簿记，账目公开明晰。1931年，成舍我在《世界日报》着手改革会计制度，采用新式簿记，实行成本会计，严格控制成本开支，要求报馆任何开支都要注重投资回报问题。1933年《世界日报》成立监核处，并改革会计制度。《世界日报》较早采用新式簿记，实行成本会计，成立会计处。[②]

20世纪初，将上收下付的中式簿记改为左右对照的新式簿记，同时编制资产负债对照表；弃用中国传统的书写习惯，改用横式登记，在记录主要簿时采用阿拉伯数字自左向右书写，这是中国会计史上的一场革命，促使中国的会计与国际惯例接轨。

对于新式账与旧式账的区别，孙耀宗在1920年3月23日《银行周报》第4卷第9号上发表《新式账与旧式账之比较》[③]一文，详细分析了两者的15个不同点，这些不同点择其要者可以概括为以下几方

① 胡太春．中国报业经营管理史［M］．太原：山西教育出版社；1998：126.
② 胡太春．中国报业经营管理史［M］．太原：山西教育出版社，1998：68－95.
③ 孙耀宗．新式账与旧式账之比较［M］//陈志开，李玉．制度寻踪：公司制度卷．上海：上海财经大学出版社，2009：138－141.

面:(1)新式账有一定的格式,便于记账和查账;(2)新式账设有会计科目,需编制会计分录;(3)新式账设置完整的账簿体系,全面记录企业的经济活动;(4)新式账可自行平衡且分工记账,利于查错、防弊;(5)新式账需编制会计报表,便于外人阅读、分析。

2. 实行成本会计

20 世纪初,我国的新闻出版业欣欣向荣、蓬勃发展,但破产倒闭的新闻出版企业不少,幸存者也大都经营困难。造成新闻出版企业破产倒闭或经营困难的主要原因之一是没有采用成本会计。梁沙旦在《会计杂志》上撰文认为,“不知施行科学管理,采用成本会计,致办事无详细之记录,足为进行之南针;成本无准确之计算,可供定价之参考;管理无纪,推销为难,因是而失败者,实占多数”①。20 世纪 30 年代初,新闻出版企业开始采用成本会计,1931 年,成舍我在《世界日报》实行成本会计,严格控制成本开支。王云五也注重成本核算,1930 年王云五考察归国后,向商务印书馆董事会提交的“科学管理法计划”中,就包括成本会计制度。

20 世纪 30 年代,新闻出版企业采用成本会计的目的,就是要计算出版每种出版物的个别成本,作为定价的依据并计算其盈亏。梁沙旦认为,“出版业采用成本会计之目的,在求明瞭各种印件之个别成本,故出版业之成本计算,应采用按件成本会计制度,俾可算出每一印件之成本,以明其盈亏及影响于事业本身之程度”。当时的出版物成本分为直接费用和间接费用两个部分。直接费用由编审费用、出版费用和发售费用三个部分组成,编审费用包括稿费、编辑员薪水、审查员薪

① 梁沙旦. 出版业简易成本会计制度[J]. 会计杂志,1935,6(3).

水和绘图员薪水，出版费用包括排版费、制版费、校对费、印刷费和装订费，发售费用包括邮寄费、推销佣金和广告费。直接费用之外的费用，为间接费用，包括编审事务费、出版事务费和发售事务费。间接费用按工时分摊到各印件，以计算各印件的全部成本。

3. 建立内部牵制制度

内部牵制是指企业的每项经济业务都必须由两个或两个以上的部门或人员分别掌管或完成，彼此之间建立相互联系、相互制约和相互监督的关系，以防发生错误或舞弊的一种控制机制。一般来说，两个或两个以上的部门或人员无意识地犯同样错误的机会是很小的，两个或两个以上的部门或人员有意识地合伙舞弊的可能性大大低于单独一个人或部门舞弊的可能性，所以内部牵制可以发挥防止错弊的作用。

1910 年“橡皮股票”事件之后，张元济从中汲取教训，认为“以后宜按照法律严定办事权限”。1912 年 2 月他又提出“更改章程，划清董事及经理权限，订立管理银钱出入规则”等设想。[①]“严定办事权限”“划清董事及经理权限”便是要建立相关内部牵制制度。在实施新式账簿和建立各项管理制度的过渡中，以商务印书馆为代表的新闻出版企业也逐步建立了与会计业务相关的内部牵制制度。其内容包括分岗、合作和规范流程。

划分会计工作岗位。内部牵制制度的核心内容就是将不相容的岗位或职务分离开来。不相容的岗位或职务是指不能同时由一个人兼任的岗位或职务。如果不相容的岗位或职务由同一个人兼任，就有

---

① 周武. 重创与改制——民国创立前后的商务印书馆[J]. 档案与史学，1998(1).

可能发生错误或舞弊。分离不相容的岗位或职务，就是分岗。分岗的同时，还应分责、分权。以商务为代表的中国近现代新闻出版企业在推行新式簿记和制定内部管理制度的过程中均融入了内部牵制制度。商务印书馆在总管理处下设主计部负责账务、统计、稽核、收支及其相关之事，统辖会计科、出纳科及稽核科。1932 年商务制定的《主计部暂行办事规则》规定了部长、会计科、出纳科和稽核科的职责划分及权限。其第三章办事总则中规定，“不得由一人兼任银钱与簿记两种工作，不得一人兼任记账与核对两种工作”，就是指不相容的岗位或职务不得一人担任；第十七条规定“各项记账及复核工作以及开写单据应由各经手人加盖图章，以明责任”，这显然是为了明确划分权责。①

共同完成一项与会计相关的业务。孙耀宗在《新式账与旧式账之比较》一文中指出：“在新式账，每一交易登记数种账簿，经过数人之手，各账互相贯通，作弊甚难。旧式账记载简单，各账均系独立，且一人经管数种账簿，作弊易而查弊难。”新式账融入了内部牵制，而旧式账则无。采用新式账后，一项与会计相关的业务由两个或两个以上的部门或人员共同完成，彼此相互制约、相互监督，可以有效防止错弊。1932 年，商务印书馆制定的《总管理处处理重要事务暂行规则》②对于款项开支作了如是规定：“各部、各厂、发行所及秘书处，于主管范围之用款，得开具付款知照单，交由主计部核开付款凭单，送请总经理、经理、协理或其代理人签字”，一笔款项开支需经三个部门合作方能完成。在这项规定中就融入了内部牵制制度。

规范与会计相关业务的流程。按流程处理业务不但可以防止错

① 汪耀华. 民国书业经营规章[M]. 上海：上海书店出版社，2006：60－63.

② 汪耀华. 民国书业经营规章[M]. 上海：上海书店出版社，2006：48.

弊,还可以提高工作效率。20 世纪 30 年代,中国的新闻出版企业制定的内部管理规章明确规定了相关业务的处理流程。1934 年,开明书店制定的《款项收支试行规则》[①]分收入之部、支出之部和通则三个部分,分述当时各类收支的处理程序。该规则有如下规定:"凡支出款项必须由主办部门开具付款知单,连同收款人应备单据,送由经理室开具支款凭单,经经理签字后,方可向出纳部支取",分工和流程均清楚明了。

4. 建立企业财务预算制度

古人云:"凡事预则立,不预则废。"对企业来说,财务预算制度建设有着特殊的意义。在这方面,商务印书馆的探讨值得关注。1930 年 3—9 月,王云五出国考察,在此期间与美国企业界人士和有关专家进行了深入的交流。旧金山的鲍华士曾提醒王云五,实施泰勒制和财务预算都很有必要,但必须循序渐进,稳扎稳打。美国企业财务预算和成本核算的制度与经验使王云五受益颇多。他后来几次有效地解决了商务印书馆的经营困难,同他实行科学的会计制度尤其是预算制度是密切相关的。哥伦比亚大学会计学教授凯士达着重向他讲解搞好财会工作的重要性:企业各部门都应该制订详细的预算,如及时预估第二年的业务如何发展,需要添置哪些设备,人员要作怎样的增减,各项计划需要多少开支等。各部门预算应汇总到公司。公司据此对各部门进行细致考察,提出较完善的年度发展计划。[②] 这种建立在财务预算基础上的企业年度发展计划,确实有着极重要的作用。王云五考察归国后,向商务印书馆董事会提交的"科学管理法计划"长达 3 万

① 汪耀华. 民国书业经营规章[M]. 上海:上海书店出版社,2006:317-320.
② 郭太风. 王云五评传[M]. 上海:上海书店出版社,1999:157.

字，包括 12 个子计划，位列前三项的内容是预算制度、成本会计制度和统计制度。由此可见预算制度在企业管理中的极端重要性。商务的这种预算制度后来也在其他文化企业中运用、推广，效果良好。

5. 初步建立会计信息公开制度

会计信息公开是指向股东、债权人等会计信息使用者定期公布会计报告和不定期公布重大会计事项等会计信息。会计报告公布之前，企业的账簿记录须经独立第三方审查，即查账。“查账的最大目的，在确定各种企业的真实财政状况，供资本主、管理企业之当局、银行家及投资家之参考；其次要目的方为舞弊的举发和错误的纠正。”①

关于会计信息公开问题，会计理论界早有呼吁。1927 年潘序伦在《银行周报》刊发《有限公司经济公开之必要及办法》，1930 年又在《经济学季刊》上发表《有限公司会计公开问题》，竭力主张会计信息公开，以保护债权者、股东、社会民众等有限公司之关系人的利益。会计理论界的推动和公司股东对自身权益的关注，促使公司制企业陆续向股东公开会计信息。1932 年商务制定的《商务印书馆股份有限公司章程》②第二十六条规定，“本公司总经理、经理等每年应将账目详细结算，造具簿册，由董事会转交监察人复核后布告于各股东”；1937 年大公报制定的《大公报社股份有限公司章程（民国二十六年七月十五日登记给照）》③第三十条规定，“每届决算造具：（一）营业报告书；（二）资产负责表；（三）财产目录；（四）损益计算书；（五）公积金及股息红利分派案，经董事会通过后交监察人查核，提交股东会请求承

① 吴君实. 查账何以要请会计师[J]. 商业杂志，1926，3（11）：28.
② 汪耀华. 民国书业经营规章[M]. 上海：上海书店出版社，2006：46.
③ 胡太春. 中国报业经营管理史[M]. 太原：山西教育出版社，1998：70.

认”。虽然当时的会计信息只向股东公开,且未经独立第三方审查,但毕竟向会计公开迈出了关键的一步。

6. 培养会计人才

推行新式簿记,需要培养会计人才;提高会计信息质量,加强内部管理,也需要大量的会计人才。民国初期,政府举办的簿记讲习所、审计讲习所以及国立大学和私立大学,培养了一大批会计人才,但仍然不能满足采用新式簿记的企业的需要。

当时的新闻出版企业大多采用两种方式培养会计人才,一是从大学毕业或具有同等之程度者中招收练习会计员,进行适应性训练,因为新闻出版企业有不同于其他企业的特点,非经培训不能胜任;二是从高中毕业生中招收会计学生。商务印书馆 1933 年 7 月订立的《招考练习会计员简章》规定,经考试录取的大学毕业或具有同等之程度者,先行试习三个月。试习期满,如双方同意继续者为练习会计员,另订两年之契约。练习期满经双方同意,另订职员契约。[①] 可见商务的要求甚是严格,会计专业的学生正常情况下需经过两年零三个月的实习,方能聘为职员。商务印书馆 1934 年 12 月订立的《招考会计学生简章》规定,对会计学科有特别兴趣的高中毕业生,可招收为会计学生,学习期一年,学习期满如本公司认为合格,升任职员,另订服务两年之契约。这是商务自己培养会计人才。开明书店 1934 年 7 月 1 日公布的《练习生规则》规定,练习生进店时由本公司指定职员为其业师,负责训练,并定期举行谒师礼。练习生初进店时先试习三个月,试习期满后得为正式练习生。其学习期以三足年为标准。同时,练习生

---

① 汪耀华. 民国书业经营规章[M]. 上海:上海书店出版社,2006:175.

应在本公司指定之学校补习,其学业成绩应与工作成绩并计考核之。学习期满后,经本公司认为及格得升职员。[①] 开明书店显然是采用双师制培养会计人才。

会计人才及其他经营管理人才,既可以立足于本公司进行培养,也可以放开视野,积极物色和引进。如王云五1930年的多国考察,是带着目的和任务,以科学管理为主题的。他一路走一路看,广泛搜集资料,认真思考问题,旅途中写下了四五十万字的笔记;对一些他认为有必要进一步考察的公司,就选派当地的中国留学生以商务印书馆研究员的身份设法去现场实习,继续向他报告,并承诺实习与考察结束,即可聘用他们为商务的雇员。例如,他派周自安在美国各印刷所、出版公司专题考察其成本会计的办法;派关锡麟专题研究英国公司的统计方法;派殷明禄到美国的米利印刷机器公司实习,专题研究该公司的工作标准和薪酬制度;等等。这几个人后来均成为王云五在商务推行科学管理法的骨干。[②]

梳理20世纪二三十年代新闻出版企业的会计改革,可以给转企改制后的新闻出版企业一些有益的启示。第一,企业规模越大,业务越复杂,会计就越重要。改制后的新闻出版企业都有做大做强的愿望和行动,不但扩展了本部业务,还设立了分公司或子公司;不但从事新闻出版活动,还开展其他经济活动,企业的经济关系和经营业务日趋复杂。在这种情况下,依凭经验进行管理显然已不可能,必须通过会计信息系统获取所需信息,进行高效的、有针对性的管理。第二,必须建立、完善预算管理制度。改制前,新闻出版单位一般都没有建立预

---

① 汪耀华.民国书业经营规章[M].上海:上海书店出版社,2006:334-335.

② 金炳亮.文化奇人——王云五[M].广州:广东人民出版社,2006:83.

算制度;改制后,新闻出版企业大多也没有完善的预算制度。预算是企业的整体规划和动态控制的管理方法。在美国,90%以上的企业都要求实施预算管理,而欧洲一些国家甚至要求100%的企业都制定预算,实行预算管理与控制。[①] 20世纪30年代,商务印书馆等新闻出版企业即已开始推广使用预算制度,效果良好。预算管理是现代企业制度的重要内容之一,在企业管理中发挥着非常重要的作用。在转企改制之后,我国新闻出版企业建立一套完善的预算管理制度,显然是非常必要的。第三,会计工作必须与企业发展水平相适应。改制前,新闻出版单位一般都是"事业单位,企业化管理",但企业化程度不高,会计的职能一般仅限于会计核算,只是对新闻出版单位的经济活动进行记录、汇总,重在事后反映情况;改制后,会计的职能应涵盖事前预算、事中监督、事后考核,会计工作应相应从核算型向管理型转变,以更好地为新闻出版企业的经营管理服务。第四,必须健全公司治理结构,完善内部牵制制度,防止错漏、舞弊和滥用职权。改制后新闻出版企业设立的董事会、监事会和经营班子,应当分权、分责,发挥各自的职能作用,不能形同虚设。第五,应注重会计人才的培养,不断提高会计人员的专业素养和职业道德,以更好地发挥会计的职能作用。

(原载《中国出版史研究》2016年第1期,作者范军、沈东山)

① 赵继英.出版企业如何实施全面预算管理[J].出版参考,2006(12).

商务与中华：近现代出版企业双子星座的引领与示范

试述20世纪30年代商务印书馆的福利制度

创立于1897年的上海商务印书馆，在张元济、夏瑞芳等人的治理下，在清末迅速崛起，成为一个庞大的综合性出版文化企业集团公司。民国时期，商务一直是最大的集编译、印刷、发行为一体，主业突出、多业并举的大型出版文化企业。大企业的高效运行，需要有系统、完备的规章制度来保障。上海商务印书馆集中进行制度建设，尤其是学习借鉴西方企业制度文化始于20世纪30年代。1930年2月，王云五继任商务总经理。在考察日、美、英、法、德、比、荷、意、瑞士9国后，王云五在商务推行科学管理法，制定各项规章制度，包括福利制度。1933年到1935年，商务制订了同人奖励金分配、同人长期奖励储蓄、同人人寿保险、同人疾病补助、同人子女教育补助等福利制度，形成了系统、完备的福利制度体系。在一般民众尚不知社会保障体系为何物的20世纪30年代，商务等出版企业即已建立了职工养老保险、大病补助、婚丧假津贴、女职工产假津贴等福利制度，着实难能可贵。福利制度的领先与完备，也成为商务吸引人才、留住人才的重要法宝，成为企业持续快速发展的重要动力之源。

一、企业福利的界定

(一)企业福利及其与工资、奖金的关系

1. 企业福利的内涵和外延

企业福利是企业基于雇佣关系,以国家的法规政策为依据,以企业自身的支付能力为依托,向员工提供的用以改善其本人和家庭生活质量的补充性报酬与服务。[①] 福利是员工从企业获得的报酬的一部分。员工从企业获得的全部报酬包括工资、奖金和福利。企业福利制度是企业对员工福利的一种制度性安排。

按照福利项目性质的不同,福利大致可以分为两类,即法定福利和非法定福利。法定福利通常是指国家法律法规规定的、强制实施的基本福利项目,主要包括养老保险、医疗保险、工伤保险、失业保险和生育保险。非法定福利是指企业为提高员工生活品质和劳动积极性,在国家政策的指导下根据自身经济状况自主实施的福利项目,主要包括住房公积金、年金、交通补贴等货币性福利,工作餐、节日物资、集体福利设施(职工食堂、浴室等)、文化福利设施(阅览室、职工俱乐部等)等实物性福利以及公费进修、集体文体活动等其他福利。

福利的支付方式主要有以下三种:一是延期支付,即企业按期向社保、年金管理机构或保险公司支付,由其在未来某个时间向员工支付。养老保险、医疗保险、工伤保险、失业保险、住房公积金、年金等福利项目都是延期支付的。二是实物或服务支付,即以发放实物或提供

① 丁功慈,李素麦.我国企业福利制度创新研究[J].合作经济与科技,2013(13).

服务的方式向员工支付福利。工作餐、生日蛋糕、节日物资等均属以实物支付的福利，公费进修、集体文化活动、健康检查、开放文体设施等均属以服务支付的福利。三是货币支付，即以货币向员工即期支付福利性津贴补贴。交通补贴、住房补贴、困难补助、子女教育费、遗属抚恤费等均属以货币直接向员工支付的福利。

企业福利既是保障职工生活、维护社会稳定的一种制度性安排，也是企业吸引人才、稳住人才、谋求更大发展所必需的一种激励手段。法定福利是国家强制实施的基本福利，其目的就是保障职工退休养老、健康医疗等基本生活待遇，维护社会稳定。非法定福利是企业自行实施的福利。非法定福利待遇的高低取决于企业的经营状况、财务能力和管理者管理理念等因素，所以不同的行业、不同的企业相差比较大，福利的激励作用也各不相同。一般而言，企业的福利待遇高，可以吸引优秀人才，稳定优秀人才，使企业在竞争中处于优势地位；可以激励职工在较长的时间内为企业服务，从而保持职工队伍的稳定性；可以提高企业在职工及其他企业心目中的形象，增强企业的凝聚力和向心力，提高企业的竞争力，激励职工为企业努力工作，进而提高工作绩效和企业的经济效益。

2. 企业福利与工资的关系

作为劳动的对价，工资有广义和狭义之分。广义的工资是指劳动者因从事劳动而获得的所有报酬或收入，包括货币或非货币的福利收入。[①] 广义的工资与劳动报酬同义。英美等国企业职工的工资都是广义的工资。美国企业职工的工资一般由基本工资、刺激性工资和福利

① 曾湘泉. 劳动经济学[M]. 上海：复旦大学出版社，2003：184.

津贴三部分构成。[①] 英国《雇佣权利保护法》(1996年)第27条第1款规定,本法所称的工资,是指支付给工人的所有与其雇佣有关的报酬,包括酬金、奖金、佣金、假期津贴以及其他与雇佣相关的报酬,无论是合同约定支付还是其他。[②]

狭义的工资是指劳动者根据其工作岗位以及劳动的质量、数量、强度等定期获得的货币性报酬或收入。延期支付和实物支付的报酬不属于工资,而属于福利。从狭义的工资概念看,劳动者给付劳动而获得的经济性报酬包括工资和福利两个部分。[③]

我国的税收、统计、劳动等法规,从各自的角度对工资也进行了界定或描述。个人所得税法从广义上界定了工资、薪金。《中华人民共和国个人所得税法实施条例》(2011)第8条第1款规定,工资、薪金所得是指个人因任职或者受雇而取得的工资、薪金、奖金、年终加薪、劳动分红、津贴、补贴以及与任职或者受雇有关的其他所得;第10条规定,所得为实物的,应当按照取得的凭证上所注明的价格计算应纳税所得。这说明实物支付的福利,税法将其纳入了工资范畴。《财政部国家税务总局关于基本养老保险费基本医疗保险费失业保险费住房公积金有关个人所得税政策的通知》(财税[2006]10号)规定,企事业单位按照国家或省(自治区、直辖市)人民政府规定的缴费比例或办法实际缴付的基本养老保险费、基本医疗保险费和失业保险费,免征个人所得税;企事业单位和个人超过规定的比例和标准缴付的,超过的部分并入个人当期的工资、薪金收入,计征个人所得税。该通知对住房公积金也作了类似的规定。我们知道,免税属于税法给予的税收优

① 刘有锦等.外国工资概况(第一辑)[M].北京:劳动出版社,1982:8.
② 侯玲玲.劳动法上工资概念之研究[J].现代交际,2009(6).
③ 杨河清.劳动经济学[M].北京:中国人民大学出版社,2002:184、185.

惠，免税所得本身已构成应税所得。可见，上述延期支付的福利，财税［2006］10 号文是将其作为工资、薪金看待的。《财政部人力资源和社会保障部国家税务总局关于企业年金职业年金个人所得税有关问题的通知》（财税〔2013〕103 号）规定，企业和事业单位（以下统称单位）根据国家有关政策规定的办法和标准，为在本单位任职或者受雇的全体职工缴付的企业年金或职业年金（以下统称年金）单位缴费部分，在计入个人账户时，个人暂不缴纳个人所得税。递延至领取时，再全额按照“工资、薪金所得”项目适用的税率，计征个人所得税。超过规定的标准缴付的年金单位缴费和个人缴费部分，则并入个人当期的工资、薪金所得，依法计征个人所得税。财税〔2013〕103 号文将年金也纳入了工资的范畴。可见，个人所得税法所称的工资（薪金）是指广义的工资，包括福利。

我国劳动法第 50 条规定，工资应当以货币形式按月支付给劳动者本人。《劳动部关于贯彻执行〈中华人民共和国劳动法〉若干问题的意见》（1995）第 53 条规定，劳动法中的“工资”是指用人单位依据国家规定或劳动合同的约定，以货币形式直接支付给本单位劳动者的劳动报酬，一般包括计时工资、计件工资、奖金、津贴和补贴、延长工作时间的工资报酬以及特殊情况下支付的工资等。工资应“以货币形式直接支付”，说明实物支付、延期支付等福利，不包括在工资之中。可见，我国劳动法意义上的工资近似于狭义的工资。

因目的和用途的不同，我国的税收、统计、劳动等法规对工资分别进行了广义或狭义的界定。在此，遵循的是概念的界定为目的和用途服务的原则。依此原则，我们认为，在进行福利制度建设时，应使用狭义的工资（以下如未作限定则指狭义的工资）概念，将福利独立出来，因为工资与福利毕竟是有明显区别的。两者的区别主要表现在以下四个方面:第一,工资作为职工付出劳动得到的报酬,企业必须支付;部分福利项目企业可以支付,也可以不支付。第二,工资是劳动的对价,与企业经营状况的好坏没有直接的关系,即使企业因经营不善而亏损,工资也必须照付;而非法定福利项目则与企业经营状况密切相关,有盈利可以多发,没有盈利可以少发或者不发。第三,我国劳动法规定,工资只能用货币支付,不得以实物支付;而职工个人福利则可采用货币、实物等形式支付。第四,工资必须按月直接支付给职工;而福利则未必是按月支付的,有些福利项目可以定期支付,也可以不定期支付。

3. 企业福利与奖金的关系

奖金是指企业因职工工作业绩突出或作出了突出贡献而向职工发放的奖励资金,它也可以是企业向职工发放的特别福利。奖金可以分为三类,即工资性奖金、福利性奖金和非工资非福利性奖金。

国家统计局1990年发布的《关于工资总额组成的规定》对纳入工资总额的奖金进行了界定。根据该规定,纳入工资总额的奖金即工资性奖金,是指支付给职工的超额劳动报酬和增收节支的劳动报酬。包括生产奖、节约奖、劳动竞赛奖、机关事业单位的奖励工资和其他奖金。如果上述奖金不以货币形式发放,而以实物形式发放,根据劳动法的规定,它就不属于工资性奖金,而属于福利性奖金。而根据国务院发布的有关规定颁发的创造发明奖、自然科学奖、科学技术进步奖和支付的合理化建议奖和技术改进奖等,则属非工资非福利性奖金。

与《关于工资总额组成的规定》配套的《职工工资有关解释》,对奖金中的生产奖作了进一步的细化,明确规定生产(业务)奖包括超产奖、质量奖、安全(无事故)奖、考核各项经济指标的综合奖、提前竣工奖、外轮速遣奖、年终奖(劳动分红)等项目。该解释将年终奖(劳动分红)归入生产奖,但《职工工资有关解释》本身并不具备法律效力,只有指导意义。实际工作中,很多企业都是在次年初再发上年度的年终奖,且明确规定只发给年终奖发放时在册的职工,在年终奖发放日前离开企业的职工不能享受年终奖。这些企业显然将年终奖作为福利。

将年终奖作为福利的企业,在与职工签订的劳动合同中应对此作出明确的约定。同时,在企业的工资和福利制度中明确界定工资和福利的内涵和外延,在企业福利制度中明确将年终奖作为一项特别福利或特别奖励,并明确年终奖的发放范围、发放标准和发放方式。在职工离职时,可以书面形式告知其是否有年终奖以及发放时间,并让其签字确认。上海商务印书馆在其 1935 年 10 月编印的《商务印书馆人事管理概况》中,将年终奖励金明确列在"同人福利"项下,[①]年终奖励金是商务的一项福利,而非工资。

(二)企业福利是社会福利的一个子系统

社会福利是指国家和社会为提高社会成员的物质和精神生活水平而采取的种种制度或措施。传统意义上的社会福利主要是指对弱势群体的社会救济,包括赈灾、济贫、扶助老弱病残幼等。随着社会经济发展水平的提高,社会福利的范围与内容也不断扩大。近现代意义上的社会福利不仅包括社会救济,还包括社会保险、健康服务等内容。英国学者认为,社会福利由社会保障、个人社会服务、健康服务、教育、

① 汪耀华. 民国书业经营规章[M]. 上海:上海书店出版社,2006:195.

就业服务和住房六部分组成。[①] 个人社会服务是指向有特殊需要的个人,尤其是社会弱势群体提供的服务。社会保障则主要包括社会保险和公共救助。

社会福利制度的制定晚于社会福利实践。西方较早的社会福利制度产生于英国。“圈地运动”之后,英国社会普遍存在失业、流浪和贫困现象,为了稳定社会情绪,英国王室于1601年颁布了“伊丽莎白济贫法”(Elizabethan Poor Laws)。该法案兼有强迫劳动和法律救济的性质,是世界上第一部有关社会救济的法律。19世纪中后期,工业革命完成后,德国的工业化和城市化进程明显加快。为缓解工业化、城市化背景下的社会矛盾,维持社会稳定,德国宰相俾斯麦在1883—1889年相继颁布了《疾病保险法》《工伤事故保险法》《养老和残疾社会保险法》,在世界上率先建立了比较完备的社会保险制度。社会保险所需经费由国家、雇主和工人共同分担,强制工人参加。[②] 此后,社会保险制度为欧美各国仿效。从社会福利对象看,1601年英国济贫法的受益对象主要是穷人。19世纪末俾斯麦将福利范围扩大到社会保险领域,社会劳动人口均为社会保险的对象。1942年英国经济学家威廉·贝弗里奇(William Beveridge)爵士向政府提交了题为《社会保险和相关服务》的报告,这就是著名的贝弗里奇报告。贝弗里奇报告将社会保障范围扩大到所有社会成员,即所有社会成员均为社会福利对象。

民国时期,政府在传统社会福利的基础上,融合西方的社会福利理论,初步建立了社会福利体系。1915年12月,为解决大中城市出现

---

① 刘继同.社会福利与社会保障界定的“国际惯例”及其中国版涵义[J].学术界,2003(2).

② 姜春燕.南京国民政府社会福利政策研究[D].济南:山东师范大学,2006.

的大批游民问题，北洋政府仿照“伊丽莎白济贫法”颁布了《游民习艺所章程》，其中规定：游民习艺所直属于内政部，“专司幼年游民之教养及不良少年之感化等事项，以使得有普通知识、谋生技能为主旨”①。1923年3月19日，北洋政府颁布了《暂行工厂通则》，对劳工的养老、工伤、医疗及童工教育等问题作出规定，以保障工人的权益。1927年9月，北洋政府农工部将其修订为《工厂条例》，并重新公布。1929年12月，为改善劳工生存状况，南京国民政府颁布了近代中国首部通行全国的《工厂法》，并决定于1931年8月1日起在全国范围内施行。《工厂法》是南京国民政府颁布的第一部有关劳工福利的法规。1930—1931年，南京国民政府又陆续公布了《工厂法施行条例》《工厂检查法》和《工厂登记规则》，从而完成了一个完整系列的近代工厂立法。

19世纪末期，德国建立的社会保险制度规定，社会保险所需经费由国家、雇主和工人共同分担。这种费用分担模式一直延续至今。南京国民政府颁布的《工厂法》规定的劳工福利项目，涉及的费用由雇主和工人共同分担或由雇主承担。政府立法规定的福利项目，既需要企业组织实施，又需要企业承担相关费用。毫无疑问，企业福利是社会福利的一个子系统。

二、上海商务印书馆建立福利制度的动因及条件

（一）劳资矛盾激化

20世纪初是我国传统工商业向近现代工商业转型的时期。在这

---

① 蔡鸿源. 民国法规集成（第14册）[M]. 合肥：黄山书社，1999：205.

一时期,由于西方先进生产技术的引进,加之1910年代中后期第一次世界大战带来的发展机遇,我国的近现代工商业得以快速发展。但当时的工商企业只注重引进西方先进的生产技术,却未引进西方先进的管理理论和方法,企业主仍然沿袭封建把头式的管理方式,视工人如草芥。工人工资低、工作时间长、工作环境差、抚恤津贴少,生存状况十分恶劣。

20世纪二三十年代,中国工人的工资非常低,难以维持其家庭基本生活。1920年5月,《新青年》7卷6号"劳动节纪念号"发表廖维民的《上海印刷工人的经济生活》一文,列举了上海印刷业工人工资情况:上海印刷工人有月工与包工之分,月工按每月订定的工资发给,工资都在15元以下;包工在休息日和生意清淡时没有工资,他们的工资更少。商务印书馆、中华书局等上海几十家印刷出版企业,工人的工钱大致分为三等:头目20元至50元,下手10元至30元,学徒1元至10元。女工只有折书、订书两种工作。折书最快的女工每月挣十几元的工钱,大多数女工每月只有五六元的工钱,初学者每月工钱只有二三元。

1929年1月1日,南开大学经济学院曾对天津裕元纱厂工人的工资做过随机调查统计。据其调查,当时男工日平均工资为四角五分三厘。女工平均工资为三角三分,女工所得仅为男工所得的72.8%,而童工工资不及男工工资的一半。[①] 照此计算,当时男工的月工资为13.59元,女工为9.9元,一个家庭夫妇俩的月工资大致为23.49元。如此低的工资根本无法养家糊口。1929年4月至1930年3月,上海市社会局对305户工人家庭收支情况进行了调查。调查结果显示,当

① 方显廷.中国之棉纺织业[M].上海:商务印书馆,1934:149.

时上海每个家庭平均有4.62人，有职业的为2.06人，即每户人数在5人左右，其中约2人有工资收入。在被调查的305户中，有盈余的仅占17.7%，入不敷支的高达82.3%。[①] 20世纪20年代，一个5口之家每月生活费在28元左右。“据国民党工商部1931年统计，全国一个5口人的工人家庭，每月平均生活费需要27.2元，这个标准在1928年下半年上海的30个行业中，只有占当时上海工人总数6%的印刷、机器和造船三个行业的工人能够达到，其余都在这个标准之下。”[②]工人低廉的工资难以维持其基本的生存，导致劳资纠纷频繁发生。

近代中国工人不仅工资低，而且工作时间长。20世纪二三十年代，工厂工人日工作时间普遍在10小时以上。1928年，上海印刷业日工作时间为10—12小时，工人占多数的纺织工业的日工作时间为12小时，而竹木器业则高达15小时，远远超过了国际劳工组织每日工作8小时的规定。[③] 1925年8月，商务印书馆下属印刷所工人举行大罢工，其诉求之一便是缩短工作时间，实行每天8小时工作制。

20世纪初，中国劳工的工作条件相当差。工厂普遍缺少安全卫生设施，导致工业灾害频发、职业病流行。“因为灾害设施不讲究，卫生设施不完备，劳动者的灾害与疾病，不断增加。”“肺病、呼吸病、脚病以及其他因职业关系而发生的疾病，不可胜数。有些人便在这种职业病症之下，牺牲了他们的性命，至少要减少他们的劳动能率。”“上海工业医院之疾病，记录八百八十件，受工业灾害的占了一百七十四件，其中男工五百六十六个病人，有二百三十一个是受灾；女工一百五十人，受伤的占三

---

① 刘明逵. 中国工人阶级历史状况（第1卷，第1册）[M]. 北京：中共中央党校出版社，1986：452.

② 袁伦渠. 中国劳动经济史[M]. 北京：北京经济学院出版社. 1990：22.

③ 罗志如. 统计表中之上海（第四号）[M]. 南京：国立中央研究院社会科学研究所，1932：73.

分之二;童工一百六十四人,也有四十三名是负伤的。”[①]1928年,沪江大学教授H. D. lamson调查了上海、汉口、杭州、芜湖4市26个工厂灾害情况。据调查,这26个工厂工人总数为18 890人,其中致命伤有80人,非致命伤927人,总共1 007人,占工人总数的5.3%。[②]

工资低、工作时间长、工作条件差,是中国近代工人生活的写照。迫于生计,工人要求增加工资、缩短工时、改善工作条件的呼声日益高涨,而资本家则经常以停业、歇业、解雇工人相威胁。劳资矛盾因此日益激化,工人罢工次数不断增加。我国近代工业较发达的上海,1923年和1924年工人罢工共32次,1925年升至172次,1926年高达262次,[③]1928年上海工人罢工118次,全市发生劳资纠纷千余起。1929年全国每月平均罢工29次以上,平均每次参加的工人人数为620人。[④]

20世纪20年代,商务印书馆多数职工与全上海工人一样,工作时间长、工资低,生活艰苦。提高生活待遇已成为商务职工的强烈要求。罢工是实现这一要求的主要手段。

商务印书馆工人最早的一次罢工,发生在1917年8月。这次罢工的起因是,商务印书馆印刷所所长鲍咸昌听信职员谢燕堂的建议,将原来按版面测算排字工人产量的方法,改用按实际字数来计算,减少了排字工人的计件工资。由此引发了一次较大规模的罢工。由于工人罢工,馆方最终收回了克扣排字工人工资的方案。对这次罢工,张元济在1917年8月31日的日记中写道:“余告高、鲍,此次虽经解

---

① 耀伦. 中国劳动者的危险及其救济[N]. 民国日报(上海),1930-8-10.

② 张静如,卞杏英. 国民政府统治时期中国社会之变迁[M]. 北京:中国人民大学出版社,1993:270.

③ 罗志如. 统计表中之上海(第四号)[M]. 南京:. 国立中央研究院社会科学研究所,1932:83.

④ 来遗民. 中国劳工问题研究(第5卷)[J]. 劳工月刊,1936(2、3合刊).

决,然败固不佳,胜亦非福,善后之事属为难。”[①]这说明张元济已开始意识到妥善处理劳资关系的重要。

1925年8月,商务印书馆三所一处(编译所、印刷所、发行所、总务处)的职工举行大罢工。罢工的主要目的,是要求馆方承认工会,并改变职工薪金太薄、工作时间过长、待遇不平等的现状。这次大罢工是中国共产党领导下的商务印书馆的第一次大罢工。罢工时递交资方的《复工条件》就是由商务职工中的第一位中共党员沈雁冰执笔起草的。8月27日,商务印书馆馆方鉴于开学在即,罢工损失巨大,只得让步。经过谈判,劳资双方达成协议,订立了复工条约。复工条约主要内容包括:公司承认工会有协调职工及厂主之效用;十四年(民国年份,即1925年)十月起,增加工资;每年年底加薪,仍按向例办理;酬恤章程由公司修正,须于全体同人更为有益;公司分派花红,将来改定办法,须于奖励与普及双方兼顾;端午、中秋各休业半日,五一、五卅休业与否,随同大众;公司每年提1万元为薪水较少、病假较久者补助之用;女工生产前后各休业1个月,由公司照向例给保产金10元外,愿入公司指定医院者,费用由公司负担,不愿者,另给津贴5元;公司对同人子女免费学额,须定扩充办法,早日发表;公司于相当之时机及需要,派遣同人赴国外留学或考察。[②] 复工条约除增加工资外,还涉及花红、带薪休假、女工产假、疾病补助、同人子女学费补助等多项福利。

(二)政府的推动

1. 颁布《工厂法》的主要原因

南京国民政府对企业建立福利制度的推动作用,是通过制定《工

---

① 本书编写组.上海商务印书馆职工运动史[M].北京:中共党史出版社,1991:20.

② 本书编写组.上海商务印书馆职工运动史[M].北京:中共党史出版社,1991:43-45.

厂法》及配套法规并督促这些法规实施而实现的。1929年,南京国民政府颁布《工厂法》。《工厂法》的颁布,主要是基于以下原因:

一是劳资矛盾激化,工人运动频发。这不仅使工厂生产陷入停顿,损害资本家的利益,也会使更多工人失业,生活更加悲惨。资本家和工人两败俱伤。而且,劳资矛盾激化不仅严重影响经济的发展,造成社会秩序动荡不安,还会危及南京国民政府政权的稳定。南京国民政府希望借助《工厂法》的出台,缓解劳资矛盾。

二是国际劳工组织的敦促。1919年11月21日,第一次国际劳工大会在华盛顿召开。此次会议即建议中国政府制定中国工厂法,实行成年工人每日十小时或每周六十小时工作制,十五岁以下童工每日八小时或每周四十八小时工作制。此后,国际劳工组织曾多次派人访问中国,考察中国的劳工状况,推动中国工厂法立法工作。1928年,国际劳工局首任局长、社会学家杜玛氏(Thomas)访问中国。他先后参观了奉天、北平、汉口、南京、上海等地的工厂,建议南京国民政府"应负起责任,为保护劳工制立法度,安其生活"。①

三是社会舆论的压力。20世纪二三十年代,劳工问题已引起社会各界的广泛关注。陈达、陈振鹭等社会知名人士均呼吁政府制定劳工法。1929年4月11日,社会学家、清华大学教授陈达率劳工问题班同学至经伟织布工厂等企业进行调查。"在经伟织布工厂,他们看到厂内无有电灯,只燃煤油灯数盏,光线既很暗弱,空气又很窒闷;管理特别严厉,宿舍设备极不好。在丹华火柴公司,看到工厂童工甚多,终日站立,其装合和打包之迅速有如机器。至光明料器工厂,看到工厂内温度极高,室小人多,致有多数工人皮焦肉烂,其残酷之状不忍目睹。

① 杜玛氏访问记[N].大公报(天津),1928-11-22.

参观后,师生呼吁各界设法改善工人劳动条件……是年,商务印书馆出版陈达编著的《中国劳工问题》一书,该书……为我国研究劳工问题一巨著。"[①]《星期评论》、《民国日报》副刊《觉悟》亦以研究劳工问题闻名。社会团体如中华全国基督教协进会、上海学生联合会等纷纷呼吁制定劳工保护法,以改善工人之生活状况。

2.《工厂法》规定的工人的基本福利

1929 年 12 月 30 日,南京国民政府颁布了中国近代第一部通行全国的、有关劳工福利的法规《工厂法》。《工厂法》原定于 1930 年 2 月 1 日起施行,因种种原因而被迫推迟。1931 年 8 月 1 日《工厂法》正式在全国范围内施行。

《工厂法》共 13 章,77 条。其中,直接规定劳工福利的是第七章"工人福利",该章对童工及学徒补习教育、女工产假、工人储蓄、工人住宅及工人正当娱乐、全勤奖金等福利进行了规范。另外,第四章"休息及休假"、第九章"工人津贴及抚恤"也对工人的相关福利进行了规范。《工厂法》规定的工人的基本福利如下:

(1)带薪休息及休假。为缓解工人疲劳,提高工作效率,《工厂法》确立了休息和休假制度。休息包括工间休息和例假。《工厂法》第十四条规定:"凡工人继续工作五小时,至少应有半小时之休息。"此为工间休息。《工厂法》第十五条规定:"凡工人每七日中,应有一日之休息,作为例假。"休假分假日休假和特别休假。《工厂法》第十六条规定:"凡经法令规定应放假之纪念日或其他休息日,均应给假休息。"特别休假时间长短依工人厂龄而定。《工厂法》第十七条规定:

---

① 田彩凤. 陈达先生年谱[J]. 清华大学学报(哲学社会科学版),1995,10(2):9.

“一、在厂工作一年以上未满三年者,每年七日。二、在厂工作三年以上未满五年者,每年十日。三、在厂工作五年以上未满十年者,每年十四日。四、在厂工作十年以上者,其特别休假期每年加给一日,其总数不得超过三十日。”

法定休息及休假日,工资照给。《工厂法》第十八条规定,“休息日及休假日内,工资照给,如工人不愿特别休假者,应加给该假期内之工资。”

(2)童工及学徒补习教育。《工厂法》第三十六条规定:“工厂对于童工及学徒,应使受补习教育,并负担其费用之全部,其补习教育之时间,每星期至少须有十小时,对于其他失学工人,亦当酌量补助其教育。前项补习教育之时间,须在工作时间以外。”

(3)女工产假。《工厂法》第三十七条规定:“女工分娩前后,应停止工作共八星期,其入厂工作六个月以上者,假期内工资照给,不足六个月者减半发给。”

(4)工人储蓄。工人储蓄是工人积累养老金的一种形式。《工厂法》第三十八条规定:“工厂在可能范围内,应协助工人举办工人储蓄及合作社等事宜。”

(5)工人住宅及正当娱乐。《工厂法》第三十九条规定:“工厂应于可能范围内,建筑工人住宅,并提倡工人正当娱乐。”

(6)全勤奖金。《工厂法》第四十条规定:“工厂每营业年度终结算,如有盈余除提股息、公积金外,对于全年工作并无过失之工人,应给以奖金或分配盈余。”按照该规定,工厂只有在有盈余的情况下才需要分配年终奖金或红利,而工资则不论工厂是否有盈余都必须定期支付,《工厂法》第二十二条规定“工资之给付应有定期;至少每月发给二次。”可见,作为福利的年终奖金或分红与工资是有明显区别的。

（7）工人津贴及抚恤。《工厂法》第四十五条规定："凡依法未能参加劳工保险之工人，因执行职务而致伤病残废或死亡者，工厂应参照劳工保险条例有关规定，给予补助费或抚恤费。"20世纪初，中国工厂的安全卫生设施普遍十分落后，严重威胁工人的健康和生命。《工厂法》以法律形式强制规定了资方对工人在工伤、疾病、死亡等方面应担负的责任。这项规定或多或少地促使资方关注工人的工作环境。

3.《工厂法》的实施

为保证《工厂法》的实施，南京国民政府采取了多项措施，包括颁布配套法规、开展实施《工厂法》讨论、设立检查机关、任命工厂检查人员和实施工厂检查等。

《工厂法》颁布后，南京国民政府制定了相关配套法规，以保证其顺利实施。1930年12月，南京国民政府颁布《工厂法施行条例》，在全国范围内施行；1931年2月颁布《工厂检查法》，10月开始施行；12月颁布施行《工厂登记规则》。配套法规的出台，为《工厂法》的实施提供了保障。

《工厂法》颁布后，为敦促资方认真贯彻实施，各地社会局和实业厅纷纷在辖区内召集工商业界人士，展开实施《工厂法》的讨论，以为其实施作好充分的准备，尽可能减少实施的阻力。1931年1月，上海市社会局多次召集"各业代表到局，指导实施工厂法，及讨论工厂范围内之事宜"。[①] 1931年上半年，代表上海工厂业主利益的中国工商管理协会也多次召开讨论会，还成立了实施工厂法研究委员会，专门研究《工厂法》施行中的种种问题。在《工厂法》正式实施前数日，实业

---

① 市社会局指导各厂实施工厂法[N].申报，1931-1-23.

部劳工司司长到沪，上海市社会局召集上海市各厂商到社会局，与劳工司司长探讨《工厂法》的实施问题。

为保证《工厂法》的实施，必须建立工厂检查制度。时人王莹认为，“工厂检查行政制度之确定，实为施行工厂法成功之最要条件”。依据《工厂检查法》对《工厂法》的实施情况进行检查，需要设置检查机构，配备检查人员。南京国民政府实业部劳工司是实施《工厂法》的监管机关。为加强监管力量，南京国民政府还组建了工厂检查委员会和工厂检查协作委员会等机构，专门负责《工厂法》的监督实施。1933年8月25日南京国民政府又责成实业部组建了中央工厂检查处。机构设置为工厂检查的实施提供了组织保障。

配备合格的检查人员是实施《工厂检查法》的关键。1931年4月24日，实业部在上海创办工厂检查人员养成所，要求各省市政府选派学员参加训练，以培养一批合格的工厂检查人员。养成所共开办两期，培养合格学员59名，其中上海市19名。[①] 这些学员训练完毕，由原派送省市政府委用。培训合格检查人员，为工厂检查的实施提供了人员保障。1932年9月2日，实业部公布施行《工厂检查员任用与奖惩暂行规程》，以保证检查人员的稳定和检查人员实施工厂检查的客观公正性。

20世纪30年代初的工厂检查，在我国尚属首次，在全国全面铺开难度太大。中央工厂检查处系决定先将上海、无锡、汉口、青岛、天津、广州划为工厂检查模范区，由中央直接派员监督办理。为更好实施检查，上海市社会局专设检查股，配备检查员8人。从1933年9月1日起，上海市社会局在全市范围内进行了工厂检查，到1935年1月已顺

① 王莹.从正泰永和两惨案谈到我国的工厂检查[J].劳工月刊，1933，7(2)：43.

利检查完了除上海租界之外的5 418家工厂。①

《工厂法》是中国近代第一部通行全国的、有关劳工福利的法规。南京国民政府积极推动《工厂法》的实施，虽然最终只在部分省市一些规模较大的工厂得到执行，但对规范企业用工、改善劳工待遇仍具积极意义。像上海商务印书馆这类资方思想开明、接受西方先进管理理念的大企业，《工厂法》的颁布实施，对其建立企业福利制度显然具有引导和推动作用。

（三）科学管理法的影响

西方科学管理思想最早由民国时期著名企业家穆藕初引入国内。1915 年 10 月至 1916 年 3 月穆藕初与董东苏合译泰勒的《科学管理原理》一书，以《工厂适用学理的管理法》的中文译名在《中华实业界》上分 5 期连载，1916 年由中华书局出版发行，成为泰勒的《科学管理原理》一书的第一个中文译本。20 世纪 20 年代以后，科学管理对于公司制企业发展的重要性已被越来越多的人所认识。到 20 世纪 30 年代初，近代中国的公司制企业，特别是诸如上海这样的工商业大都市的公司制企业，已经开始进入以崇尚和全面推行以科学管理为主要内容的现代企业管理阶段。

王云五对科学管理理论推崇备至并积极践行之。1930 年 2 月，王云五出任商务印书馆总经理，3 月初出国考察日、美、英等 9 国；9 月回国后，引入西方的科学管理法，用以管理商务印书馆；10 月，王云五在商务成立研究所，聘留美回沪学生孔士谔等 8 人为研究员，制定和推行科学管理法。

---

① 夏慧玲. 南京国民政府《工厂法》研究（1927 － 1937）[D]. 长沙：湖南师范大学，2006.

1930年3月7日至9月9日,王云五历时半年考察了日本、美国、英国、法国、德国、比利时、瑞士、荷兰、意大利9个国家,考察的重点是外国企业如何提高职工的工作效率和如何消除职工的对抗行为。关于职工的薪酬福利,王云五在日本考察至少获得了以下经验:一是资方平时要注意职工的福利,但要坚决拒绝职工的"不合理"要求;二是职工的福利待遇由企业管理者决定,不必理会职工的言论;三是一切从提高生产效益出发,绝不能对职工普施恩惠;四是工资标准必须与工作量紧密挂钩,这样既可以奖勤罚懒,又可以促使职工为自己的利益埋头苦干。在美国考察时,王云五获得的经验之一是,资方完全掌握职工进退升降的权力,平时用物质刺激手段分化职工。[①] 这些经验,对王云五在商务进行改革、建立职工福利制度产生了深刻的影响。

王云五对"物质刺激"的作用深信不疑。以此为据,他制订了普遍分红和特别奖励相结合的奖励办法。"普遍分红"是商务印书馆的老传统,"特别奖励"则具有更强的刺激作用。作为一种"物质刺激","特别奖励"也是王云五推行的科学管理法的重要组成部分。"物质刺激"是基于科学管理法的基本假设——"经济人"假设(亦称"经济人"思想)的激励办法。1776年,亚当·斯密出版其经典巨著《国富论》,该书即以"经济人"假设作为其理论基础和逻辑起点。亚当·斯密认为,"经济人"就是体现利己主义本性、追求自己安乐和利益的人。"经济人"具有以下特征:一是经济人具有自利性,即个人追求自身利益是驱策人的经济行为的根本动机;二是经济人具有理性,即每个人都通过成本收益的比较分析为自己谋求最大的利益;三是经济人会增进社会公共利益,即在良好的社会秩序下,个人追求自身利益最大化

① 代常健.王云五管理思想及其根源[D].汕头:汕头大学,2009.

的自由行为在“看不见的手”的引导下,会无意识地和有效地增进社会公共利益。[①] “经济人”假设也是科学管理法的理论基础。泰勒及其追随者认为,人最为关心的是自己的经济利益,为获得经济利益,他愿意配合管理者最大限度地挖掘自身的潜能。因为“经济人”追求的是自身利益最大化,所以“物质刺激”能够最大限度地激励其提高工作效率。对科学管理法的理论基础和“物质刺激”作用的深信不疑,对王云五在商务建立企业福利制度产生了直接的、积极的影响。

(四)公司经营状况良好

从清末至20世纪30年代,在张元济、王云五等企业高层的治理下,上海商务印书馆得以快速发展,成为当时全国最大的、著名的近代出版文化企业。在此期间,商务的出书品种、营业收入、利润、资本数额等主要经济指标也持续增长。除受“一·二八”事变影响的1932年之外,其他年份商务的经营状况均属良好。这就为商务改善职工福利待遇创造了有利条件。因为企业有盈利,才有条件改善职工的福利待遇。

张元济主政期间,商务快速崛起。1902年,张元济应夏瑞芳的邀请,进入商务印书馆。他们以“扶助教育为己任”,编译出版了一批西方社会科学和自然科学书籍,为适应新式学堂发展的需要,编写出版了大量新式教科书。为了提高效益、积累资本,张元济组织开发了以下图书:一是编印新式教科书,为商务赢得长年稳定的高营收。二是抓住立宪运动高涨的时机,大量推出政法类书籍。81册的巨著《日本法规大全》发售后,“国中自官署以至公共机关,几于每处订购一部;销

---

① 邓春玲.“经济人”与“社会人”——透析经济学两种范式的人性假定[J].山东经济,2005(2):5.

数之多,仅亚于教科书”。三是编印出版各类工具书,如《辞源》《中国人名大词典》等。工具书行销甚广,亦为商务一项稳定的利润来源。[①]

1904年,商务印书馆出版了中国第一套科目齐全的新式中小学教科书《最新教科书》,自此出版教科书成为商务印书馆的传统。商务编写的教科书内容新颖,图文并茂,深受教育界欢迎,因而畅销全国,营业额也居同业之首。“商务教科书营业之盛,冠于全国。”[②]凭借新式教科书和其他图书,商务的营业额快速增长。民国成立前,商务印书馆的营业额从1903年的30万元,增长到1911年的167.6万元,增幅超过4.5倍。[③] 民国成立后,商务印书馆的营业额从1912年的181.9万元,增长到1930年的1 200万元,增幅超过5.5倍。[④] 营业收入是利润的源泉,营业额的快速增长为商务带来了巨额利润。而利润又是商务资本积累之源。因为有丰厚的利润,所以商务的资本快速增加。1903年与日本金港堂大股东合资时,商务印书馆的资本为20万元,1905年便增至100万元,1913年为150万元,1914年退还日股时为200万元。1920年商务的资本增为300万元,1922年为500万元。

1930年2月,王云五继任商务总经理。此时,商务已是全国最大的出版企业。1932年1月29日,商务印书馆总厂遭日军飞机投掷燃烧弹焚毁。2月1日,东方图书馆及设在馆内的编译所被日本浪人洗劫和纵火焚烧,同遭浩劫。据商务印书馆馆方估计,“一·二八”事变中商务损失资产约银元1 633万元[⑤],可谓损失惨重。为重振商务,

---

① 王雅文.出版家——张元济.辽宁大学学报:哲学社会科学版[J],2001,29(6).

② 蒋维乔.创办初期之商务印书馆与中华书局[M]//张静庐.中国现代出版史料(丁编,下卷).北京:中华书局,1959:397.

③ 商务印书馆.商务印书馆百年大事记[M].北京:商务印书馆,1997.

④ 商务印书馆九十五年[M].北京:商务印书馆,1992:751.

⑤ 本书编写组.上海商务印书馆职工运动史[M].北京:中共党史出版社,1991:91.

1932 年 8 月 1 日复业后,王云五即开始新一轮改革,再次推行科学管理法,增加出书品种,“日出新书一种”。为调动职工的积极性,他还提出了“为国难而牺牲,为文化而奋斗”的响亮口号。在王云五的治理下,商务在很短的时间内就恢复了往日的繁荣和兴旺,并再创辉煌。从出书品种看,商务新书出版量持续增长,并于 1936 年达到最高峰。1930 年商务出书 957 种,1931 年为 787 种,1933 年为1 430种,1934 年为2 793种,1935 年为4 293种,1936 年为4 938种。[①][②] 1936 年比 1933 年增长近 2.5 倍,比 1931 年增长逾 5 倍。从市场占有率看,1932 年商务出版物的数量占全国总数的比重不到 6%,1934 年即占全国出版物总数的 45%,1935 年占 46%,1936 年则高达 52%。[③] 当时的商务印书馆也因此和英国的麦克米伦公司、美国的麦克劳希尔公司并称为世界三大出版商。

商务在出版物品种逐年增加的同时,其资本也在同步增加。商务的资本 1932 年为 300 万元,1934 年为 350 万元,1935 年为 400 万元,1936 年为 450 万元,1937 年初增至 500 万元。[④] 从 1934 年至 1937 年初,商务的资本每年递增 50 万元。按照《商务印书馆股份有限公司章程》(1932 年 9 月 4 日及 11 月 6 日股东临时会修改)的规定,公司每年结账,如有盈余,先计提十分之一的公积金。商务印书馆资本的增加源于从利润中提取的公积金。据此推算,1933 年至 1936 年商务每年的净利润应不少于 500 万元。巨额利润为商务改善职工福利待遇创造了条件。

---

① 张志成. 创新与商务印书馆早期成长关系探析[J]. 北京印刷学院学报,2008,16(3).

② 杨卫民. 王云五与商务印书馆的繁荣[J]. 人才开发,2009(8).

③ 高晓东. 20 世纪 30 年代商务印书馆科学管理改革述评[J]. 理论界,2009(10).

④ 本书编写组. 上海商务印书馆职工运动史[M]. 北京:中共党史出版社,1991:10.

三、上海商务印书馆福利制度的内容

上海商务印书馆福利制度的建立集中于20世纪30年代前半期。1930年2月，王云五继任商务总经理。1933年到1935年，商务印书馆在王云五的主持下制定了同人奖励金分配、同人长期奖励储蓄、同人人寿保险、同人疾病补助、同人子女教育补助等福利制度，形成了系统、完备的福利制度体系。据商务老员工周越然回忆：20世纪30年代前期，“董会、总处、三所、分厂、支店等的组织及管理，都有很详明的章则。商馆于民国二十四年九月曾经辑印一本册子，叫作《商务印书馆规则汇编》（非卖品，共196页）。那本册子，除总管理处组织系统表及主管人员录外，共载章则七十余种。另外还有一种册子，叫作《商务印书馆同人服务待遇规则汇编》（非卖品，共159页），辑印于民国二十三年五月，共载章则三十余种。倘然我们把这两本册子，细细地阅读，那么商务组织的健全，管理的周密及发展的原因，都可一一推想而得。”①笔者所在大学和省市图书馆均没有找到周越然提到的两种老商务的内部册子，还是通过大学图书馆之间的馆际互借查阅了《商务印书馆同人服务待遇规则汇编》。仔细查看目录、正文，我们发现除了个别附录如《二十三年上海精武体育会上海市国术馆及青年会举行征求会员时本馆同人参与者之优待办法》以外，其他内容已全部收入汪耀华所编《民国书业经营规章》一书中。

---

① 周越然. 我与商务印书馆. 商务印书馆九十五年[M]. 北京：商务印书馆，1992：166－167.

（一）同人储蓄

1935 年 10 月，商务印书馆编印《商务印书馆人事管理概况》一书。根据该书记载，商务的同人福利包括储蓄、人寿保险、疾病补助、婚丧生产假津贴、奖励金、同人子女教育补助、现款购货优待和业余消遣八项。除此之外，该书“职工待遇”项下，也包括部分职工福利；而“教育与训练”虽然单列一章，但也属于职工福利。

商务的同人储蓄，包括普通储蓄和长期奖励储蓄两种。普通储蓄有定期和活期之分。根据商务印书馆《同人储蓄章程》（1932 年 3 月 22 日公布，1933 年 4 月 11 日修订）[①]的规定，定期储蓄以一年为限，存数以洋五千元为足额，利息常年九厘（即年息 9%）；活期存数以洋一千元为足额，利息常年八厘。

1936 年 1 月，北京的汇丰、麦加利、正金、德华、花旗等外资银行一年期存款的利率在 1.5% ~3.5% 之间，如花旗银行定期存款一年的利息为 3%，往来活期无息。当时交通银行和中央银行定期存款一年的利息为 7%，往来活期利息为 4%。[②] 1933 年 4 月商务印书馆公布的《同人人寿保险暂行规则》之附六《营业部分庄科通启（第 19 号）》明确告知被保人，如有急需，可以保险单向保险公司抵借现金或退保取回现金。被保人以保险单向保险公司抵借现金的，利息常年六厘，预付全年。即当时抵押借款的年利率为 6%。一般情况下，借款利息是高于存款利息的。可见，商务印书馆向同人支付的普通储蓄存款的利息是比较高的。

---

① 汪耀华. 民国书业经营规章[M]. 上海：上海书店出版社，2006：147 - 148.

② 李晓春. 近代外商银行没落原因初探[J]. 阴山学刊，2008，21(2).

除普通储蓄外，商务印书馆还举办了同人长期奖励储蓄，以备同人将来退休娱老。正如商务自己所言："除上项普通储蓄外，本馆又举办同人长期奖励储蓄，期使各同人均可积有相当整数之储金以为将来退休娱老之资。"①

根据商务《同人长期奖励储蓄规则》（1934年4月30日制定，1935年4月15日修订）（以下简称《规则》）的规定，同人长期奖励储蓄的资金主要来自五个方面：一是工资薪金。《规则》第二条规定，各同人得将每月额定或假定薪工百分之五，存于本公司为长期储蓄金。二是特别休假薪工。《规则》第四条规定，每年年终发给同人特别休假薪工时，同人得将所得特别休假薪工加入长期储蓄金，但至多以所得特别休假薪工之全数为限。三是年终奖励金。《规则》第五条规定，每年派发同人奖励金时，同人得将所得奖金之一部分加入长期储蓄金，但至多不得超过本人一个月额定或假定薪工之数。四是长期储蓄金利息。本年度的利息在下一年度计入本金。五是年度盈余。《规则》第八条规定，本公司每年结账有盈余时，由董事会在乙种特别公积项下酌提若干为储蓄人奖金。所提奖金由总管理处按照本年度储蓄数目酌量支配。

长期奖励储蓄的收益颇为丰厚。"利息常年一分至一分二厘，每年并在盈余中所提乙种特别公积项下提拨若干之奖金，储蓄者之利益更为优厚。"②长期奖励储蓄的"奖励"属性体现在三个方面：一是利率高。年息10%～12%。二是鼓励长期储蓄。储蓄期越长，利息率越高。《规则》第七条规定，长期储蓄金利息按常年一分计算，每年三月

① 汪耀华.民国书业经营规章[M].上海：上海书店出版社，2006：195.

② 汪耀华.民国书业经营规章[M].上海：上海书店出版社，2006：152.

底结算一次,加入本金内计算。如储满三年中途未曾停止者,自第三年起将历年积存储蓄金一并改按常年一分一厘计息。如储满五年中途未曾停止者,自第五年起将历年积存储蓄金一并改按常年一分二厘计息。三是从每年的结账盈余中酌提若干为储蓄人奖金,并按本年度储蓄数目分配。

同时代的开明书店于1934年7月1日公布了《特种储蓄章程》。开明书店的特种储蓄金与商务的长期奖励储蓄金在性质上相同。开明书店的特种储蓄金主要来源于薪工和花红,没有从年度盈余中计提储蓄人奖金,但其利息率高。开明书店的特种储蓄金利息不像商务按储期长短分档,而是按储金的数额分档,共分七档:储金总额不满五十元的,年利率贰分,即年息20%;五十元以上不满壹百元的,年利率一分九厘;壹百元以上不满二百元的,年利率一分八厘;二百元以上不满三百元的,年利率一分七厘;三百元以上不满四百元的,年利率一分六厘;四百元以上不满五百元的,年利率一分五厘;五百元以上的,年利率一分四厘。

(二)同人奖励金

同人奖励金是从公司每年度结账盈余中提取的用于员工奖励的款项。《商务印书馆股份有限公司章程》第二十五条规定,本公司每年结账,如有盈余,先提十分之一为公积金,次提股息常年八厘,其余均分为甲、乙两部分……乙部之半数为同人奖励金。

在张元济主政时期,商务即已实行普遍分红制度。每年公司结账如有盈余,则从盈余中拨出一部分作为全公司员工的红利。红利按薪工比例分配,每个员工都可以享受。在我国企业界,商务是最先实行普遍分红制度的企业。当时,商务实现的年度盈余并不全部归投资者所有,而是提取一部分用于奖励员工。这种让员工分享企业发展成果的理念在当时是很先进的。普遍分红制度虽能激励员工努力工作,但对业绩突出的员工则起不到很好的激励作用。

王云五认为,普遍分红制度,用意虽好,但已渐渐失去了奖励的意义,遂对其进行了改革。王云五将普遍分红之总额,平均划为普遍奖励与特别奖励两部分,并相应制定了《同人奖励金分配暂行章程》(1933年4月6日公布)、《同人普遍奖励金派发暂行规则》(1933年4月8日公布)和《总馆特别奖励金派发暂行规则》(1933年4月8日公布),使奖励金的分配和派发有章可循,有据可依。

根据《同人奖励金分配暂行章程》的规定,每年度奖励金总数的分配比例为:总经理、经理占百分之十,全公司同人普遍奖励金和特别奖励金各占百分之四十五。普遍奖励金,按总、分、支馆各个同人月薪数目比例分配,以普通为原则;特别奖励金,按总馆及分支馆全体的盈余数量比例分配,以奖励成绩特优的同人为原则。普遍奖励和特别奖励相结合,既可避免员工产生抵触情绪,又起到了很好的激励作用。

商务印书馆的同人奖励金属于一项福利,明确区别于雇佣薪工。雇佣薪工是雇佣者的市场价格,与企业经营状况的好坏没有直接的联系。企业经营亏损,可以裁员,但不能不发在职员工的薪工。同人奖励金则与企业经营状况直接相关,企业有盈余则发,无盈余则不发。

(三)同人人寿保险和疾病补助

为增进同人福利,商务印书馆于民国二十二年(1933年)四月二十一日与友邦人寿保险公司、泰山保险股份有限公司、英商四海保险公司订立合同,为同人投保团体终身寿险。

根据商务印书馆《同人人寿保险暂行规则》(1933年4月15日公

布)的规定,符合条件的员工一律投保终身寿险。保费半数由公司津贴,其余半数由被保人自己认付。公司津贴之半数保费,从每年度结账盈余所提之乙种特别公积项下拨充之。但学生、学徒、女职工及年龄在56岁以上的男职工,均不适用以上规定。这些员工如遇有病故者依照同人赙慰金暂行办法办理。

除人寿保险外,商务还为员工购买了火灾保险。从1931年7月起,商务印书馆指定火险公司,为员工的住所和衣物投保,保险费由公司和投保人各担负一半。

为减轻员工的医疗负担,商务印书馆设置了同人疾病补助金。同人疾病补助金从乙种特别公积中提取。根据商务印书馆《同人疾病补助暂行规则》(1933年4月11日公布,1934年6月1日修订)的规定,公司从每年度结账盈余所提之乙种特别公积项下提拨若干,为同人疾病补助之用。公司指定医院、医师、药房,以为同人诊病、住院、配药之所。公司同人在指定医院、医师处治疗,在指定药房购药,可按规定补助部分住院费、诊费、药费。同人因病扣去之薪资亦可按规定补助一部分。1934年7月1日,开明书店公布了《同人疾病补助暂行章程》,其内容与商务印书馆的《同人疾病补助暂行规则》基本相同。

(四)非工作时间福利

非工作时间福利主要包括带薪休假、产假、婚丧假和工伤津贴及抚恤等。商务印书馆给予职工的带薪假与《工厂法》大体一致。带薪休假包括例假、假日休假和特别休假。商务印书馆制定的《总管理处职员暂行待遇规则》(1932年7月28日公布)、《分厂职工暂行待遇规则》(1933年1月27日核定)、《上海工厂职工暂行待遇规则》(1932年8月1日公布)(以下均简称《待遇规则》)对带薪休假作了具体规定。根据《待遇规则》的规定,全馆职工星期日给假一天,年节给假三天,纪念节放假遵照中央政府规定。星期日、春节和纪念节日给假,工资照给。特别休假因工作性质、工龄差异而有所不同。总管理处所辖上海各机关所有职员、发行所门市柜友及工厂厂长室各职员每年享受特别休假二十四天。上述职工的特别休假,每届年终或终止契约时算给薪水。工厂中的管理员、职员及工友等则根据工龄计算特别休假假期。职工在厂工作未满三年者,每年给予特别休假七日,在三年以上未满五年者每年十日,在五年以上未满十年者每年十四日,在十年以上每年加给一日,其总数至多三十日。上述职工的特别休假,每届年终算给工资。开明书店的特别休假长于商务。1934年5月1日,开明书店公布的《职员待遇暂行章程》规定,上海总公司职员每年各给特别休假三十六天。休假期间所扣薪水,于每年年终或终止契约时补发。

商务印书馆注重维护女职工权益,对女职工生产实行五十六天产假照发工资或给予津贴制度。1913年4月1日,张元济"参加商务董事会,并提议对女子实行五十六天产假照发工资之制度"①,这一提议获准实施。1933年5月31日,商务公布《女同人生产假津贴薪工暂行规则》。该规则有明细规定,女同人生产前后可请假共八星期,其因请假所扣去之薪工由公司如数津贴之,件工工友按假定工资计算。公司从每年度结账盈余所提之乙种特别公积项下提拨若干,作为女同人生产假津贴薪工之用。

1933年4月11日,商务印书馆公布《同人婚丧假津贴薪工暂行规则》,对同人婚丧假津贴作出规定。该规则规定,本人结婚或父母、夫妻丧,可请假六日,其因请假所扣去之薪工由公司津贴之,件工工友按

---

① 张树年.张元济年谱[M].北京:商务印书馆,1991:111.

假定工资计算。祖父母丧或儿女结婚,其请假日期照前条规定减半计算。公司从每年度结账盈余所提之乙种特别公积项下提拨若干,作为同人婚丧假津贴薪工之用。1934 年 7 月 1 日,开明书店公布的《同人婚丧假津贴薪金暂行章程》,内容与商务大体一致,但给假长于商务。

职员如确系直接因职务受伤,商务印书馆会给受伤职员发放工伤津贴或抚恤。商务的《待遇规则》,按职工受伤程度将工伤分为三种。职员确系直接因职务受伤者由本公司给予医药费,治疗期内每日给予照薪水额三分之二之津贴,如经过六个月尚未痊愈,其津贴减至薪水二分之一,但总计以一年为限。职员确系直接因职务受伤致成残废,公司认为不能任事者,按残废部分之轻重酌给津贴一次,或分期支付,但以一年之薪水为限。职员确系直接因职务受伤致死亡者,除给予五十元之丧葬费外,另由公司酌量情形,特别抚恤之。商务印书馆给受伤职工发放津贴或抚恤,减轻了受伤职工及其家属的经济负担,体现了公司对职工的关怀和爱护。开明书店公布的《职员待遇暂行章程》中,对受伤职员津贴及抚恤的规定,与商务完全相同。

(五)教育与培训

商务各个时期的领导层对人才培养都很重视。1916 年 7 月,张元济拜访吴稚晖,明确表示商务印书馆应“注意于培植人才,不专在谋利”。1918 年张元济又提出商务“永久之根本计划”三条,第一条便是主张“培植新来有用之人”。王云五也很重视人才培养,他曾指出:“要研究人事问题,至少须注意三个方面:(一)选用;(二)训练;(三)考核。”在训练方面,王云五强调要改革教育体制,推广职业化的教育,同时又注意吸取、继承传统学徒制度做法中的长处。

商务对职工进行教育与培训的目的,是让职工能够胜任工作。商务印书馆1935年10月编印的《商务印书馆人事管理概况》对教育与培训的目的作了如下说明:“第欲求其胜任愉快,职工自身之知能应与时俱进,以为社会服更大之劳务。本公司之所以重视职工之教育与训练者,其目的在此。”①

商务对职工进行教育与培训的形式多种多样,包括举办讲习班、训练班、补习学校,分派练习员实习,开放东方图书馆,派遣职工出国考察,等等。1909年至1923年,张元济在馆内设立商业补习学校,自任校长,先后招收了7届学员,培养了300余人,其中一部分学员后来成为商务的骨干力量。商务又举办平民夜校、励志夜校、印刷技工艺徒学校、仪器标本实习所、新式会计员讲习所、师范讲习所、国语讲习所、图书馆学讲习所等,以提高职工的文化程度和工作技能。同时张元济还指令东方图书馆不论业内或业余时间,馆内图书任人借阅。好学者受益匪浅。1932年,王云五也采取了多种形式教育、培训职工和学徒。

根据商务印书馆制定的《同人入本馆函授学校补习优待办法》,同人业余加入本校补习,享受半费之权利。根据《中华职业补习学校优待本馆同人办法》(1934年2月起实行),同人入第二中华职业补习学校晨校班各科补习者,学费可一律八折缴纳。

除职工进行教育与培训外,商务也十分重视职工子女教育。公司对于同人子女教育,自民国十五年(1926)起设置扶助基金,历年以来,同人子女之受补助者为数甚夥。1935年4月24日,商务制定了《同人子女教育补助暂行规则》。根据该规则的规定,每年由董事会就乙种特别公积项下提拨若干为同人子女教育补助费用。每年小学补助生

---

① 汪耀华. 民国书业经营规章[M]. 上海:上海书店出版社,2006:191.

额一千名，每名每年补助二十元；中学补助生额一百名，每名每年补助四十元；大学补助生额五名，每名每年补助二百元。

四、上海商务印书馆福利制度建设对当今出版企业的启示

商务印书馆创业之初，还带有某种家族色彩。到张元济加盟、与日本金港堂合资建立股份制公司之后，商务逐步走向了现代书业企业之路。夏瑞芳、张元济主政时期，商务即很重视职工福利问题，逐渐形成各种制度。到王云五主政商务，特别是抗日战争全面爆发前的1930年代前期，其福利制度更加完备、系统，成龙配套。1933年到1935年，商务印书馆在王云五的主持下制订了同人奖励金分配、职工养老保险、同人人寿保险、大病补助、婚丧假津贴、女职工产假津贴等福利制度，形成了较为体系化的福利制度。商务的福利制度建设，是现代出版史、企业制度史研究的重要内容，更对当今出版企业的建设和发展有着多方面的启示。

（一）努力建构科学合理的福利制度，服务于企业长远发展的战略目标

企业福利制度的设计与安排，绝不仅仅是为了改善职工待遇，它关乎企业的竞争力，服从和服务于企业的长远发展战略目标。先进的、良好的福利制度无疑有助于吸引人才，留住人才，发挥人才的积极性和创造性，提高员工对职务的满意度，增强企业的凝聚力和向心力，最终有利于企业创造更好的效益。晚清民国时期的商务印书馆福利制度安排在很大程度上是一种企业内部的制度安排，它学习和借鉴了西方的相关经验，对日本经验的借鉴最多。由于商务印书馆曾与日本金港堂有过长达十年的深度合作，它就在制度设计上十分注重建立企

业与职工在直接劳动报酬以外的、经济性或非经济性的利益关系，作为加强“命运共同体”的具体措施。这种“命运共同体”在由商务出去的章锡琛、夏丏尊、叶圣陶等人主导的开明书店里有着更鲜明的体现。开明书店也好，中华书局也好，世界书局也好，在企业制度包括福利制度方面均深受商务印书馆影响，也都通过相应制度服务于企业发展长远目标。

（二）科学合理的福利制度必须以人为本，关心职工，尊重人才

泰勒的科学管理理论认为人是“经济人”。王云五在对职工地位的认识上接近泰勒科学管理的观点，他忽视了职工在人格尊严方面的需求。1930年，王云五访美期间，哥伦比亚大学的一名专门研究劳工问题的教授曾经特别提醒过王云五：资方要时时尊重工人的人格。但王云五则认为，中美两国的国民素质差异大，“人格”问题不必在中国的企业改革中予以考虑，工人要加薪，资方要利润，双方追求的都是实实在在的物质利益，没有人会去关心“虚幻”的“人格”问题。① 1931年王云五对编译所改革的失败，说明他对职工尤其是编译人员人格问题的认识是错误的。1931年1月初，王云五开始对编译所进行改革，公布了他亲手拟定的《编译所编译工作报酬标准试行章程》。该章程公布之后遭到编译所全体职工的一致反对。编译人员不习惯在刻板的规定下工作，他们感到知识分子的自尊心受到了损伤，这成为他们首先发难反对“科学管理法”的重要原因。1月下旬，馆方宣布撤回《编译所编辑工作报酬试行章程》，改革以失败告终。

尊重职工的人格，就是要满足职工除物质利益之外的社会、心理

---

① 代常健. 王云五管理思想及其根源[D]. 汕头大学，2009.

等方面的需要。因为人不仅仅是“经济人”,更是“社会人”,除了生理的、安全的需要外,还有社会的、尊重的及自我实现的需要。美国哈佛大学教授梅奥进行的“霍桑试验”结果表明,人是“社会人”,社会和心理因素会从根本上影响职工的积极性。管理者除了运用经济手段激发工人的积极性以外,还必须从社会、心理等方面满足职工需要,从而达到提高劳动生产率的目的。因此,企业在设计福利制度时,不仅要考虑职工的物质需要,更要满足职工更高层次的需要。

(三)科学合理的福利制度应当注重公平性与激励性的结合,避免绝对的平均主义

福利应能产生效益,但福利并不必然产生效益。福利能否产生效益取决于两个因素,一是公平性,二是激励性。公平性包括外部公平和内部公平。外部公平是指本企业职工的福利不低于外部市场上劳动力的福利水平。外部公平是企业吸引人才、留住人才的主要形式,是企业在劳动力市场上竞争力的体现。20 世纪 30 年代,上海商务印书馆即已建立起比较完善的福利体系,领先于其他企业。商务可以招揽大量杰出的人才,包括众多“海归”,这也是主要原因之一。内部公平,即福利的普惠性,是指企业中所有的或大多数员工都能享受企业的福利。广覆盖和相对平均,是内部公平的表现形式。在我国企业界,商务印书馆是最先采取普遍分红制度的企业。普遍分红显然是一种普惠性的福利,它对调动职工的积极性和提高生产效率起到了积极作用。但普惠性的福利,对业绩突出者显失公平,有可能挫伤其工作积极性。因此,在设计福利制度时,除了要考虑公平性,还要考虑激励性,以充分发挥福利的激励作用。1933 年,王云五订立《同人奖励金分配暂行章程》,将普遍分红的总额划分为普遍奖励和特别奖励两部

分。王云五的这项改革并未否定普遍分红,而是对普遍分红进行改进,使奖励金的分配更加公平,既让职工普遍受益,又使特别优秀的职工得到特殊的奖励。

(四)科学合理的福利制度要建立在量入为出的基础上,同时加强福利管理

民国时期,企业职工的福利支出主要由企业承担。上海商务印书馆的福利经费主要来源于利润。如储蓄人奖金、同人疾病补助、同人人寿保险的半数保费、女同人生产假津贴薪工、同人婚丧假津贴薪工、同人子女教育补助等均从每年度结账盈余所提乙种特别公积项下提拨。同人奖励金也是从每年度结账盈余中提拨。而长期储蓄金利息,例假、假日休假和特别休假的薪工则是从成本费用中列支。当下的出版企业,其职工的福利支出也主要是由企业自行承担。因为福利支出主要由企业承担,所以企业在设计福利项目、确定每个福利项目的金额时,必须考虑企业的承受能力。商务的高福利源于其高盈余。商务的福利支出主要从年度结账盈余中提拨,基本上是先提后用,因此不会超过其承受能力。当下的出版企业,除年终分红以外,其他福利支出往往都是从成本费用中列支,其中的法定福利是刚性的支出,在企业经营不佳时,这些福利支出常常超出企业的承受能力,造成经营亏损。因此,除政府要降低企业税费之外,企业举办福利也应量力而行。

为发挥福利的激励作用、节约福利支出,企业必须对福利实施必要的管理。对福利实施管理,主要是做好以下工作:一是设置管理机构。商务的职工福利由总管理处统管。对此,《商务印书馆人事管理概况》作了如下说明:“至民国十五年(1926年),公司感觉部门渐多,职工日众……同人福利事项日渐增多,手续亦随之加繁,乃成立人事股直隶总务处,办理关于人事之一切事项。民国十九年(1930 年)秋,经理王云五先生自欧美考察归国,实行科学管理,改人事股为人事科,事权渐次集中。”[①]二是宣传、解释企业职工福利。商务比较重视该项工作,通常以总管理处通告形式进行宣传、解释。比如,在《同人长期奖励储蓄规则》之后附有《总管理外通告》(第 97 号,1934 年 4 月 30 日),专门分析了储蓄之益,号召符合条件的职工积极参与。《同人人寿保险暂行规则》《同人子女教育补助暂行规则施行细则》之后都附有总管理处通告,对有关事项进行解释、说明。必要的宣传、解释,可以帮助职工获得其应享受的福利待遇,更好地发挥福利的激励作用。三是合理设置福利项目,节约福利开支,降低福利成本。

在设计福利制度时,企业要合理确定普惠性福利和激励性福利的比例。现在有一种倾向,就是过于强调激励性福利,而否定普惠性福利。实际上,除同人奖励金之外,商务印书馆在王云五主政时期制定的福利制度基本上都是普惠性的。

20 世纪 30 年代,上海商务印书馆率先在出版文化企业中建立了较为完善的福利制度。这些福利制度提高了职工的生活水平,改善了职工的生活质量,因此有利于化解劳资冲突,也有利于吸引人才、稳定队伍,激励职工不断进取、提高工作绩效。今天出版企业的改革和发展,人才仍旧是关键,人力资源仍旧是企业的第一资源,而建立健全合理的、完善的福利制度,无疑也是搞好企业的重要工作。这方面,包括商务印书馆在内的民国书业企业值得我们总结和借鉴的东西确实还是不少的。与此同时,我们也需要学习借鉴西方发达国家的企业福利制度,逐步建立和完善适合我国国情以及企业自身实际的福利制度。

---

① 汪耀华. 民国书业经营规章[M]. 上海:上海书店出版社,2006:178.

出版文化企业在这方面也还需要转益多师，进一步探索，既吸纳老商务福利制度中的有益经验和做法，同样也可学习借鉴美国带薪休假、医疗保健等福利措施，还有日本的温情式企业福利，等等，最终形成有自身特色的出版企业福利制度。

（原载《中国出版史研究》2017年第4期，作者范军、沈东山）

试论上海商务印书馆的科学化管理制度

商务印书馆是我国近代出版史上率先进行企业化经营和管理的文化企业，它在人力、物力、财会、品牌等各方面形成了规范、科学的管理制度，并坚持在日常经营中有效地遵照执行，为其内部阻力的最低化和内部效益外显化的实现提供了条件和可能，从而有力地推动了企业的发展与壮大。

一、以人为本，规范化的人力资源管理

商务印书馆从始至终注重对员工的组织、激励和培养，这是其成功的必要条件，同时又是其成功的巨大动力。据统计，商务在20世纪前半期的鼎盛时期曾有3 000多名员工，这就使商务的人事管理制度建设显得尤为重要。商务在人员管理上逐步摸索，建立起了科学的激励和约束机制，在员工的进用、岗位分工、员工使用与培养以及留住人才等方面进行了行之有效的尝试。值得一提的是，20世纪30年代，王云五的科学管理法在当时虽屡次受阻、苦难重重，但以今天出版业发展的境况来看，其科学管理思想中的科学性是占主流的，只是对于当时商务印书馆具有浓厚的编著合一性质的编译所的管理而言，其过于细化和量化的考核显得有些“水土不服”。

商务在进用员工上采取择优录取、竞争上岗的方式，曾提出“取诸

社会,用人唯才”的方针。早期的人员进用主要是引荐和竞聘并存,“除从事编译工作的专家学者和具有专门技能的技师、技工需向社会延聘外,对于一般职工大都公开招考,经过培养后进用”①。在选聘人员时,商务采取严格的回避制度,即凡一家中父母、兄弟、夫妻、子女已有一人在本公司任职的,其余不再进用。在这个问题上,张元济提出“满清之亡,亡于亲贵;公司之衰,亦必由于亲贵”②的观点,极力反对少数“教会派”高管在商务用人方面的任人唯亲,他严格要求自己,身体力行。

作为一家以知识生产和传播为己任的出版企业,商务印书馆在其发展过程中组织和举办了多种形式的员工培训。商务的涵芬楼最初是为了给本馆编译所的编辑提供一个查找资料、增进学习的地方而设立的,后来扩展为东方图书馆,并成为当时东亚藏书量最大的公共图书馆之一。商务还特别制定了《同人购货优待办法》《同人入本馆函授学校补习优待办法》《中华职业补习学校优待本馆同人办法》等,为商务员工进行业务学习提供了条件与制度上的保障。

商务印书馆为员工提供的薪酬主要由薪金、年度奖励金组成。薪金又包括职工的定额薪水和日常奖励金。日常奖励金是公司为奖励日常表现良好的员工而设立的,数额一般不大,并常常以工作日酬金为单位进行计算。商务还规定,星期日和公司放假日,薪水照给。年度奖励金是从公司每年度结账盈余中提取的用于员工奖励的款项,商务总经理和经理享受年度奖励金的10%,剩余的90%作为普通员工的奖励,分为年度普遍奖励金和年度特别奖励金两类,前者兼顾总分

① 曹冰严. 张元济与商务印书馆[M]//商务印书馆. 商务印书馆九十年——我和商务印书馆. 北京:商务印书馆,1987:30.
② 洁甫. 丁文江与商务印书馆[M]//商务印书馆. 商务印书馆九十年——我和商务印书馆. 北京:商务印书馆,1987:560.

支馆全体职工,按其月薪数目的一定比例发放;后者奖励职工中的成绩优异者,按总分支馆全部盈余的一定比例发放。这种薪酬制度,既保证了收入与贡献的一致,又给予员工足够的成长机会和发展空间,使商务"人"的因素得到极大的激活。

此外,商务印书馆还采用向员工发售股票的方式使公司成为"人人有份"的利益共同体,这既可以挽住人才,也是吸引优秀人才的手段。而商务在休假、保险、工伤治疗、津贴、子女教育补助、员工储蓄等方面的较优厚的福利制度,更是当时很多企业难以企及的。

二、改革财会制度,建立科学的财务管理

财务管理一般包括对企业资金的筹措、投资、经营引起的财务活动及利润分配活动的协调管理。商务印书馆创立初期以发行所和印刷所为主要的经营部门,当时的账房艾墨樵,是大股东沈伯芬介绍入馆的。此后,艾先生管理商务银钱有二十年之久。但直至中日合资前夕,商务的财务管理仍然比较混乱。上海"橡皮股风波"之后,1918 年 9 月,商务印书馆总务处改组,下设机要、稽查等 9 个部门,其中一个就是会计科。从此,商务的财务管理有了独立的部门,其工作内容渐渐明晰,工作程序也得到了很大的改进。

1921 年 7 月,胡适考察商务时与杨端六长谈,后者提出"馆中无人懂得商业,无人能通筹算","馆中最大的弊病是不用全力注重出版而做许多不相干的小买卖"[①]。此言或许有些夸大其辞但也确实指出了

---

① 钱益民. 1920 - 1921 年商务印书馆的改革[J]. 浙江师范大学学报(社会科学版),2002(3):54 - 58.

问题。以此为契机,商务开始筹划新的会计制度,设立了改革会计制度筹备处并公布简章,并于次年1月将新的会计制度付诸实施,改惯用的旧式直行记数法为现在通用的新式簿记法。1922年8月,又设立了受总经理直接指挥和管辖的成本会计办事处,1931年设立预算管理委员会。王云五外出考察回国后,于1930年9月向商务印书馆提出了更全面的组织、财务和人事方面的改革,即所谓的“科学管理法”。

王云五提交给董事会的改革计划包括“科学管理法计划”报告和“编译所工作报酬标准”两个文件。“科学管理法计划”报告长达3万字,涉及预算制度等12个子计划。具体说来,王云五报告中涉及的财务管理改革主要包括建立完善的预算体系、改革成本会计与统计制度两个方面。为了进一步进行财务改革,推进财务制度的完善,商务于1932年8月18日制订、1933年11月27日修改完成《主计部暂行办事规则》,对主计部的组织构成、职权范围和工作规则做了明确的规定。

正是商务印书馆在其财务方面实行的严格管理,才使得商务的资金状况始终都处于相对明晰的状态,即便是八年抗战期间,商务仍然是外面战乱而企业财务不乱,照样能够从其董事会报告中整理出详细的现金收支情况(见表1)。

表1 1937—1945年商务印书馆现金收支情况①

年份(年)	收入总额(元)	支出总额(元)	剩余总额(元)	剩余占收入的百分比(%)
1937	8 907 483	3 732 306	5 175 177	58.09%
1938	6 985 505	3 728 645	3 256 860	46.62%
1939	10 020 986	5 375 927	4 645 059	46.35%

① 汪家熔.抗日战争时期的商务印书馆(三)[J].编辑学刊,1995(5):84-90.

续表

年份(年)	收入总额(元)	支出总额(元)	剩余总额(元)	剩余占收入的百分比(%)
1940	14 581 955	8 574 685	6 007 267	41.20%
1941	19 176 885	15 775 281	3 401 604	17.74%
1942	33 255 976	11 253 595	22 002 381	66.16%
1943	64 373 799	28 095 575	36 278 224	56.36%
1944	190 673 183	67 399 828	123 273 355	64.65%
1945	717 068 892	829 437 408	888 531 454	54.12%

三、书刊的生产管理

商务印书馆是近代史上的一家实力雄厚的出版企业，图书出版是其主营业务。在中国近代出版市场上，商务不论是在出版品种还是图书质量上都具有绝对的优势。1897 年至 1949 年，商务印书馆共出版了综合类图书 62 种，占出版总数的 0.41%，教科书和儿童读物类（含教育类）图书1 874种，占出版总数的 12.38%，自然科学和应用技术类图书2 514种，占出版总数的 16.61%，社会科学类图书6 969种，占出版总数的 46.03%。这一时期商务印书馆的出书总量占全国出书总量的 12.20%。商务在以图书出版为主的同时，也积极在期刊发行和承接外来印件两方面开拓业务。

商务印书馆的期刊出版不仅数量众多而且种类齐全（如表 2），据不完全统计，商务一共发行了涉及教育的期刊 14 种，人文社科类期刊 13 种，涉及基础科学和应用科学的 6 种，文学艺术和政治经济类的各有 5 种，一般刊物 4 种。

表 2 1897—1949 年商务印书馆部分期刊出版统计①

年份	期刊
清光绪二十九年(1903 年)	《绣像小说》
清光绪三十年(1904 年)	《东方杂志》
清光绪三十三年(1907 年)	《理工报》
清光绪三十四年(1908 年)	《军学季刊》《法政介文》《儿童教育》
清宣统元年(1909 年)	《教育杂志》
清宣统二年(1910 年)	《图书汇报》《小说月报》
清宣统三年(1911 年)	《政法杂志》《少年杂志》
民国元年(1912 年)	《经济杂志》
民国三年(1914 年)	《学生杂志》《出版界》
民国四年(1915 年)	《英文杂志》《妇女杂志》
民国六年(1917 年)	《农学杂志》《学艺》《太平洋》
民国十年(1921 年)	《儿童世界》
民国十一年(1922 年)	《儿童画报》
民国十二年(1923 年)	《小说世界》
民国十五年(1926 年)	《职工》《自然界》
民国十七年(1928 年)	《美育杂志》
民国二十五年(1937 年)	《文学杂志》《新少年画报》
民国二十八年(1941 年)	《健与力》
民国三十三年(1945 年)	《世界文艺季刊》《文史哲季刊》

商务印书馆是以印刷起步的,印刷对它来说算是“祖业”,它在印刷行业拥有得天独厚的技术优势和人才优势,并可以借助自身社会往来的各方关系承接外来印件以增加收入。因而,代印收入事实上一直就在商务营业额中占有一定分量。1937 年以前的几年,商务的代印业

① 商务印书馆编. 商务印书馆九十五年——我和商务印书馆[M]. 北京:商务印书馆,1992;戴仁著,李桐实译. 上海印书馆 1897—1949[M]. 北京:商务印书馆,2000.

务的收入及占总营业额的比例如表3。

表3　商务印书馆战前代印额占总营业额比例①

年份(年)	总营业额(元)	代印额(元)	代印所占百分数(%)
1927	7 917 733	1 197 826	15.13
1928	10 135 654	1 439 077	14.20
1929	11 668 000	1 299 097	11.13
1930	12 117 653	1 370 480	11.31
总计	41 839 040	5 306 489	12.68

商务印书馆的印刷业,在国内无论是从规模还是从技术设备和技术技巧上,一直都处于领先地位。其印刷工人在极盛时期曾超过3 000人。陆费逵曾说:“商务印书馆谁都知道它是我国惟一的出版家,它的营业,出版占十分之六,印刷占十分之三。”②1937年至1940年,商务印书馆代印业务占总营业额比例如表4③:

表4　1937—1940年商务印书馆代印额占总营业额比例

年份(年)	总营业额(元)	代印额(元)	代印所占百分数(%)
1937	8 907 483	约400 000	4.49
1938	6 985 505	约500 000	7.16
1939	10 020 986	约1 000 000	9.98
1940	14 581 955	约2 224 000	15.25
总计	40 405 929	约3 764 000	9.37

---

① 汪家熔.抗日战争时期的商务印书馆(二)[J].编辑学刊,1995(4):90-95.

② 陆费逵.六十年来中国之出版业与印刷业[M]//宋原放.中国出版史料(现代部分)第1卷(下册).济南:山东教育出版社,2001:415.

③ 汪家熔.抗日战争时期的商务印书馆(二)[J].编辑学刊,1995(4):90-95.

1927年至1930年间,商务的代印额占总营业额的比例都在10个百分点之上,而1937年至1940年的4年间,除了1940年突破了10个百分点以外,基本上都没有达到战前水平。1941年,珍珠港事件后,商务印书馆不再承印任何外件。因而总体上看,商务印书馆的代印业务在逐步缩减并最终被取消。但我们无法否认代印业务作为商务在图书出版、期刊发行之外的副业地位。

在积极完善图书和期刊的出版并承接外来印务的同时,商务也丝毫不放松对书刊质量的把握。一方面,商务致力于图书知识内容的甄别和精神价值的提高。商务从图书生产源头——作者入手,利用其广泛的社会力量寻找行业专家来组织、撰写书籍。另一方面,商务制定了图书出版的质量规则,如《生产部暂行办事规则》《考工科考核本版样书规则》等规范对图书质量进行管理。

在生产安全方面,商务印书馆专门设立直属于总管理处的安全委员会,并制定了《投保火险规则》。安全委员会主要负责加强房屋建筑及设备、机器、工具、电气、煤气等设备的安全监管,包括对这些设备的检查、安全设计、设施安全使用指导等。该委员会每月须开常会一次,按月检查公司各项设备的安全并制定报告上交总管理处。《投保火险规则》主要是对商务自建房屋投保程序的规定。1936年6月,商务成立了防火委员会,该委员会负责商务的防火及职工的灭火救助演习,并负责推动商务的劳动卫生规则的实施。

四、多渠道搞发行

商务印书馆的成功经验中很重要的一点就是积极开拓发行渠道,自办发行与委托销售相结合,建立起辐射面广、反馈及时的发行网络。

创办分支馆。1903年,商务开始设立汉口分馆,到1930年代,商务印书馆共在全国设立分支机构36处,遍布华北、华中、华东、华南各处。这些分支馆直属于总务处(总管理处),主要任务在于商务图书的发行。各分支馆自身没有生产能力,其图书供货由总馆统一调配,分支馆一方面接受总馆的图书配给,发货给下级销售商或者各支店,另一方面主动掌握本分支馆范围内的往来客户情况,对其与商务的账务往来进行监督和跟进。在分支馆的备货上,商务采取总馆集中备货、销售点勤添的办法,即"货由发行所统一备,各销售点报销存数,发行所根据销售点销存情况决定添印数额"[①]。

组建"现批处"。现批处是商务自营发行机构中的终端机构。商务春秋两季开学前由分支馆到偏远地区设点供应课本和辞典等学校用书。商务的现批处既面向同业也面向学校及个人。其特点在于现钱交货,不赊欠。一般而言,其投入少,规模小,资金回笼较快,风险也不高,是一种即时性的发行方式。

设立"特约经销处"和经销店。商务的"特约经销处"一般在县城。商务以比一般零售店多2—6个百分点的折扣将图书批给特约经销处。这些经销处的营业额一般较高,并且有自己的下级渠道,可以实现小额转批。商务的特约经销处在辛亥革命以前有300处,一般都有自己的招牌,如徐州的普育书局等。还有一些经销处为拓展客源,借用了商务的名称做招牌,事实上并不是商务的自办机构,如"商务印书馆胶东分销处"。

经销店及一般的零售店,他们一般不是只卖图书,还兼营文具、仪器等。他们一般直接与商务进行业务往来,专做学校生意。此外,商

① 张丽明.商务印书馆早期成功因素简析[J].出版科学,2007(1):89-90.

务在开展邮购业务方面也制度健全,成效显著,可圈可点,不再赘述。

五、版权管理

版权管理的主要形式是版权交易与版权维护。商务在版权交易方面的典型是,张元济周游欧美时曾以商务印书馆的名义,与欧美的一些出版公司签订版权合同,约定商务作为该公司出版的图书的中国区代理。① 中国历史上第一个版权合同就是由商务印书馆于 1903 年 10 月与严复签订的。自此,商务在出书之前都与编者、著者或翻译者签订版权合同,约定双方由图书版权而产生的权利和义务。

商务印书馆主动与作者签订版权合同,规约双方权利及版税计算方式等细节问题,此其一。商务印书馆与作者之间的版权交往主要包括约定版权共有、商务购买、租赁作者版权和作者向商务馈赠版权。其二,商务还积极应对与己有关的版权纠纷。商务与中华书局、广益书局、美国经恩公司、美国米林公司都发生过版权纠纷。商务在面对这些版权纠纷时并没有采取回避的态度,而是积极雇佣法律顾问予以应对。其三,以张元济为代表的商务印书馆同人还积极参与中国近代版权制度的建立,推进版权立法。商务为顺应国内版权意识的增强和版权保护的需要,于 1903 年将英国《不列颠百科全书》相关内容引进国内,请人翻译,并以《版权考》为名出版。另外,1905 年,张元济对清政府商部依据日本著作权法所拟的版权律、出版条例草案提出了修改意见,主张对教育书籍进行审查注册并缴纳审查费之后再给予版权,

---

① 茅盾. 商务印书馆编译所和革新《小说月报》的前后[M]//商务印书馆. 商务印书馆九十年——我和商务印书馆. 北京:商务印书馆,1987:147.

并主张在中国境内对外国人的版权实行有限的保护。

事实说明，上海商务印书馆的企业化过程与成功经验是中国近代文化企业发展的一个缩影。它虽非尽善尽美，但无疑是那个时代先进生产力的代表，不仅适应而且引领了当时文化企业发展的潮流。数典未敢忘中华。我们今天出版界进行的企业化、股份化、集团化改革，都或多或少可以从老商务吸取到有用的养分。如何实现"职权经济"向"产权经济"的切实转化，真正建立以市场经济为基础，以完善的企业法人制度为主体，以有限责任制度为核心，以公司企业为主要形式，以产权清晰、权责明确、政企分开、管理科学为标志的新兴出版企业制度，今天的中国仍任重道远，而老商务这座富矿显然是很值得我们进一步深入挖掘的。

（原载《出版发行研究》2011 年第 8 期，作者范军、何国梅）

试述晚清民国时期商务印书馆的编辑制度

商务印书馆是近现代中国出版企业的杰出代表,关于它的馆史、人物、经营管理、文化及教育贡献等方面的研究成果蔚为大观,而关于其制度的研究则并不多见。一个行业的先进既体现为技术的先进,也体现为制度的先进,而制度是制约包括出版业在内的众多行业发展的关键因素。编辑制度是出版企业的核心制度之一,不同的制度安排会导致不同的出版格局、书刊品质、经营绩效和传播效果,晚清民国时期商务印书馆能够成功的一个要素就是企业建立了较为完善的制度(包括产权制度、组织制度以及编辑制度在内的管理制度等)。当代编辑制度的改革与完善既要借鉴国外出版企业的先进经验,同时数典未敢忘中华,我们还需要借助中国近现代出版历史这面“后视镜”,以更好地把握方向,提升质量,确保两个效益。这是本文的缘起和目标所在。

需要指出的是,报社、杂志社也有编辑制度,但本文所谈的主要是出版社的编辑制度。所谓制度,是指一套用于形塑人们相互关系的规则,这些规则涉及社会、政治、经济、文化等诸多方面。制度有正式制度和非正式制度两种形式。据此而论,编辑制度的内涵是指一套用于形塑编辑活动参与者相互关系的规则,既有正式的规章,也有不成文的惯例、习俗等。本文暂且只谈正式的编辑制度,非正式编辑制度另文探讨。

那么,出版机构的编辑制度的外延有哪些呢?研究者们对此观点不一。有人认为,编辑制度包括组稿制度、审校制度、编辑的责任制度、期刊质量鉴定和检查制度、外联制度、稿件登记处理制度、作者资源的维护制度等。[①] 也有人认为,编辑制度应该包括选题论证制度、选题审批制度、审稿制度、发稿制度、成书评审制度等。[②] 以上两种观点都以编辑活动(一侧重期刊社,一侧重出版社)的具体环节和流程为出发点,观点大同小异。还有人从结合编辑部人事管理与编辑流程两种视角探讨编辑制度,这种观点认为编辑部的成立、编辑规范的建立和编辑人员的培训教育构成了编辑制度的基本内容。[③] 本文主要采第三种观点,编辑制度既包括具体编辑流程规范制度,如组稿、审稿、加工校对等方面的制度,也包括和编辑相关的人事管理制度,如编辑部的设立、编辑培训制度、编辑福利制度等。这些制度的功能各有侧重:第一,编辑部作为具体实施出版行为的部门,其管理制度的完善被认为是保证出版行为规范化的关键;第二,编辑作为具体实施出版行为的人员,直接影响出版实践的成效,因此需要用系统的培训制度来提高编辑的政治素质和业务水平;第三,编辑规范制度的建立,为编辑行为提供了最基本的行为规范和原则,并影响着具体的编辑行为,进而影响出版物的质量,影响出版机构的品位和品格。

可见,编辑制度是十分重要的:就编辑职业来说,其存在的合法性在很大程度上来源于健全的编辑制度,如当今实行的职业资格证制度;就出版企业而论,编辑制度关系企业的经营方向、书刊品格和经营绩效;就社会而言,编辑制度折射出彼时彼地的出版文化生态之一斑。

晚清民国时期的商务印书馆在编辑制度方面经历了从草创到逐步完善,再到成为行业表率的过程,下文从编译所的设立、编辑培训与

---

① 邓国英. 健全编辑制度几个问题的探讨[J]. 国外建材科技,1994(03):70.

② 卞葆. 论编辑制度的虚化及纠正[J]. 出版发行研究,2001(07):33-34.

③ 王秀涛. 当代编辑制度的建立[J]. 扬子江评论,2012(06):14.

发展制度、编辑规范制度等方面梳理其脉络，总结其经验，探寻其规律。

一、编译所：从设立到变革

（一）张元济与20世纪之初编译所的创立

编辑制度的一个主要内容，是专门的编辑部门的独立设置。商务印书馆成立于1897年，最初只是一家以印刷业务为主的小作坊，并没有专门的编辑部门和编辑人员；1902年张元济加入后，始设编译所，张及其继任者在编译所内部管理制度的建立与完善方面倾注了大量心血，张元济亲力亲为起草过多项规章制度。商务设置独立的编译所是商务印书馆从印务为主转向出版为主的必然选择，也得益于当时国外优秀出版企业成功经验的启示。

商务印书馆的第一任掌舵人夏瑞芳（1871—1914）文化水平虽然不高，但富有开拓进取精神，事业心极强。他不满足于将商务印书馆作为一家印刷作坊来长久经营，小富即安，而是凭着敏锐的商业嗅觉，决定开拓图书出版市场。当时沪上外商云集，中国工商界人士以及那些想做洋行生意的年轻人，迫切需要外语作为沟通的媒介，因此兴起了一股学习英语的热潮。夏瑞芳当机立断将他在教会学校使用过的英文课本*Primar*翻印出版，该书竟然一炮打响，备受读者欢迎，成为热门畅销书。此后，他又找人翻译该书，名为《华英初阶》，后又推出《华英进阶》，这两种书出版后，同样受到读者欢迎，销量很大。这是商务从单纯承接印刷品发展成为经营出版业的开端。受此鼓舞，1901年，夏瑞芳又出高价请人翻译了十余种日文书籍，但是这些书出版后乏人问津,成了滞销品,给企业造成了一定的损失。夏瑞芳对此感到不解,便把样书送请张元济审阅,以明究竟。张元济认真审查译稿后发现,译文与原文十之八九不相吻合,纯属粗制滥造之作,根本不能用。此事对夏瑞芳触动很大,他意识到"组织书稿,出版图书不是门外汉所能胜任,必须要由真才实学之士担任,必须有自己的编译所和总编辑,他的第一个对象和理想的人选便是张菊生"①。这便是商务印书馆设置独立编译所的由来。

在张元济任所长期间(1902—1915),编译所从无到有,在规模上逐渐由弱小到强大,在制度上逐渐由草创到完善。专门的编译所之成立,必然伴随着编辑的职业化和专业化。当然起初编译所职员是既写又编,编著(译)合一的。编译所及其内设部门的确立本质上是现代书业企业的一种制度安排。肇始时的编译所设有哲学教育部、国文部、英文部、理化部、博物部以及东方杂志社、小说月报社、学生杂志社、妇女杂志社、教育杂志社等,框架略备,规模粗具,各自的职责分工明确。汪家熔说,中国近现代的出版机构"第一个建立编辑部的是商务印书馆"(编译所和现在的编辑部相比其实还是有一定区别的)。张元济加盟商务后,很快成立了编译所。"编译所的成立使商务在同业中占有绝大优势。又有高梦旦从事协调,破除文人相轻的陋习,各人发扬专长,又互相切磋,书稿质量自高于同业。商务自此继印刷后在出版上也站住了脚;同业也纷纷仿效,推动了出版业的进步。"②制度的先进释放出来的企业"红利"在这里是十分明显的。出版机构内部编辑工

① 朱蔚伯.商务印书馆是怎样创办起来的[M]//中国人民政治协商会议全国委员会文史资料研究委员会.文化史料丛刊(第2辑).北京:文史资料出版社,1981:145.

② 汪家熔.商务印书馆之最——略举其对文化的贡献[M]//商务印书馆.商务印书馆一百年(1897—1997).北京:商务印书馆,1998:290.

作是龙头,龙头舞好了,企业整体才能活起来。需要指出的是,汪家熔说商务是第一家建立编辑部的出版机构,这是否成立还值得讨论,如姚福申就指出:“设立编校机构,商务印书馆并不是国内第一家。从前石印书籍盛行的时代,点石斋、同文书局也都设有编校机构,专聘翰林出身的人主持这项工作,一些做实际工作的编辑也都由举人、秀才出身的文人充任。”①

张元济“弃官从商”,在知识界引起了强烈的反响,许多知名之士受其感召而纷纷加入商务编译所。张聘请高梦旦担任国文部主任,经蔡元培推荐,招聘杜亚泉为理化数学部主任,任用“海归”邝富灼(英文十分流利,中文不太熟练)为英文部主任。此外,又邀请蒋维乔、夏曾佑、颜惠庆担任编辑,请蔡元培、陈独秀在馆外为特约编辑。这些人思想进步、才学出众,他们是商务印书馆的第一代编辑,整体素质较高,使得商务增强了应变能力和竞争实力。制度与人才的双重优势创造了企业的辉煌。

(二)王云五20世纪20年代初期对编译所的改革

高梦旦担任编译所长的时间较短。20世纪20年代初期王云五继任,首先从组织制度入手重构编译所。“五四”时期,商务印书馆先前的编辑制度优势和人才优势,都在某种程度上遇到了新文化运动带来的挑战。张元济和高梦旦等人是力主进一步改革以顺应时代潮流的,但受到了来自“教会派”的高凤池(时任总经理)等人的阻碍。血气方刚、豪情万丈的王云五被胡适推荐在1921年进入商务以后,准备实施以编译所为中心的改革,得到了张元济等元老的大力支持。1922年实

① 姚福申.中国编辑史(修订本)[M].上海:复旦大学出版社,2004:278-279.

施的这一改革，一是扩大编译所机构并重新设计内部结构，二是大力进用新人。[①] 对于初掌商务编译所时期的整顿与改革，王云五晚年回忆中有较为详细的叙述。[②]

1902 年初设编译所时，科举制度尚未废除，经史子集的四部分类法仍占据主导地位，新的知识谱系还没有真正建立，现在看来那时张元济对编译所内部组织的设计与制度安排无疑是先进甚至超前的。但到了 1920 年代，思想文化、学校教育都发生了很大变化，王云五对编译所的扩充和改革就充分体现了新时代的新需求，更加符合现代学科分科性质。他按照新学科的学科门类组成各个部门，如中文、英文、史地、数学、理化、经济等，此外还有词典和百科全书的四个委员会：英汉词典委员会、中文词典委员会、英汉实用词典委员会和一个不少于 31 人的庞大的百科全书委员会。至于杂志，每一种都安排在一个杂志部下。

除了组织制度的调整改革，王云五还提出了6 000余字的《改进编译所意见书》，内容涉及队伍建设、内部管理、选题运作等多个方面；以此为基础，他进一步制订出关于编辑计划、人员升迁进退、工作制度、奖励办法等细则，逐步付诸实施。其中，就有对包括编辑在内的对全体人员实施的"按事计值"。他要求，高级行政人员据业绩考核，校对员和勤杂人员按工作时间考核。一切编译、审查、计划人员的薪金，"一律按照人员资格与事之难易而定"，比如编书每千字定为八元、六元、四元三等，译书每千字定为五元、四元、三元三等，改稿每千字定为

① 王建辉.文化的商务——王云五专题研究[M].北京：商务印书馆，2000：44.

② 王云五.初长商务印书馆编译所与初步整顿计划[M]//宋原放，主编，陈江，辑注.中国出版史料（现代部分）（第一卷下）.济南：山东教育出版社，2001：194－199.

一元半、一元、半元三等。[1] 当年的编译所人员后来对此项改革的评价往往大不相同。但今天我们抛开政治因素和历史成见来平心静气地审视,发现王云五的这种制度化、规范化、标准化探索主要作用还是积极的、符合企业发展规律的。事实也证明,这一改革在当时通过推行竞争机制,提高了编译人员的工作效率,从而大大提升了商务在市场上的竞争力。

人才是出版企业发展的关键。王云五的编译所改革另一个重点是进用新人,吐故纳新。到1924年,编译所从改革前的160人增加到260人,其中196人是1921年4月以后引进的。有进还有退,此消彼长,这也正是张元济多年来想做的事。此番新进编辑人员中包括朱经农、唐钺、竺可桢、段育华、任鸿隽、周鲠生、杨贤江、郑振铎、周建人、周予同、李石岑、陶孟和、顾颉刚、叶圣陶、陶希圣等,可谓人才济济。编译所各部也主要由这些新人来主持,如美术部由黄宾虹为主任。人岗相宜,重新组合,这种"依据学科门类实行新的知识组合,表明新文化和新知识在商务内部开始生根,而这样一种知识组合模式既是空前的,也一直影响到后来以至今天的出版业"。[2]

组织及管理制度的变革、新人的引进和重用,带来的是商务印书馆编辑生产力的解放。"王云五吹箫引凤,商务新的人才可谓荟萃一堂。到1925年10月的统计,编译所9个专业部的部长,有7位是新人。这样的改革会带来编辑生产力的解放。从出书品种数可以看出生产力变革所带来的变化。1921年出书230种,1922年出书289种,1923年出书667种,1924年出书540种,1925年出书553种,编辑生

---

① 郭太风. 王云五评传[M]. 上海:上海书店出版社,1999:88.

② 王建辉. 文化的商务——王云五专题研究[M]. 北京:商务印书馆,2000:45.

产力的解放，就决定了商务在一定时期内的成功，也为王云五由此向更深层的改革作了必要的铺垫。”①这期间，与图书品种同步增加的还有经济效益，1921年商务的营业额为685.8万元，到1923年就增加到815万元，规模效益明显。

人员大大增加了，规章制度严格了，出书快了、多了，是不是图书质量就没有保证了？对此，1924年7月进入编译所的董涤尘有过正面评价。他以自己工作的数学部和有关部门为例，说明那时商务印书馆员工大多能够自觉遵守规章制度，工作认真负责，保证了图书出版的质量。他回忆说：“数学部有本签到簿，到后签上个名就可以，毋须注明几点几分，实际上亦没有迟到早退的，而且工作都认真负责。……当时商务出版的教科书，几乎找不到一个错别字。从编辑、排版、校对、制版、印刷到装订成书，以至出版发行，一整套完整的工序，都是一丝不苟的。”②

（三）王云五20世纪30年代将编译所调整为编审部的再变革

从制度设计来看，商务编译所有一个由草创到完善再到追赶世界先进编辑制度的过程。1902—1915年间，商务印书馆的主要职能机构为编译所、印刷所和发行所，三所并立，互不隶属；1916年，商务高层接受陈叔通的建议，设立总务处以统辖编译所、印刷所和发行所，此结构直到1921年王云五任编译所长时方有所变革。王云五与前两任所长的最大不同在于，他的思想色彩明显更“新”于前两任，其行事方式更像是企业家而不是学问家或道德家。在1930年12月18的编译所重

① 王建辉.文化的商务——王云五专题研究[M].北京：商务印书馆，2000：47.

② 董涤尘.我与商务印书馆.商务印书馆[M]//商务印书馆九十五年.北京：商务印书馆，1992：266－267.

要职员及职工代表会议上，王云五曾表述他对编译所的不满：

> 本来我们编译所的组织，在世界各国的出版界中，可说是没有的。我在外国看了许多大规模的出版家，都没有像我们编译所这样庞大的组织，如美国的麦美伦图书公司，每年出书的数量虽然不及我们商务印书馆多，但都是巨著，英国的麦美伦公司出书又较少，但篇幅都很多。可是他们两家的编译员和办事人有多少呢？说不可怪，美国的麦美伦公司只有七人，英国的麦美伦公司则只有五人，而且编辑员与事务员都在内，比诸我们的编译所有数百人的，真是何啻霄壤！他们人数虽少，但工作效率，以出版的分量来计算一下，却远在我们之上。①

王云五是在对欧美出版业进行长达半年的考察后得出上述结论的，他决心追赶欧美出版企业先进的编辑制度，由此他开始对商务编译所编著(译))合一的制度结构进行整体改造。改造工程在 1932 年和 1934 年取得了两次突破性进展。1932 年“一·二八”国难后，商务遭受严重损失，王云五趁机取消了编译所，裁掉绝大部分编辑，代替编译所的是一个以组稿和审稿为主要任务的编审委员会，该会包括编审 6 人、编辑 11 人，总人数还不到鼎盛时期的 1/10。1934 年，编审委员会调整为编审部，该部主要成员有部长、编审员、编译员、助理编译员等，人数与编委会时期大体相当，这与当今出版机构的编辑部制度结构已经非常相似了。这是编著(译)合一到编著(译)分离、编辑职业相对专业到充分专业化的一个结果，也是当时中高等教育较快发展、

---

① 王寿南. 王云五先生年谱初稿第一册[M]. 台北：商务印书馆，1987：134.

馆外作者队伍逐渐壮大、书稿来源明显增加后的一个合理选择。汪家熔曾分析过商务编辑部门的这种变化及缘由:“原来的编辑部,称作‘编译所’,张元济刚开始主持编译所时,商务印书馆几乎所有的文字工作都是编译所自己完成的——既编又译。这和当时的社会情况吻合——从事新式文字工作的人很少,要办新式出版社,只能自己写和自己译。二三十年过去了,特别是‘五四’前后,大批从欧美回来的留学生,他们除担任一份职业外,还可以自己的文字提供专门学科的书稿。”1930年6月1日美国《纽约时报》刊文介绍商务的《万有文库》时,就说“有300位著名的中国学者,经常为该馆担任翻译、编纂及撰写的工作”。“依靠外稿,编辑部就不必有很多编辑。”[①]只是这个从编译所到编审部(编辑部)的历史变革,因为“一·二八”国难的契机而提前实施了。

经过王云五的大力改造,商务编译所在制度安排上做到了向当时世界上先进的编辑制度看齐,在国内则成为出版界的表率。据美国出版商协会所做的调查,当代美国出版社各部门人员所占比例通常为:编辑15%,设计和生产10%,推销26%,发行34%,行政管理15%。[②]即使按照当代美国出版业的标准来看,民国时期商务印书馆编审部的人员结构都是符合标准的,而我们今天大多数出版社编辑人员在总人数中占比远不止15%,这恐怕是多少年来重编辑轻营销、重出版物内容轻图书市场的一种延续。

① 汪家熔.民族魂——教科书变迁[M].北京:商务印书馆,2008:215.

② 李苓.世界书业概论[M].成都:四川大学出版社,2008:144.

二、编辑培训和发展制度:从练习生到编辑

对职员进行培训,既是职员相关技能和知识可持续发展的需要,也是企业可持续发展的需要。员工对企业的持续满意,主要不是依靠短期激励,而是来源于企业对员工实施的培训和发展制度。商务的经营者历来是重视人才的,他们也尽可能地为编辑们提供良好的工作和学习的环境,创造自我提升与发展的舞台。商务老员工陈翰笙认为:"(商务印书馆)注意培养青年编辑。只要有培养前途,勤奋好学,尽管没有什么学历的人,也尽力培养,通过学习和时间,不断提高他们的业务水平。"①王云五主持商务印书馆以后,商务的编辑大部分都具有大学本科学历,这些人主要是"自我培训",公司则为这些人提供包括藏书极丰的东方图书馆在内的学习和研究条件,以利于编辑的成长和长远发展;商务正式的编辑培训制度主要是针对有志于成为编辑的练习生。虽然商务的编辑绝大多数是通过考试、熟人引荐等方式进入商务的,但是也有少部分是从练习生岗位上一步步奋斗成编辑甚至是著名编辑的。

招收练习生作为企业储备人才,这是民国时期的企业较为通行的一种做法,商务印书馆也不例外。据商务老员工邹尚熊回忆:"我馆很早就招收了一批十多岁的少年儿童,教以读书做人之道,分发各部门见习锻炼。其中史久芸、韦得卿担任经、协理。丁英桂成为鉴别和影印古书的专家,周莲轩是版面和装帧设计大师,黄警顽成为我馆有名的交际博

---

① 陈翰笙.商务印书馆与我同龄[M]//商务印书馆.商务印书馆九十年——我和商务印书馆(1897-1987).北京:商务印书馆,1987:368.

士。”[①]1935年10月，商务编印《商务印书馆人事管理概况》，该书录有专门的练习生培训制度。商务培养练习生的制度主要有两种。

其一，指定业师。商务“对于学生、学徒（即练习生——笔者注）均就其所在习业部分聘定某职员或某工友为其业师，负责训练或传授职业，并酌定日期举行谒师礼。学生、学徒在馆学习以三足年为标准，但成绩优异或资质较差者由本公司酌量缩短或延长之”[②]。这项制度执行得较好，商务的老编辑赵竹光回忆：“为了培养青少年人才，当时馆方规定每个大学毕业生都要带三个学生。在我的三个学生中，一个是唐锦泉，一个是陈致通，一个是潘杰生……唐锦泉一直辅助我工作。”[③]这也是商务的练习生通过培训成为编辑人才的一个佐证。

其二，补习教育。由于商务的练习生大多为小学毕业、初高中肄业程度，学识程度较浅，故而公司规定练习生必须于工作时间外接受补习教育，指定上海中华职业补习学校、沪东职工补习学校、高级商业补习学校、立信会计补习学校等为培训基地，分批次送练习生入上述学校晨、夜班，补习国文、英文、簿记、会计等科，学费、书费等均由公司担负，而其补习乘机则与工作成绩并计考核。

需要指出的是，练习生主要作为印刷、发行人才来培养，大部分练习生在培训期满后被分配到印刷和发行部门工作，但是也有少数练习生由于具备成为编辑的潜质，最终成为编辑，如胡愈之、丁英桂、唐锦泉等人。

此外，商务还曾招考过暑假编辑，这也是一种编辑培训制度。

---

① 邹尚熊. 商务印书馆与我同龄[M]//商务印书馆. 商务印书馆九十五年. 北京：商务印书馆，1992：320.

② 汪耀华. 民国书业经营规章[M]. 上海：上海书店出版社，2006：193.

③ 赵竹光. 我和商务印书馆. 商务印书馆[M]//商务印书馆九十年——我和商务印书馆（1897—1987）. 北京：商务印书馆，1987：371.

1921 年,商务印书馆登报招考暑假编辑,最终录取数十人。这些人大多是各大高校的在读生,南京高等师范学校、北京大学的名额尤多;分配给暑假编辑的任务是翻译"少年百科全书"。暑假过后,这些"编辑"重回学校去。"这也是王云五接手编译所初期的措施之一,他认为出版家向各大学发生联系,扩大影响,既可罗致编译人员,又可推销出版物"[①]。商务的老编辑唐鸣时就是通过在商务做暑假编辑,从而培养了对编辑工作的兴趣、提高了业务水平,最终在大学毕业后正式成为商务编译所的一员的。

商务印书馆一向重视书刊的宣传推广工作,注重对相关人员(类似我们今天的营销编辑)的选用和培养。1919 年起进入商务并长期从事宣传推广工作的戴景素回忆说:"由于宣传是一项综合性的工作,培训范围较广,门目较多,要求工作人员广泛接触到编辑、出版、印刷、发行、管理各门的知识和实践,给予不同方式的实习机会,使他们了解全馆业务的概况。为使他们对国内相关市场的动态以至国外宣传技术的发展也有一些粗略的了解,推广科备有全国各地的报纸,并收存中外宣传、设计、绘画参考书刊多种……在科内经过培训锻炼的技术人员中亦不乏知名人士,如我国动画影片界的元老万籁鸣,创用书法、金石、图案三结合的画家都冰如,均曾有作宣传画、广告插图、装饰标志的多年工龄。""商务的工会亦重视对职工的培养,曾就东方图书馆余屋开办夜校,设有图画班,我和久任出版部绘图工作的朱剑安就是同班同学。从夜校学到的一些技能,多少有助于广告稿本的设计和布局。"[②]这些宣传推广人员其实也是广义上的编辑,可见商务对员工包

---

① 唐鸣时. 我在商务编译所的七年[M]//商务印书馆. 商务印书馆九十五年. 北京:商务印书馆,1992:277－278.

② 戴景素. 商务印书馆前期的推广和宣传[J]. 出版史料,1987(04):102－103.

括编辑的培训确实具有全面性、制度化的特点。

应该承认,商务的员工发展制度尚未建立健全,而编辑培训制度也还处于较粗浅的层次。严格意义的培训制度,是对培训资源供给、培训计划制定与执行、培训效果评价的系列规范化要求。商务离这个要求还有明显差距,但在那个时期算是比较领先的。

三、编辑规范制度:常规与特例

编辑规范制度的发展是一脉相承的。1952 年出版总署发布《出版总署关于公营出版社编辑机构及工作制度的规定》,对当代编辑流程做了规范,具体如下:(1)一切采用的书稿应实行编辑初审、编辑部主任复审、总编辑终审和社长批准的编审制度。特别重要的书稿须经专家审查和编委会讨论,并经上级领导机关批准。(2)书稿经批准采用后,由编辑根据审读意见进行加工修改。(3)每一书稿,至少须经四次校对,其中一次由著作人自校。清样付印前须经社长和总编辑检查批准。(4)书稿印刷过程中,出版部门应随时进行检查。[①] 我国当代的编辑规范制度并不是凭空建立的,而是在借鉴以商务印书馆为代表的近现代出版企业编辑规范制度的基础上增删损益而成的。重视企业内部规章制度建设是老商务的光荣传统。张元济"常常戏称自己是制订规章制度的'专家'。商务印书馆的许多规章条例都是他亲笔起草,亲手创建的。"[②]

---

① 中国出版科学研究所. 中华人民共和国出版史料 41952[M]. 北京:中国书籍出版社,1998:201.

② 王国伟. 张元济——出版人的骄傲[M]//商务印书馆. 商务印书馆一百年. 北京:商务印书馆,1998:299.

(一)教科书编辑制度

商务印书馆的编辑规范制度不是一蹴而就的。张元济主持商务编译所之初,就将编译小学教科书作为编译所的核心业务,但是限于人力、资金尚未充分到位,当时将教科书“外包”给社会人士编译,尚无完善的编辑规范制度,教科书的质量也很不理想。1902 年,商务委托蔡元培、蒋维乔编写教科书失败。

有鉴于此,1903 年,张元济将教科书“外包制”改为“自产制”,聘请全职编辑专门从事教科书的编纂工作,并制定规范:每种教科书在编撰之前都要先由编译所同人开会商讨具体的编撰原则,逐一确定。外在形式上的“圆桌会议”,内在规范上的“合议制”(或叫“会商制”),切实保证了教科书的编辑质量。老出版家王益认为,这种“合议制”的推行与日本专家小谷重等人加盟商务印书馆编译所参与教材建设有直接关系。[①] 张元济亲自和高梦旦、蒋维乔、庄俞等组成编写班子,一起执笔、讨论修改,并请有教科书编辑经验的日本专家长尾雨三、小谷重担任顾问。据蒋维乔回忆:编写人员中可“由任何人提出一原则,共认有讨论之价值者,彼此详悉辩论”,“恒有为一原则讨论至半日或终日方决定者”[②]。这种“合议制”涉及的范围,大到编辑体例的确定、课文内容的选择,小到个别字词的斟酌、一幅插图的配置,常常是反复推敲,争论不休,直至大家满意。

表面上看,这只是一种教科书的编纂方式变化,实质上是一种编

---

① 王益. 中日出版印刷文化的交流和商务印书馆[M]//商务印书馆. 商务印书馆一百年. 北京:商务印书馆,1998:386.

② 蒋维乔. 编辑小学教科书之回忆[M]//商务印书馆. 商务印书馆九十年——我和商务印书馆(1897 - 1987). 北京:商务印书馆,1987:57.

辑制度的形成和运用，其内核是用规范来确保做到集思广益、精益求精、创造精品。“制度保障+学者眼光+工匠精神”，使得商务教科书编纂水平大幅提高。产品好不好、是否合用，最后还是要市场、要使用者检验。“经过几位编者反复斟酌，一再修改，到1904年2月第一本《最新小学国文教科书》终于问世，并打开了销路。几个月内，销售了十数万册。接着各学科的中小学教科书、教学法参考书相继出版，销路一直很好。”[①]榜样的力量是无穷的。从此之后，“书肆之风气为之一变”[②]。其他出版机构也纷纷仿效商务的教科书编辑制度，在保证质量的基础上又力求形成自己的特点，教科书整体水平明显得到提升。

（二）稿件加工制度

稿件加工制度是编辑基本制度之一。我们可以以一向从学步商务的大东书局的做法中，一窥民国稿件加工制度之究竟。大东的做法是：编辑每编写完一本书稿后，将其交给所长，所长订正后即交付印刷部门出校样，一般书稿校阅三次，最后一次由编撰者校阅；而教科书书稿则需校阅五六次，中间一次以及最后一次由编撰者校阅。编撰者最后一次校阅确认无误，即在校样上签字后交予所长。所长认可后，即递交出版部付印。[③] 一本书的编辑流程和规范大致如此。

到了1934年，商务调整组织结构，原先隶属于生产部的编审委员会从生产部中独立出来，转设为编审部，在编辑流程上，确立了“三审

① 陈应年.涵芬楼的文化名人[M]//商务印书馆.商务印书馆一百年(1897－1997).北京:商务印书馆,1998:479.

② 蔡元培.商务印书馆总经理夏君传[M]//商务印书馆.商务印书馆九十年——我和商务印书馆(1897－1987).北京:商务印书馆,1987:2.

③ 朱翊新.我在上海世界书局的编辑工作[M]//李树人,方兆麟.文史资料存稿选编・文化.北京:中国文史出版社,2002:312.

三校"制度,具体为:编译员"协助编审员审查外来书稿",编审员"分科审查外来书稿及编译员自编书稿",部长"参酌各编审员之意见,处置外来书稿"[①];一般书稿校阅三次,而教科书书稿则酌情增加校阅次数。商务管理层于1934年制定《编审部暂行办事规则》,对于编译部部长(相当于总编辑)、编审(相当于编辑室主任)、编译员(相当于普通编辑)的职责做了详细的规定:

第六条　部长之执掌如左:

一、参酌各编审员之意见,拟定出版方针及计划;

二、参酌各编审员之意见,处置外来书稿;

三、督察及分配各编译员及助理编译员之工作;

四、按照决定之编译计划,委托馆外编译书籍;

五、督察编译事务股处理事务。

第七条　编审员之职务如左:

一、协助部长拟定出版方针及计划;

二、分科审查外来书稿及编译员自编书稿;

……

五、指导编译员及助理编译员之工作;

……

第八条　编辑之职务如左:

一、编辑各种教科书、参考书或定期刊物;

二、协助编审员整理旧出版物及旧稿;

三、协助编审员审查外来书稿;

---

① 商务印书馆.编审部暂行办事规则(民国二十三年十月十六日订定)[M]//宋原放.中国出版史料补卷上册(近代部分).武汉:湖北教育出版社,2011:37－38.

四、办理部长分配之工作。[1]

这个"办事规则"其实就是当时商务印书馆编审部的"岗位职责",其内容当然不只限于书稿审理加工,而是对不同角色人员岗位职责的全面规范。由此我们看到,当代的编辑规范制度在很大程度上是对以商务为代表的近现代出版企业编辑制度的继承和发扬,其文化基因是一种历史的延续。这种完善的制度对于确保书稿水准、提高出版质量、增强企业效益提供了有力的保障。

(三)编译工作报酬标准

无论是编著(译)合一的老形式,还是编著(译)分离的新形式,制定相应的付酬标准都是必要的。1930年代初期王云五在商务推行的科学管理法中,就包含了《编译所编译工作报酬标准试行章程》。这个改革其实是他1920年代初期编译所改革的继续和深化,也是他出国考察后的一个直接结果。当时流行的美国人泰勒的"科学管理法",意在提高工人的劳动生产率,提高企业管理的效率。王云五经过理论学习和实地考察,觉得商务也有借鉴科学管理法的必要。

1929年11月,商务印书馆总经理鲍咸昌(也是创始人之一)去世。经张元济和高梦旦力荐,董事会通过,由王云五出任总经理。王提出的条件之一是由商务出资让他出国考察企业管理,行期半年。1930年3月7日,王云五从上海出发,历访日本、美国、英国、法国、瑞士、德国、比利时、荷兰、意大利、新加坡、马来西亚等国后,经香港回到上海。他9月上旬正式到任,第一件事就是改组原先的总务处,强化

---

① 商务印书馆.编审部暂行办事规则(民国二十三年十月十六日订定)[M]//宋原放.中国出版史料补卷上册(近代部分).武汉:湖北教育出版社,2011:37－38.

总经理负责制。9月中旬,王云五向商务各级宣布将实行《科学管理法计划》。王云五科学管理法的基本内容实际上包括两个文件,一个是“科学管理法计划”报告,另一个就是“编译所工作报酬标准”。

三万多字的“科学管理法计划”报告,主要内容包括12个子计划,其中主要有:1. 预算制度;2. 成本会计制度;3. 统计制度;4. 工厂合理布局与机器充分利用;5. 岗位分类与新式职工管理;6. 动作研究与节省疲劳;7. 时间研究、劳心工作标准与奖励制度;8. 标准化与简单化;9. 按件计酬制与售货量比较制;10. 改良与健全组织机构;11. 训练员工与管理人员;12. 迅速处理劳资纠纷;13. 改进出版品内容;14. 更新印刷技术。这14个方面的内容涉及面很广,无疑也包括某些方面对编辑的制度性要求。它总体上是中国民族资产阶级学习西方先进的科学管理过程中的一次探索,带有泰勒制的明显印记。它最初在商务受到了抵制,但在“一·二八”之后被王云五或化整为零,或改头换面地逐步实行了。今天来看,它无疑有明显的不足或缺点,但其间科学的成分、合理的因素不仅存在,而且还不少。我们当下的出版企业改革不少理念和举措不正是对八十多年前王云五的呼应吗?

“编译所工作报酬标准”,一方面是王云五对标准出台前近十年编译所改革的继续,另一方面也是他的科学管理计划书在编译工作中的具体化。这个标准是把编译工作分为五类:著作、翻译、选辑、校改和审查。其计酬标准大致是:著作和翻译两类分为8级,每千字2—8元;翻译分为5级,每千字0.5—1.5元;选辑分为3级,每千字0.5—1.5元;校改分为6级,每千字分为0.5—2元;审查以时间计算,每小时的定额为15—20千字。标准还定出编译人员每日生产的定额,核心就是把编译所的月薪制改为工业生产的计件制。[①] “标准”的全文，收在当时《中国新书月报》第一卷第三期的《商务印书馆之轩然大波》一文中，张静庐辑注《中国现代出版史料丁编》（下）则改篇名为《商务印书馆试行编译工作报酬办法纠纷记——一九一三年》[②]全文收录，可以参看。

仔细分析，这里的前三类大体类同我们现今作者稿酬的标准，当时的编译所人员编、译、辑都是基本工作职责。后两类中，“校改”有点像我们现在的责任编辑，“审查”则类似现在出版社的复审、终审。这些工作我们今天不都是各有各的固定标准吗？但 1930 年代初叶的商务职工，认为这个“工作标准”极为不合理，核心是只重数量、速率，而不分别性质和工作质量，忽视脑力劳动的特性，也就是把知识分子视同普通员工，没有给予编译人员充分的尊重。这个批评固然有一定道理，但不容忽视的是，任何改革都会涉及当事人的利益，一部分从中受益，必然也有一部分人受到损害。如果我们在出版社实际工作过，了解当今出版机构的编辑管理与考核办法，我们就不难理解这个标准总体上的正确性与合理性。

我们注意到，曾在老商务工作、成长，新中国成立后任国家出版总署署长的胡愈之在上世纪 50 年代后期对王云五其人及科学管理法，包括更早实行的一些编辑制度都是持全盘否定态度的。他说：“原来商务固然也是私人经营的，但是到底像个文化事业；原来的资本固然也是有剥削的，但是却还有一定的进步性。而王云五却完全以一种营利的目的来办商务了，订出了许多荒唐的制度。同时，王进商务是

---

① 朱蔚伯. 王云五与商务印书馆. 中华文史资料文库（第 16 卷）[M]. 北京：中国文史出版社，1996：514.

② 张静庐，辑注. 中国现代出版史料丁编（下）[M]. 上海：上海书店出版社，2003：414 – 422.

1921 年,不久,正是职工运动抬头的时候,王却千方百计地想些办法来对职工进行压榨。他规定编辑每天要写多少字,写不足就扣薪水。图画,先是要量尺寸,因而有人就尽量画大,后来他又提出图中空白地方要扣除不计尺寸,也就是不计报酬。校对上如果发现一个错字,就要扣多少薪水。过去的几个编译所主任对编辑还是尊重的,对王云五却普遍有反感。"这种看法无疑是受到当时政治气候影响的。有意思的是,这篇回忆文章在粉碎四人帮后重新刊出时,胡愈之又在 1978 年 10 月 15 日写了"后记",原文如下:"这是大约二十年前我的谈话记录。这只能作为一种史料,作为商务印书馆的历史来看,有不少事实和观点可能是不正确的。"①

(四)丛书、刊物编辑制度

张元济的古籍整理、王云五的丛书与文库运作,还有一些大型工具书的编纂出版,往往都是大手笔、大投入,集体合作,团队协作,长期施工,如果没有一套完整计划和规章制度,必然乱套,也没法保证质量。因此,针对具体的项目老商务还制定了各自的编纂计划与规章制度,这方面也很值得总结、学习。这里我们以 1930 年代的商务版"大学丛书"为例来略加申述。

"大学丛书"的主导者、策划者正是王云五。该丛书从 1933 年开始正式推出,当年出版了 80 多种,此后陆续增加,历时 9 年,前后出版了大约 370 种。作为一套服务于高等学校教学科研的大型丛书,"大学丛书"的编纂出版体现出了很强的选题策划意识和制度规约意识。

---

① 胡愈之. 回忆商务印书馆[M]//商务印书馆. 商务印书馆九十五年. 北京:商务印书馆,1992:125 - 128.

其策划的周全和严密充分表现在丛书的两个“章程”中，一个是《商务印书馆印行“大学丛书”章程》，另一个是《商务印书馆“大学丛书”委员会章程》。前者侧重于出版机构内部，管编辑出版和印行；后者侧重外围组织，管馆外专家。这二者有机联系，相互配合，形成互补优势。它表明，这里“不是人管人，而是机制管人，机制管书的出版”[①]。两个章程都是出自王云五手笔，字数不多，兹转录前一个：

《商务印书馆印行“大学丛书”章程》规定：

一、大学丛书依大学丛书委员会所定目录，经各委员代为征集稿本，由本馆酌量次第印行，或经各委员介绍专家，由本馆酌定之。

二、本馆已出版之专门著作，经委员会审查后，得加入大学丛书。

三、大学丛书第一集暂以三百种为限。

四、大学丛书拟分五年出版，除本馆已出版可以归纳者外，自民国二十二年起，每年出版四十种。

五、大学丛书每书份量约为十五万字至三十万字。

六、大学丛书经各委员征集或由本馆约编之稿本，须经委员一人以上之审定。

七、大学丛书出版后，由本馆以版税百分之十五报酬著作人。

八、大学丛书出版时，除列著作人姓名外，并在里封面载明全体委员姓名。

---

① 罗维扬. 编辑大手笔[M]. 武汉：崇文书局，2005：2 – 3.

九、国内各大学及学术团体之丛书加入大学丛书时，仍在各书封面列大学或某学术团体丛书字样，以示区别。

十、关于本书之订约印行等事，均由本馆编审委员会办理。

章程10条（另一章程是6条）十分简明扼要，但又很注重细节，具有很强的针对性和可操作性。丛书委员会由德高望重的蔡元培领衔，学科专家包括胡适、冯友兰等40多位名流学者。一流的编辑出版人才，加上一流的专家队伍，还有严格规范的制度，无疑成就了"大学丛书"的良好品质。如"大学丛书"的《中国哲学史》（冯友兰）、《中国音韵学》（王力）、《中国近三百年学术史》（钱穆）、《机械原理》（刘仙洲）等都是有定评的传世名著；萨本栋的《物理学》在当时就被国外翻译出版，影响及于海外。有关"大学丛书"这个大型的长线项目的学术质量管理、行政管理、业务管理、经营管理等，在两个章程中皆可窥见。[①] 这也给我们今天运作规模较大、用时较长的出版项目，提供了制度建设的样板。

刊物的编辑及管理，不同于图书包括教科书的运作。老商务办有众多的期刊，形成了书刊互动、经营互补的格局。商务对期刊的管理也有一套独特的制度，这里仅举1920年代商务建立期刊清样审查制度略加说明。

新文化运动后，商务起用了一批思想进步、思维活跃、锐意创新的青年才俊，包括茅盾、杨贤江、章锡琛、胡愈之等，主编刊物，担当重任，风气为之一变，刊物销路很快打开，影响迅速上升。但同时刊物的内

① 范军，何国梅. 商务印书馆企业制度研究（1897—1949）[M]. 武汉：华中师范大学出版社，2014：156－157.

容,尤其是新思想、新观念,特别是激进思想的传播,也给企业带来风险和压力。在这种情况下,商务建立了期刊的“清样审查制度”,要求对《小说月报》《妇女杂志》等刊物发排的稿子,实行馆方印前检查,由于1920年代激进思想的传播受到严厉的查禁,为了企业经营的安全,商务主政者不希望自己的刊物、著作卷入日益激烈的思想论争。茅盾曾批评商务印书馆“老板们最怕得罪人”,《小说月报》对文艺上的一些问题后来便不再“畅所欲言”;后人更是说商务主政者“再趋保守”,使得刊物宣传新文化的宗旨日趋模糊,刊物的编辑方针“也经常受到主政的干涉”①。要知道,这个时期商务真正主政的还是张元济,即便是王云五所为也大多得到了张元济的奥援;张、王也都并非思想守旧、抱残守缺之辈。

上述的批评不能说没有一点道理,但是站在馆方管理、站在企业经营的角度看,用规范的制度来管束刊物既有必要,也属无奈之举。一个三五千人的大型出版企业,与三五个人合办的同人刊物、同人书店是不可同日而语的。有一定规模的出版机构既需要处理好文化、学术与经济、市场的关系,还需要妥善处理好企业与政治、与政府的关系。张元济主张“在商言商”,其实就暗含了这方面的意思。1919年,孙中山想让商务出版他的《孙文学说》,遭到张元济的拒绝。因为张元济反复权衡,觉得此时正值南北和谈僵局之际,孙中山依然是敏感人物,这本书等于烫手山芋,还是别惹火上身为好。孙中山后来在《致海外国民党同志函》中,以极其严厉的措辞批评商务负责人为“保皇党余孽”,矛头直指张元济。而我们从《妇女杂志》1920年代前期引发的轩

---

① 谢宜,宁敏峰.商务印书馆称为“五四”新文化运动中心的历史评议[M]//王涛,等,编.商务印书馆一百一十年.北京:商务印书馆,2009:432.

然大波，也不难理解商务高层约法三章、以内部审查制度来管控期刊的良苦用心了。

除了上述编辑制度，商务印书馆对编辑人员实行的特殊上班时间制度也值得一提。胡愈之就十分赞赏商务编辑的六小时工作制度和藏书丰富的东方图书馆。他说："商务编译所每天工作只有六小时，还有一个藏有丰富书刊的图书馆，职工可以随时去借阅图书，这对我的自学有很大好处。"编译所的六小时工作制度使他有更多的业余时间，参加夜校和训练班学习英语、世界语，或到图书馆去博览群书。① 可见，胡愈之的自学成才从这一制度中受益多多。

编辑制度是作为文化企业的出版社区别于一般企业的特殊制度，同时在出版企业内部体制中又发挥着至关重要的作用，尤其是编辑规范的建立完善，为编辑人员提供最基本的行为规范和原则，并制约着具体的编辑行为。商务印书馆的编辑制度是其整个企业制度的有机组成部分，内容十分丰富，且在不同时期有不同的呈现；从长时段来看，其编辑制度也在与时俱进、不断完善之中。上述内容仅是商务编辑制度的几个侧面，即便如此，其间的基本精神与原则，乃至一些具体办法措施，仍旧能给我们有益的启示。

四、结语

（一）商务印书馆编辑制度对我国出版业具有持久的影响

研究近现代出版史的人常常讲"商务是近现代出版的母机"，个中

---

① 胡序文. 胡愈之和商务印书馆[M]//商务印书馆. 商务印书馆九十年——我和商务印书馆(1897－1987). 北京：商务印书馆，1987：128.

之意指的是商务为中华书局、世界书局、大东书局、开明书店等培养、输送了许多优秀的编辑出版人才，在技术、制度等方面也为它们提供了诸多借鉴。

我们来看商务的制度对开明书店的影响。据开明书店老员工宋云彬回忆：

初期的开明书店，机构小，工作人员不多，都是一些趣味相投的朋友，没有什么规章制度……大约从 1933 年起，开明开始拟订各种规章制度，陆续公布。这些规章制度，大部分是从商务那里抄来的。多数由丁晓先草拟，经会议通过。婢学夫人，学得个四不像。那时候总公司一共只有 100 多个工作人员，组织系统却分为三个处所，一个室，18 个部，33 个课和委员会。职工每天上下午签到，旷工照扣薪水。还有其他各种章则。①

特殊年代写作的文章对开明书店带有明显的贬损，但从中我们至少可以捕捉到某些信息，如商务对开明的影响。具体来说，在编辑制度方面，开明大体上仿照商务的做法：首先是设立编译所，编译所下设编纂部、校对部、杂志社等机构，这是当时较为通行的做法；其次是对编译所各级职员的职责做了详细的规定，大体上与商务相似。② 在开明的各处所中，承担研发任务的应该是编译所。1934 年 5 月 1 日公布的《编译所暂行办事规程》就从制度上规定了它的组织、职掌、办事总则。这个“规程”含“附则”共计 4 章 26 条，内容翔实具体，具有可操作性。这个“规程”一看就是脱胎于商务的。此外，开明还制定了《编译

① 宋云彬. 开明旧事——我所知道的开明书店[M]//中国人民政治协商会议全国委员会文史资料研究委员会. 文史资料选辑合订本第 10 册总 31 - 32. 北京：中国文史出版社，1986：7.

② 开明书店. 编译所暂行办事规则[M]//宋原放. 中国出版史料补卷上册（近代部分）. 武汉：湖北教育出版社，2011：158 - 161.

所编审委员会组织大纲》《编译所编审会议议事规则》等编辑制度，细密严谨，规定具体。[①]

需要指出的是，中华书局、世界书局、大东书局、开明书店等虽然在很大程度上借鉴商务的各项制度包括编辑制度，但它们也结合自身情况有所创新，譬如中华书局在企业管理制度上最大的特色就是“人和”，开明书店则是“开明风”，两者显然不同于商务的“科层制”。在编辑制度方面，中华、世界、大东、开明等企业大体上照搬了商务的做法，但是它们却追赶不上商务编辑制度变革的步伐，王云五以麦克米伦出版公司（当时译为“麦美伦”图书公司）先进的编辑制度为样本，对编译所进行根本性的改造，最后使规模庞大但效率并不太高的编译所变革为规模小但分工更合理、效率更高的编审部，而大多数出版企业在编辑制度上并未走到这一步，它们保留了规模较大的编辑部门，就这一点来说，商务的编辑制度在当时的出版行业堪称表率，与世界著名出版企业相比亦不逊色。

商务印书馆的编辑制度对新中国出版业的建设与发展也有某种启示和参考的作用。在全国第一次出版行政会议上，叶圣陶就指出：“在出版过程中，一般地说，还缺少严格的检查制度。从审查原稿起，直到出版以后，还缺少各种必要的工作制度。一般的审稿工作做得很不仔细，以致不少出版物中还留下一些本来可以避免的错误和缺点。”[②]有鉴于此，胡乔木在这次会议上明确提出出版社要建立编辑部，并就编辑制度的一般原则和具体要求作了规定。“1949 年以后的出

---

① 开明书店. 开明书店制度章程［M］//宋原放，主编，汪家熔，辑注. 中国出版史料·近代部分·补卷上册. 武汉：湖北教育出版社，2011：151－196.

② 叶圣陶. 为提高出版物的质量而奋斗［M］//中华人民共和国出版史料（第 3 卷）. 北京：中国书籍出版社，1996：233.

版管理机构对出版业的管理逐步加强，既有宏观上的计划指导，也包含着对编辑部内部具体操作程序的要求和具体制度的建立，其目的当然是维护出版业的内部秩序，保证书籍质量尤其是政治的正确性。”[①] 值得我们注意的是，中华人民共和国成立之初的国家出版总署署长是胡愈之，叶圣陶则是副署长之一。这两个人可都是在商务印书馆工作过较长时期的老员工，老商务的制度文化对他们包括总署一些来自出版机构的内行下属，毫无疑问是有一定影响的。

（二）媒体融合时代的出版企业同样需要加强编辑制度建设

当今是一个出版转型的时代，是一个媒介融合的时代。从历史来看，制度与技术是制约行业、社会乃至国家发展的关键因素，“先进”主要体现为制度的先进和技术的先进，“落后”亦然。近现代中国社会的转型过程，其实就是有识之士谋求先进制度和先进技术的过程，出版企业的转型亦在其中。

目前，我国政府高度重视推动出版业的转型与发展，事实是出版业在技术上的转型较为成功，我国的数字出版技术与国际先进水平之间的差距并不大；制度转型的步伐和成效则不尽如人意。张元济、王云五都是高瞻远瞩的杰出出版家，他们致力于将商务印书馆建设成世界先进的出版企业，积极吸收国外出版企业的先进经验，体现在编辑制度方面，就是大胆改革规模庞大的编译所，将其变革为规模虽小但效率超高的编审部，更加强化了编辑部门的专业化、编辑人员的职业化。同时，在编辑部门日常管理、岗位设置、职责规范、人员培训，以及教科书编纂、丛书出版、期刊运作等各方面、各环节注重建章立制，用

① 王秀涛. 当代编辑制度的建立与文学生产[J]. 扬子江评论，2012(06)：14.

制度管人管事管书，以确保出版物的质量，确保出版企业的效益，确保企业的生存与持续发展。当代出版生态与近现代相比有着霄壤之别，构建符合媒体融合时代需求的当代出版企业编辑制度，需要我们大胆借鉴国外先进经验，同时从中国现代出版史的资源中汲取营养，仍然还有许多工作要做。

（原载《中国编辑》2017 年第 1、2 期，作者范军、欧阳敏）

论民国时期中华书局的产权制度

出版史的研究路径,大致有两个:文化史和经济史。这是由出版企业内部的“文化”与“经济”这对矛盾体所决定的。考察中国近代出版史,出版行业的产业化水平十分高,商务印书馆、中华书局等大的出版企业在经营上取得了很大成功,商务印书馆的企业整体实力、中华书局的印刷实力均长期位居亚洲同行业第一。本文认为,以商务印书馆、中华书局为代表的近代出版企业在经营上取得成功的关键原因,在于它们对以产权制度为核心的股份公司制度的科学实践。本文运用新制度经济学理论,选取民国时期的中华书局为中心案例,以“经济史”为研究路径,试图勾勒出中华书局产权制度的大致面貌,并探讨产权制度与企业经营效率之间的关系。

一、围绕产权的相关概念

制度经济学的中心原则是:现代经济是一个复杂的演化系统,在满足人类丰富而多变的目的上,它的效能依赖于各种规则。我们称这些规则为制度。规则限制着人们可能采取的机会主义行为。[1] 在制度经济学的所有制度中,产权是至关重要的。

---

① 柯武刚,史漫飞.制度经济学社会秩序与公共政策[M].韩朝华,译.北京:商务印书馆,2000:中文版序言。

产权(Property Rights)是财产权的简称,是市场经济发展过程中的一个重要概念。对于产权,西方经济学家也没有一个公认的定义,主要有“工具说”和“权利说”。著名产权经济学家德姆塞茨认为产权是“使自己或他人受益或受损的权利”,“产权是一种社会工具,其重要性就在于它能帮助一个人形成与他人进行交往时的合理预期”①。德国经济学家柯武刚和史漫飞认为,“个人和组织的一组受保护的权利,它们使所有者能够通过收购、使用、抵押和转让资产的方式持有或处置某些资产,并占有在这些资产的运用中所产生的效益。当然,这也包括负收益——亏损。因此,产权决定着财产运用上的责任和受益”②。本文认为,产权即特定主体对财产所拥有的各项权利的集合,这些权利包括归属权、占有权、支配权和使用权等。产权是产权主体围绕财产而形成的经济权利关系,直观形式是人与物的关系,实质上是产权主体之间的关系。

产权有多种形式。在现代社会,产权主要有私有产权、共有产权、国有产权 3 种形式,它们的共同特征是独立性、排他性、价值性和可交易性。公司产权,是现代社会中最普遍的产权形式。公司产权又称法人产权,即公司法人对公司财产所拥有的各项权利的集合,这些权利包括归属权、占有权、支配权和使用权等。公司的一个优势是它能在企业的特有资源中为大规模经营集聚足够的财富,同时也可能引发分散的股东与专业化的生产者(职业经理人)之间潜在的矛盾。为了解决这一矛盾,就要对产权进行“分割”,“现代公司为了从指导对生产活动和技能的大规模专业化中获取收益,它依赖于有限责任增进了私

---

① H. 德姆塞茨. 关于产权的理论[J]. 经济社会体制比较,1990(6).

② 柯武刚,史漫飞. 制度经济学社会秩序与公共政策[M]. 韩朝华,译. 北京:商务印书馆,2000:231.

有产权各部分的可让渡性和可分性，它并没有损害或削弱私有产权的有效性，‘分割’作为一种控制和协调的方式使得私有产权能实施有效的‘专门化’”[①]。

公司产权还只是观念之物，需要以制度的形式加以固化，这便会出现公司产权制度。所谓公司产权制度，是指划分、确定、界定、保护和行使产权的一系列规则。产权制度是新制度经济学的核心元素，现代西方新制度经济学家普遍把产权制度与资源配置效率之间的关系作为研究对象，林毅夫即认为制度的功能主要体现在安全和经济上，这里的经济便是指“规模经济和外部性的收益”，即通过将外部资源内在化来开拓收益。[②] 现代西方新制度经济学普遍认为，制度的关键功能是增进秩序，抑制人际交往中可能出现的任意主义和机会主义行动。因此，公司产权制度的实质就是通过法律来规范人们的经济活动关系，确保产权关系明晰化。在所有者、经营者和生产者之间形成一种责、权、利相互制衡的行为机制，从而实现风险与利益、责任与权利的统一，进而在社会中形成稳定的合作关系，提高资源配置效率。

出版社是文化企业，文化与经济的平衡是一项颇费出版人思量的课题。出版家刘杲提出“出版，经济是手段，文化是目的”，本文服膺刘老的观点。虽然本文采取“经济史”的研究路径，但目的在于揭示产权制度这一“经济手段”对中华书局实现文化目的的重要作用。

---

① 科斯，等. 财产权利与制度变迁产权学派与新制度学派译文集[M]. 刘守英，等，译. 上海：上海三联书店，2014：125.

② 科斯，等，财产权利与制度变迁产权学派与新制度学派译文集[M]. 刘守英，等，译. 上海：上海三联书店，2014：265.

二、中华书局企业法人产权的确立

现代企业产权制度就是围绕着现代企业产权的一系列制度安排，产权归属清晰是建立现代企业产权制度的基础和前提。产权的权能包括所有权、占有权、支配权和使用权等，这些权能可以统一也可以分解，但是不论是统一还是分解，其目的都是要保证产权拥有者获取经济利益的权利。

（一）明确产权的归属关系

中华书局成立之初是合伙制性质的企业，一年以后，规模急剧扩大，亟需新资本的注入，遂改为股份有限公司。股份制改革后的中华书局，企业取得了独立的法人资格，出资者对企业的终极所有权与法人产权相分离，法人产权与经营权相分离，形成了股权、公司法人产权、经营控制权、监督权既相互分离又相互联系和制约的公司产权结构。

从资产的归属关系看，出资人投入到中华书局的全部实际资产成了中华书局的企业法人财产，出资人对实际资产的所有权变成了价值形态的股权，这是出资人所有权与公司法人产权的分离；公司法人产权集中于董事会，董事会并不直接经营财产而是聘请总经理经营，这是公司法人财产与经营权的分离。经过“两次分离”，各权利主体的边界得以确定：中华书局股份有限公司的股东对公司拥有终极所有权，将经营权让渡给企业法人，股东不能直接干预公司的经营，而是以股东常会或股东临时会议的形式来间接参加公司的经营管理活动，股东会是公司的最高权力机构；董事会是公司的经营决策机构；总经理及其助理是公司的执行机构;中华书局还设有监事两名,对董事和总经理进行监督。这是产权结构安排下,决策权、执行权和监督权的有效分立与制衡。

此外,中华书局还制定了严密的公司章程和相关的规章制度,确保公司的法人地位,维护产权主体的利益。

(二)产权权能的实现

1. 产权的收益分配

产权的每一项权能都包含有一定的收益,即拥有的产权可转化为提供人们享有的各种物品和服务,或者是取得收益分配的依据(股票)。因此,收益分配是产权的一项重要功能。产权收益分配包括产权法人的收益分配和出资者产权收益分配两方面。

中华书局作为企业法人,有权从企业的利润中提取公积金。世界上最早提出公积金概念的,是法国1869年颁布的公司法,之后被许多国家所效仿。公积金是指股份有限公司为了弥补意外亏损、扩大生产规模和经营范围,巩固公司财务基础,从公司营业盈余中提取的一部分资金。

企业提取公积金是为了企业的可持续发展,从1914年起,中华书局作为企业法人每年从营业盈余中提取一定比例的利润作为企业公积金。在1914年制定的公司章程中,规定的盈余分配办法里就有关于公积金的说明,“先支付股东常年官利八厘;余数分作二十成,股东得十成,创业(即创办人)得二成,公积三成二厘,特别酬劳八厘,办事人四成”①。1916年第六次股东常会上通过决议,“以后凡官红利超过二分时,应董事会酌情提特别公积,但须经股东常会通过”,当年提取

① 钱炳寰. 中华书局大事纪要 1912－1954[M]. 北京:中华书局,2002:11.

法定公积2万元,特别公积3万元[①]。1925年修订的中华书局股份有限公司章程第二十五条规定:"每年度收入之利益除去开支及折除外,如有盈余,先提二十分之一为法定公积……并得视察当时情形酌提特别公积。"[②]积累经年,公积金在关键时刻发挥了作用。如1936年12月,中华书局召开临时股东会,决议增加资本两百万元,连原有二百万增至四百万元,当时的增资办法是,"其中五分之四(即一百六十万元)系以哈同路厂地售款盈余,及历年公积金及二十五年下年度盈余拨充"[③]。在会计处理上,企业公积金和公司资本同列于公司资产负债表的负债栏中,并附于公司资本总额之后,因而公积金又有附加资本之称。以1932年中华书局的资产负债表为例,当年公司的资本总额为200万元,紧随其后的总局公积金为47 800元,分局公积金为48 644.083元。[④]

投资者产权收益主要是股息和红利。股息和红利都来自于盈余,分配给股东作为其产权收益。1914年,中华书局修订公司章程中的盈余分配办法,每股50元的股票年付官利(即股息)8厘,计4元;其余分作20份,股东得10份,创办人2份,公积金3.2份,特别酬劳0.8份,办事人员4份。[⑤] 1925年修订的中华书局股份有限公司章程规定:"每年度收入之利益除去开支及折除外,如有盈余,先提二十分之一为法定公积,二十分之一为职员奖励金,其余分为十成,股东红利得八成,职员花红得二成。"[⑥]

---

① 申报记者.中华书局召开股东常会[N].申报,1916-6-9.
② 汪家熔.中国出版史料补卷近代部分(上册)[M].武汉:湖北教育出版社,2011:111.
③ 中华书局.中华书局股份有限公司[N].华股研究周报,1942(10).
④ 会计杂志.上海四大书局之决算报告[J].会计杂志,1933(1).
⑤ 俞筱尧,刘彦捷.陆费逵与中华书局[M].北京:中华书局,2002:304.
⑥ 汪家熔.中国出版史料补卷近代部分(上册)[M].武汉:湖北教育出版社,2011:111.

中华书局在成立的初期为吸引资金,采取了厚发股息的办法,“官利”八厘,但是在动荡的时局中,股息其实一直都是在变动的,而且被压得很低,据中华书局当年的汉口分局经理徐秀成后来回忆:“资金收足后,因关金、法币等币值,形同悬崖转石,每况愈下,降低了股息,甚至数年得不到股息。”[①]1937、1938、1939 年,股息均只为 3 厘,1940 年为改善书局同人的生活窘况,当年股息调为 8 厘,1941 年降为 6 厘,1942 年再降为 3 厘。[②]

需要指出的是,中华书局在股息分配上和当时大多数的股份制企业一样,有其不够“现代”的一面,那就是在股息分配上实行“官利”制度。“‘官利’又称‘官息’,也称‘正息’‘股息’‘股利’,与‘余利’、‘红利’对应称呼。它的特点在于:其一,不管是谁,只要购买了企业的股票成为股东,就享有从该企业获取固定利率——官利的权利,而不管该企业的经营状况如何。其二,这种固定的官利利率一般以年利计算。”[③]官利制度自近代中国第一家股份制企业轮船招商局开始就存在,是晚清民国时期公司分配制度的一种通行做法。究其原因,主要在于传统资本市场的高利贷性质和中国近代经济社会结构的高度不确定性。民国时期官利制度的影响始终存在,但是影响渐趋弱化。这在中华书局公司章程中可见一斑。1914 年的章程中规定每股官利年付 8 厘,此外还有红利;到 1925 年,修订后的公司章程取消了官利的提法,而是规定在当年有盈余的情况下,先提取二十分之一的法定公积金和职员奖励金,其余分成十成,股东红利得八成。

---

① 寿充一. 孔祥熙其人其事[M]. 北京:中国文史出版社,1987:184.

② 中华书局. 中华书局股份有限公司[J]. 华股研究周报,1942(10).

③ 朱荫贵. 引进与变革:近代中国企业官利制度分析[J]. 近代史研究,2001(4).

三、中华书局产权的市场化运营

公司产权可以分为股权形态和实物形态,股权形态是指对公司的资产通过购买股票的形式来占有,体现的是出资者对公司财产的原始所有权;实物形态是指对公司资产直接实物的占有,体现的是公司法人对公司财产的法人产权。因此,公司产权的运行包括出资者的股权运作和法人产权的运作。

(一)股权运作方面

股东一旦将股本投入到公司中,就不能将股本从公司中抽出了,除非是公司破产清算。股东也不能直接干涉公司的经营活动,但是可以通过手中持有的股票来影响公司的决策。股票是股东获取收益的凭证,是一种有价证券,可以在证券市场上进行转让。股票的认购、转让是股权运作的主要表现形式。

1. 股票的认购

投资者认购中华书局发行的新股票,成为公司的股权持有者,这是股权运作的第一步。

1925 年修订的公司章程规定公司的股份为银币二百万元,分为四万股,每股银币五十元。股票分为一股、五股、十股、二十股、一百股五种,附有息单。[①] 中华书局曾在 1913、1916、1925、1936 年增加公司资本,增资后的资本总额分别为 100 万元、160 万元、200 万元、400 万元,

① 汪家熔. 中国出版史料补卷近代部分(上册)[M]. 武汉:湖北教育出版社,2011:108.

增资的方法包括发行新股、利润和公积金资本化、向旧股东无偿分配股份。1916年增资的办法是，“此次股东会决议增加股本一百万元，合成两百万元，除留出二十万元归办事人认缴外，现以四十万元归旧股东，四十万元另集新股”①。1936中华书局临时股东会议决议增加资本二百万元，连原来的资本合成四百万元，“每股仍为五十元，共计八万股。所有增资之四万股，老股东每五股可以认附四股，计三万二千股；余八千股公募之，但老股东如愿额外认附有优先权。上项老股东每五股认购之四股，系将各种应分派之盈余、分局公积及提回部分固定资产过去折旧之过多者抵充，并不补交现金”②。

2. 股票的交易

民国时期，上海的证券交易市场比较发达。商务印书馆、中华书局、世界书局的股票都曾经上市交易。

民国时期最早的股票交易所雏形，当是1914年成立的“上海股票商业公会”，公会成立时，会员仅12—13家，此后数年，渐增至60余家，集合有一定的场所，交易有一定的时间，买卖有一定的办法，佣金有一定的数额，该公会交易的股票有商务印书馆、中华书局、大生一厂、汉冶萍、交通银行、中国银行等20种。③“上海股票商业公会”本质上已经具备华商证券交易所的雏形，直到1920年以前，它一直是上海华商证券交易的活动中心。

1920年代初，上海相继建立两个证券交易所，一是1920年5月成立的上海华商证券交易所，一是1920年7月成立的上海证券物品交

---

① 申报记者. 中华书局增资公告[N]. 申报，1916－6－18.
② 钱炳寰. 中华书局大事纪要1912－1954[M]. 北京：中华书局，2002：148.
③ 刘志英. 近代上海华商证券研究[M]. 上海：学林出版社，2004：5.

易所。这两家证券交易所的先后成立,标志着近代上海华商证券市场的正式形成。当时上海的华商上市公司总数常年保持在20—30家,商务印书馆、中华书局的股票在证券交易所挂牌交易,为交易者所看好。1922—1937年间,上海证券市场以公债交易为主,市场份额高达98%,公司股票有名无实。抗战爆发后,上海股票市场再度活跃,中华书局的股票如表1所示:

表1 抗战时期上海主要华商股票最高价和最低价统计(单位:元)①

股票 价格 / 年份	商务印书馆	中华书局	世界书局	浙江兴业银行	上海银行	南洋烟草
1938年	80.0 76.0	26.3 21.0	— —	61.5 50.0	— —	5.8 2.0
1939年	70.0 66.0	29.0 23.8	— —	63.0 55.0	70.0 60.0	10.0 5.6
1940年	71.0 66.0	32.0 23.0	15.0 10.0	82.0 55.0	105.0 65.0	16.0 10.0
1941年	280.0 87.0	180.0 44.0	— —	300.0 120.0	267.5 93.0	82.0 18.0
1942年	305.0 100.0	187.0 44.0	660.0 57.0	400.0 195.0	400.0 195.0	70.0 20.0
1943年	130.0 26.5	1020.0 160.0	277.5 52.0	— —	— —	770.0 120.0
1944年	1900.0 360.0	1050.0 240.0	— 65.0	— —	— —	2000.0 390.0

由表1可知,抗战爆发后,中华书局的股票是市场上是很受欢迎的,为企业生产集聚了不少资金。从1942开始,中华书局等"文化股"的市值大幅上涨,是名副其实的"绩优股"。值得注意的是,当时时局

① 朱斯煌.民国经济史[M].上海:银行学会编印,1948:527.

不靖，投资者仍然愿意高价买进中华书局的股票，虽然有投机者操纵股票市场的嫌疑，但从更深层次来看，“文化股自有其价值。日后局势平靖，民生安定，出版业必可立趋兴盛，持股人既不患无优稳之利益，此其一。华股上涨日盛，依比例而言，文化股的涨度实为最少，因之续涨的可能性仍甚大，此其二。投资应以稳妥有利为大前提，文化股各厂均根基深厚，实符合此项原则，若不贪图近利唯求远益，则投资于文化股，而放长其眼光，确为购买股票上策之一，此其三”①。可见当时投资者对中华书局等文化股充满了信心，投资者在证券市场买进中华书局的股票，实现了股票所有权的转移，并且由于投资者的信任和热情，中华书局获得了股票的溢价收入，壮大了书局的实力。

（二）法人产权运作方面

法人产权运行的市场化表现为资产产权的转移和让渡，以产权转让市场为中介来进行。中华书局法人产权的运作主要表现为企业并购、租赁、参股等。

1. 企业并购

企业并购就是指企业与企业之间的兼并与收购的产权交易行为。企业作为一个资本组织必然谋求资本的最大增值，企业并购作为一项重要的资本经营活动，它产生的动力主要源于追求资本最大增值的动机，以及竞争压力。中华书局成立初期，业务上突飞猛进，营业额和利润呈“跳跃式”增长，1912 年至 1915 年间，年营业额从 22 万元猛增至 165 万元，年利润也从 4.4 万元激增至 25.8 万元。② 在成立五周年之

---

① 周报记者.文化股的透视[N].华股研究周报，1942－3.

② 俞筱尧，刘彦捷.陆费逵与中华书局[M].北京：中华书局，2002：229.

际,陆费逵展望未来的气势颇为豪迈:

> 印刷:(一)添购新式器械,增广印刷之实力;(二)延聘高等技师,输灌欧美之技术;(三)派人出洋留学,养成完备之人才,将来印刷日有进步,凡最精之商标证券等件均可自印,不欲利权外溢,则所以助文化之进步者非浅鲜也。
>
> 编辑:(一)改良普通教科书及学校用品,以助教育之普及;(二)注意高等教科书及字典辞典等,以求学术之进步;(三)多编通俗讲演书及有益小说以端社会之习尚。其余如精印古书以发挥国粹,广译西书以输入新学,自制仪器标本以供科学之研究,皆在计划中,期二三年内一一实施者也。①

正是在这样一种近乎"急进"的方针指导下,中华书局在成立的头几年到处"攻城略地",企业规模呈"滚雪球"式发展。1915 年是中华书局并购的高峰年,这一年先后并购了共和编辑局、文明书局、民立图书公司、右文印刷所、彩文印刷局、中新印书局等企业。这既有横向的并购,如并购各书局;也有纵向的并购,如并购各印刷企业。在其所并购的企业中,文明书局尤其值得一提。1902 年,文明书局由无锡名流俞复、廉泉、丁宝书等创办于上海。文明书局以出版教科书闻名,在中华书局成立以前,文明书局是商务印书馆在教科书市场领域最有力的竞争对手。其成立之初推出的《蒙学读本》被视为我国自有教科书以来最为完备者,出版后深受各学堂欢迎,三年内重印十多次,甚至出现翻印盗版;文明书局的印刷实力也十分雄厚,其在印刷技术方面影响

① 申报记者. 中华书局五周年庆典[N]. 申报,1916-10-10.

较大者有三：首办彩色石印，自创照相铜版，自创珂罗版。[1] 文明书局和中华书局的渊源也颇为深厚，中华书局的创始人陆费逵1906—1908年间就在文明书局工作，期间，他编辑了《新编国文教科书》《新编算术教科书》《新编修身教科书》，和其他文明版初小教科书统称"文明教科书"，在教育界享有盛誉。

中华书局并购的都是和自身经营领域领域相关度较高的企业，有规模较小的企业，也有老字号的企业，总体上，并购对中华书局来说具有以下几方面的意义。

第一，实现规模效益。并购可以为企业带来进一步发展壮大所需的资产和产权，在企业的生产层面和管理层面实现规模效益。生产层面的规模效益表现为：中华书局通过横向并购相关企业，从而对自身的图书生产进行补充和调整，丰富了图书产品种类和数量，提高了产品质量；中华书局通过纵向并购印刷企业，将上游和下游生产环节有效联结起来，降低了交易成本，企业生产力得到了优化。管理层面的规模效益表现为：并购以后，企业的管理成本可以在更大范围内分摊，单位产品的管理费用会大大降低，一定程度上节省了管理费用；并购后，中华书局还能够将人力、物力和财力集中起来进行重点项目的开发。

第二，实现经验共享和互补效应。"并购可以取得经验曲线效应。经验的积累可以大幅度提高工人的劳动熟练程度，使经验成本曲线效果显著，从而具有成本竞争优势。企业通过并购，不仅获得了原有企业的资产，还可以分享原有企业的经验，形成有力的竞争优势。另外，企业通过并购还可以在技术、市场、产品、管理，甚至在企业文化方面

---

① 周利荣. 文明书局考[J]. 出版史料，2007(2).

取长补短，实现互补效应”[①]。中华书局并入的企业中，不乏在管理上“有善可陈”者，文明书局和民立图书公司就是其中的代表。文明书局前文已有论及，曾经是商务在教科书领域的第一位劲敌，民立图书公司的母体——由席子佩等人于1908年创办的中国图书公司，也是商务在教科书领域的劲敌，“民初，商务暗地派人收买股票，1913年终为商务所占，改号‘中国和记图书公司，迁发行所于福州路，1918年为商务所并。印刷厂曾一度改组为民立图书公司，后归并中华”[②]。中华书局分享了这些企业成功的管理经验，同时利用其先进的印刷技术，增添了中华书局印刷所的实力。

但是并购也要有计划，要从自身的实力出发，不能盲目扩张，并购企业速度过快、数量过多，会在一定程度上加重企业的负担，可能导致“膨胀即恐慌”现象的出现。

2. 企业租赁

“企业租赁是指一个公司出租其全部或部分资产，以租赁契约方式控制另一公司。承租公司按契约按期支付定额租金，并保持其独立地位。”[③]民国时期中华书局的经营历程中，曾经有过一次困窘的经历，那就是“民六危机”中中华书局被承租。

1917年，由于业内出现了“中华书局即将倒闭”的谣言，书局的债权人等纷纷到书局提取现金，造成中华书局现金断流，资金无法周转，书局一度濒临倒闭的绝境，这就是中华书局历史上所称的“民六危机”。这场危机发生于中华书局正当兴盛的时期，陆费逵谓之为“在最

① 牛国良. 企业制度与公司治理[M]. 北京：清华大学出版社，2008：208.
② 张静庐. 中国出版史料补编[M]. 北京：中华书局，1957：283.
③ 邓荣霖. 现代企业制度概论[M]. 北京：中国人民大学出版社，1995：127.

盛之时代，演出绝大之恐慌”。危机发生后，书局同人想尽方法来帮助书局脱困。在1917年6月16日召开的第七次股东常会上，推举唐绍仪为会议临时主席，各位股东共同商讨解救办法，股东康心如提出了出租办法。他的理由是公司到了濒临破产的绝境，一旦破产，之前的所有努力就白费了，为了保全一百六十万元资本和“中华书局”的招牌，并维持一百二十万元的债权信用，现在只有将公司的各种财产出租给他人接办，议定期限、租金，公司即可以所得租金，按年分期还债，出租期满后亦可收回自办。康心如的此项提议被股东常会讨论通过，接下来就是要找到愿意承租的企业。中华想到的第一家企业是商务印书馆，并派人进行洽谈，商务当时的主持者张元济曾在日记里记下此事，“闻中华承租将成，股本已得二十万，有唐少川、周扶九、史量才、王仰先、蒋梦屏、冯华甫、贝润生均在内”，“唐驼来访翰翁二次，有要我处承租意。翰翁婉谢之”[①]。

由于商务印书馆董事意见不一致，承租事项未成，中华书局只得再做谋划。股东们经过商讨，决定由本公司股东来组织承租事宜，于是请中华的大股东徐静仁出面维持，徐静仁在上海办有溥益纱厂，资本实力雄厚，由徐出面易于取得股东和债权人的信任。6月25日，中华书局董事会决议本局的全部财产由徐静仁、吴蕴斋、史量才等组织的新华公司承租经营。中华书局与新华公司达成的协议是，“押租六万元，月租平均约一万四千元，先收定洋一万五千元交董事会，由清查代表核付最要款项。书局虽经出租，各部门负责者仍为原有人员，惟对一切开支款项有严格限制，均须经查账代表审核才能支付”[②]。但是

---

① 张元济. 张元济日记[M]. 石家庄:河北教育出版社,2001:316－318.

② 钱炳寰. 中华书局大事纪要1912－1954[M]. 北京:中华书局,2002:33.

双方的租赁关系维持了不到半年,在当年的11月份,中华就以承租人欠付租金解除了与新华公司的契约,新华公司亦在《申报》上发布启事:

> 鄙人等承租中华书局,现已于十一月十五日仍旧交还所有七月一日起至十一月十五日止,凡新公司往来账款,请向泥城桥静安寺路十一号三层楼上事务所接洽,自后中华书局款项往来与本公司无涉,特此声明。①

自此,中华书局赎回了"卖身契",重获经营权。但是中华书局此次出租并没有表面上看起来那样简单,其实还包含着股东的良苦用心,"实际上出租与承租是玩了一个花样,用股东会的话说,仅是为了应付债权人的措施,也可见'民六危机'中中华书局的窘境与苦心"②。

3. 参股

参股是企业将部分资本作为股本向另一家企业入股的产权资本运作行为。中华书局参股的对象主要有三类:合办分局、相邻经营领域公司、其他公司。

(1)参股合办分局

"民国时期的书业,没有总经销或总发行的批发企业,出版者只能四处奔走委托一个个零售书店代销,对外地的零售书店供货后,常常收不回货款,造成坏账。因此,资金较为雄厚的出版企业要到各大城市里开设分支机构"③。中华书局在其成立之初就十分注重以分局来

---

① 申报记者.中华书局声明[N].申报,1916-11-16.
② 王建辉.教育与出版——陆费逵研究[M].北京:中华书局,2012:25.
③ 郑士德.中国图书发行史[M].北京:中国时代经济出版社,2009:433.

拓展发行渠道，成立的第一年，就在北京、天津、奉天、南昌、汉口、广州、杭州、南京、温州等处设立分局。

后来随着业务的发展，全国许多的大中城市都设有中华书局的分局，最多时达50余处，大多数时期为40余处。这些分局大部分是由中华书局投资自办的，但也有少数并非书局自办，而是由书局授权开办，这些书店的开办方式为“外地书店在预先向出版者交纳部分保证金后，便有权挂起‘某某书局某地特约经销处’，甚至是‘某某书局某地分店’的招牌，享受着某一特定区域内该社所有图书的营业独占；出版者在给予特约经销店上述特权的同时，也对其每年的本版图书销售额，有着数量上的硬性要求与规定”①。这些“挂牌”分局大多是在书局初期出现的，后来随着书局实力日渐雄厚，中华书局将这些分局陆续收回自办，但是也有极个别采取合办方式。1924年1月开办的青岛分局就是采用合资形式，书局投入的股本占80%；同年9月，徐州分局由特约改为合办，资本四千元，中华股本占50%。

（2）参股相邻经营领域企业

中华书局书局是出版企业，主营业务是图书的编辑出版，除此之外，在20世纪二三十年代，中华书局还与个人合资开办文具厂以分散经营风险，获取更大投资利润。中华参股的公司，以中华教育用具制造厂较有代表性。该厂1929年1月创办于上海昆明路，与胡庭梅等人合资，为股份两合公司。资本总额为国币十万元，中华股本占70%，为有限责任股东；胡庭梅投资两万六千元，胡振富、陈永福各二千元，合占30%，此三人均为无限责任股东。②

---

① 吴永贵.民国出版史[M].福州：福建人民出版社，2011：335.

② 钱炳寰.中华书局大事纪要1912－1954[M].北京：中华书局，2002：94.

(3)参股其他公司

民国时期,书业市场较为狭小,为了转移书业风险,中华书局还曾参股与出版无涉的企业。中华制药公司就是一例。1915 年,中华书局与中法药房组建中华制药公司,还在当时的《申报》上刊登营销广告:

> 仁丹专治流行百病,效应如神。全用中华国产之药料兼采泰西最新之制法,物美价廉,销行极广,各省函电订购,制造不及恒无以应命,抱歉之至。今特组织中华制药公司,以二十万元为制造仁丹厂资本,厂设在沪宁火车站北首三层楼大洋房,日夜加工以期出品日多,籍副"欢迎国货,挽回利权"之至意。①

可惜当时日货"翘胡子"仁丹行销我国城乡,中华制药公司的龙虎牌仁丹与其竞争了数年,终于还是败北。1920 年,中华投资在中华制药公司的六万元股本几乎全部蚀光,不得已之下,中华书局将其回盘给黄楚九的中法药房。②

1924 年,中华书局投资两千元与民间商人合开大华风琴厂,中华书局拥有 50% 的股权。风琴厂采用德国技术及部分配件,生产的"彩凤"牌风琴深受消费者喜爱,并在 1927 年获准注册商标。1944 年,中华书局撤回股份,并收回彩凤牌商标。

与陆咏笙合办民立文具厂,资本一万元,本局占 70%,订立合同五年,仿制不碎石板、纸石版、药水浆糊等。

---

① 申报记者. 中法制药公司广告[N]. 申报,1915-8-13.

② 谈玉林,钟信仁. 上海文史资料选辑(第五十五辑)[M]. 上海:上海人民出版社,1986:255.

四、启示

柯武刚和史漫飞在《制度经济学社会秩序与公共政策》(商务印书馆 2000 年版)中文版序言中写道:“在一千年前,无人预见欧洲的领先。华夏文明和伊斯兰文明拥有着高超的技术知识和组织知识,它们的文明远较欧亚大陆西部边缘那偏远半岛的文明更引人注目。现在,人们越来越认识到,欧洲人能创造出现代技术文明的原因在于他们开发并贯彻了一套人类交往的规则,它抑制了机会主义和权力的滥用。这些规则被称为‘制度’。”虽然他们的观点有夸大制度的作用之嫌,但制度确实对社会政治、经济等的发展起过重要作用。以产权制度为核心的现代公司制度是西方舶来品,以商务印书馆、中华书局为代表的近代出版企业,都是由小作坊式企业起家,最后都发展成为实力较为雄厚的大企业,其关键就在于对股份公司制度的合理实践。这里需要思考的是,“学习西方”在近代中国是较为普遍的思潮,采用公司制也是当时企业界较为流行的做法,就选择的动机来说,商务和中华与其他公司制企业并没有不同。那么,中华书局的以产权制度为核心的企业制度实践与同业相比,其特殊之处到底体现在哪呢? 本文认为在于企业家。

新奥地利经济学派强调,在发现有用的知识,调配资本、劳动、技术和原材料,并由此创造出不断增长的产出这些活动上,企业家精神是必须的;而对于企业家精神来讲,制度具有极端的重要性。[①] 企业家是经济增长的微观基础,资本、劳动、技术和原材料则是经济增长的宏

① 柯武刚. 制度经济学社会秩序与公共政策[M]. 韩朝华,译,北京:商务印书馆,2000:23.

观基础,企业家是撬动宏观基础的杠杠,是经济增长的核心因素。本文在论述中华书局产权制度的建立和产权的市场运营时,偏重于作为客体的制度,略去了“人”——建立制度的主体,此部分需要强调企业家之于企业的重要意义。中华书局的创办人陆费逵,无论是作为文化人还是作为企业家,其修养都是出类拔萃的,陆费逵曾写过《实业家之修养》(中华书局 1929 年版),是世界上最早的论述企业家素质的理论著作。[①] 他的契约精神和创新精神使得他能够严格遵守在他主导下制定的各项制度,同时,他的创新精神促使他能与时俱进,对制度的僵化部分进行调整。企业制度既是对企业家机会主义行为的约束,同时也是企业家独立实践经营理念可靠的制度保障。当代出版业正处于制度转型之中,出版人的企业家精神是使企业制度发挥经济功能的必要条件。

此外,产权制度是企业经济绩效的关键要素,合理的产权制度能够对企业经营者起到有效的激励和约束作用。现代企业制度就是以产权制度为基础建立起来的包括企业资产的生成、企业权益的组织和企业的经营三个层面的激励和约束机制。“企业资产的生成及各种生产要素,尤其是资金的筹措方式,往往成为企业制度的基础。企业权益的组织是指权力和利益的分割区处关系,这是企业运作的基本格局。企业的经营既是技术层面的微观经济运行方式,也是文化层面的企业管理和企业管理所体现的企业精神。”产权制度归根到底是激励和约束的效能问题,当今出版业的现代企业制度建设,关键是产权制度建设。揆诸历史,民国时期经营得比较成功的出版企业,其产权制度的激励与约束机制都较为健全,出版企业家拥有充分的经营性产权

① 钟祥财. 中国近代民族企业家经济思想史[M]. 上海:上海社会科学院出版社,1992:107.

和较高程度的职业意识，出版企业家的职业化意识会内化为完善企业制度的动力。职业出版人与非职业出版人的区别在于前者是“主人翁”意识，而后者则是“做客”意识。职业出版人以出版为终生职业，有着将企业做大做强的内在动力，为此，他们在制度上为企业打下永续发展的根基。文化企业在企业制度的建立上有天然的优势，因为制度本身就是一种文化，近现代几家大型民营出版企业在制度建设上堪为当时实业界模范，也值得今天的出版人学习。反之，当出版企业家只是“做客”企业时，出版作为一种职业的尊严就会受到伤害，企业制度也难以发挥有效的激励作用。时代呼唤有职业意识的出版企业家。

（原载《中国出版史研究》2016年第1期，作者欧阳敏）

上海中华书局法人治理结构述略

公司法人治理结构是指“在三权分开、相互制衡的原则下所作出的公司机构设置及其相互运行方式的制度安排”①，它是公司产权制度的具体体现，体现出产权的分解和制衡。公司法人治理结构包括从事公司经营活动的决策、执行和监督的领导机构，股东会是公司的最高决策机构，董事会及经理班子是业务执行机构，监察人是监督机构。从本质上看，法人治理结构是企业所有者和代理者之间的关系安排，这种关系是一种“委托—代理”关系，在这种关系中，投资者(股东)是委托人，董事、经理和监事都是基于投资者的委托，作为代理人负责公司的实际运作的。

中华书局的法人治理结构是股东会、董事会、经理和监察之间分权与制衡关系的制度安排。1913 年中华书局改组为股份有限公司，在法人治理结构上采用立法、执行、监察三权分立的形式：董事局(1916 年以后改称董事会)为立法机关，议决立法及重大事项，选举董事 11 人，设正副主席各一名，并推选董事三人，驻局办事；局长为行政机关，带领全局职员，执行局务；监察为监督稽查机关，对董事和局长的行为进行监督。此后直至解放初期，中华书局一直采用法人治理结构模式，这一模式从制度上保证了中华书局事业的兴旺发达。

---

① 牛国良. 现代企业制度[M]. 北京：北京大学出版社，2002：89.

一、最高权力机构——股东会

股东大会是依照公司法和公司章程规定，由全体股东组成，决定公司重大问题的最高权力机构，是股东表达其意志、利益和要求的主要场所和工具。民国时期公司法中对应的称呼是股东会，虽然名称略有差异，但是实质意义是一样的。对于股东会的会议形式、召开时间、职能等，民国时期的三部公司法中均有明确规定：

北京政府《公司条例》(1914)：

第一百四十一条：股东会每年至少一次，依公司每届结账后一定之时期召集之。

第一百四十二条：股东会除定期召集外，如有关于公司利害，必要时亦可临时召集。

第一百四十三条：股东会之决议，除本条例或公司章程有特别订明其他人员可以召集外，概由董事召集。

第一百四十四条：股东会之议决，除本条例或公司章程有特别订明外，以到场各股东议决权过半数行之。

第一百四十五条：公司各股东每一股有一议决权，但一股东而有十一股以上者，其议决权之行使得以章程限制之；股东如其出具嘱托书托人到场代理议决者，其书应呈明公司留存为证；股东于会议事项有特别之利害关系者，于其事项之议决，不得加入决议之数，并不得为他人代理而行使议决权。

第一百四十七条：公司召集股东会应于一个月前通知各股东。

第一百四十八条：股东会所有议决各事项，应清缮决议录，由议长签押。决议录，应列会议日时、议长之姓名及决议之方法并附存股东到会名簿。

第一百四十九条：定期会查核每届公司董事所具簿册监察人之报告，并决议分派盈余及利息。

南京国民政府《公司法》(1929)：

第一百二十七条：股东会分左列两种。一、股东常会，每年至少召开一次；二、股东临时会，遇必要时召集之。

第一百二十八条：股东会由董事召集之。

第一百三十条：股东得委托代理人出席股东会，但应出具委托书。

第一百三十五条：股东会之决议事项应作成决议录，由主席签名盖章，决议录并应记明会议之时日及场所、主席之姓名及决议之方法，决议录应与出席股东之名簿一并保存。

第一百三十六条：股东会得查核董事造具之表册、监察人之报告，并决议分派盈余及股息。

南京国民政府《公司法》(1946)：

第一百七十一条：股东会分左列二种。股东常会每年至少召集一次；股东临时会必要时召集之。

第一百七十二条：股东会由董事召集之。

第一百七十三条：股东会之决议，除本法另有规定外，应有代表股份总数过半数之股东出席，以出席股东表决权过半数之同意行之。

第一百七十六条：政府或法人为股东时，其代表人不限于一人，但其表决权之行使仍以其所持有之股份综合计算。

第一百八十二条：股东得查核董事造具之表册，监察人之报告并决议分派盈余及股利。

在遵守《公司法》的前提下，中华书局公司章程中对股东会作了明确规定：

《中华书局股份有限公司章程》(1919 年修订)[①]：

第十二条：本公司每年召开股东会一次，由董事会召集之。除通信知照外，并登广告于上海之著名日报三种。

第十三条：遇有必要时，得依公司条例由董事、监察人或股东依法召集临时股东会。

第十四条：股东常会及临时会之报告议决事项及手续，均依公司条例或本章程之规定。

第十五条：股东如因事不能出席股东会者，得委托其他股东代表。无论自己股份或代表他人，均每一股有一议决权。

第十六条：股东会之决议案，应由议长签字，印送各股东。

抗战之前，中华书局的股东常会每年举行一次，抗战发生后，由于人力不能抗拒的因素，股东会就不能按期举行了。民国时期中华书局历届股东会的情况如表 1 所示。

① 贾元苏. 中华书局股东会、董事会档案简介(1912－1958)[C]//中华书局与中国近现代文化国际学术研讨会论文集(内部资料)，2012：18.

表 1　民国时期中华书局历届股东会议①

年份	日期	届次
1912	3.24	第一次股东会议
1912	10.1	第二次股东会议
1913	4.20	第三次股东会议
1913	10.1	第四次股东会议
1914	12.20	第五次股东会议
1916	6.8	第六次股东常会
1917	6.16	第七次股东常会
1918	12.20	第八次股东常会
1919	12.14	第九次股东常会
1920	12.4	第十次股东常会
1921	12.3	第十一次股东常会
1922	12.9	第十二次股东常会
1923	12.15	第十三次股东常会
1924	12.13	第十四次股东常会
1925	12.19	第十五次股东常会
1926	12.18	第十六次股东常会
1927	12.17	第十七次股东常会
1928	12.22	第十八次股东常会
1929	12.14	第十九次股东常会
1930	12.20	第二十次股东常会
1931	12.20	第二十一次股东常会
1932	12.17	第二十二次股东常会
1933	12.17	第二十三次股东常会
1934	12.16	第二十四次股东常会

① 贾元苏. 中华书局股东会、董事会档案简介(1912－1958)[C]//中华书局与中国近现代文化国际学术研讨会论文集(内部资料),2012:5.

续表

年份	日期	届次
1935	12.15	第二十五次股东常会
1936	12.5	临时股东会
1937	2.28	第二十六次股东常会
1942	11.27	第二十七次股东常会
1948	3.28	股东常会

从表1可知,中华书局的股东会在抗战之前,基本上是在每年的年尾举行。中华书局的公司章程里规定要提前通知股东开会的时间,通知的方式包括通信、登报,《申报》就经常成为中华书局的消息发布平台。提前的时间通常为一到两个月,如1917年股东会,开会时间是6月16日,中华书局4月11日就在《申报》上登出告示。在报上登的启事时间跨度较长,通常情况是会前一个月左右刊登启事,持续三四天;会前半个月左右再次刊登,持续三四天。

股东会议的内容主要有三:一是董事会向会议提出过去一年的业务报告,包括编印发行等各方面的经营概况,经监察人和会计师审查过的资产负债表、损益计算书、财产目录等。二是股东会决议案,有重要职员的任免,公司章程的修改,重要规章制度的建立和变更,资本的增加以及盈余的分配等。三是选举新一届的董事和监察,记明当选人的股权数,并列出得票数多者若干人,以备必要时依次递补。[①] 从以下一段引文中可以窥见当年中华股东会的原貌:

中华书局股份有限公司于昨日假总商会议事厅开第九次股东常会,到者四百余户,一万七千余权。先由董事俞仲

① 俞筱尧,刘彦捷.陆费逵与中华书局[M].北京:中华书局,2002:303.

还致开幕词，次公举李平书为议长，次报告营业账略及盈亏计算表，除开销付息及偿还旧债本外，略有余存，全数并入拆除项下。又公决修改章程计三十条，略有修正通过。选举董事陆费伯鸿、俞仲还、范静生、李平书、吴镜渊、沈问梅、汪幼安、戴懋哉、廉惠卿等九人，监察黄毅之、徐可亭二人。于六时许散会。①

抗战爆发以后，中华书局原有的格局被割裂，总局迁到了重庆，上海和香港两地成为两大重心，股东分散在各地，股东会就不能按期举行了。

二、决策和执行业务的常设机构——董事会

"董事是对内管理公司事务、对外代表公司同第三者进行交易活动的法定的必备业务执行机关，是董事会的成员"②。"董事会由股东大会选举的董事组成，它是代表公司行使其法人财产权的会议体机关。董事会是公司法人经营决策和执行业务的常设机构，经股东大会的授权能够对公司的投资方向及其他重要问题做出战略决策，董事会对大会负责"③。民国时期历届政府的公司法对公司董事事项均有明确的规定：

北京政府《公司条例》(1914)：

第一百五十二条：公司董事由股东会就股东中选任之。

---

① 申报记者. 中华书局召开股东常会[N]. 申报，1919－12－15.
② 牛国良. 现代企业制度[M]. 北京：北京大学出版社，2002：82.
③ 牛国良. 现代企业制度[M]. 北京：北京大学出版社，2002：84.

第一百五十三条：董事被选就任后，应将章程所定被选合格之股票数交监察人存执。

第一百五十五条：董事任期不得超过三年，但任期满后不妨公举续任。

第一百五十八条：董事得各自代表公司。

南京国民政府《公司法》(1929)：第一百三十八条：公司董事至少五人，由股东会就股东中选任之。

第一百三十九条：董事就任后，应将章程所定当选资格应有之股份之股票交由监察人于公司中保存之。

第一百四十一条：董事任期不得逾三年，但得连选连任。

第一百四十五条：公司得依章程或股东会之决议，特定董事中之一人或数人代表公司。

南京国民政府《公司法》(1946)：

第一百四十八条：公司设置董事至少三人，由股东会就股东中选任之，其中须半数以上在国内有住所。

第一百八十六条：董事在任期中将其所有股份全数转让时，当然解任。

第一百八十八条：董事任期不得逾三年，但得连选连任。

第一百九十三条：公司得依章程由董事互推一人为董事长，一人或数人为常务董事，代表公司。董事长及常务董事均须在国内有住所。董事长须有中华民国国籍，公司不设董事长者，其代表公司之董事至少应有一人有中华民国国籍。

中华书局股份有限公司章程(1925):

第十七条:本公司董事及监察人均由股东会选举,其被选资格至少须有本公司股份二十股。

第十九条:本公司设董事九人,每年改选一次。但续被选者仍可连任。

从以上材料可知,民国时期公司董事会董事首先必须是公司的股东;股东的股份达到一定量,才有当选董事的资格;董事的任期有一定的时间限制;初期,公司董事各自可以代表公司,1929 年以后只有特定的董事才能代表公司。这些原则由国家以法律加以确立。中华书局在公司章程中规定,股东至少要持有公司股份 20 股以上才有当选的资格,1925 年,中华书局股本为银币 200 万元,分作 4 万股,20 股的当选资格是相当低的门槛;中华书局的董事任期为一年,可以连选连任。

中华书局董事会"为立法机关,凡各种规程及重要事件为执行机关所不能决者,由董事局(初期称董事局,1916 年改称董事会——笔者注)决之"[①],董事会每月 15 日开常会一次,会议记录用十行薄楷书写成,每次出席的董事和列席的监察人等,都要在会议记录上亲自签名,因故不能参加时,往往委托代表参加,如宋耀如曾由其子代为参加,孔祥熙曾委托其友王正廷代为出席,充分体现了董事们执行业务的认真负责精神。

董事会有选任总经理的权力,其他职员则由总经理进退。但是总店店长、总厂各所所长及分局经理的人事任免,则须经过董事会

① 钱炳寰. 中华书局大事纪要 1912 - 1954[M]. 北京:中华书局,2002:8.

同意。

遇有特殊情形,董事会可以邀请股东及职员列席会议,但是列席人不得加入表决之数。

中华书局为了拓展出版人脉资源,延揽了政界、文化教育界的诸多名流进董事会,这也是当时大书局的普遍做法。先后担任过中华书局董事的社会名流有:唐绍仪、梁启超、范源廉、王宠惠、于右任、孔祥熙、史量才等。这些名流董事为中华书局带来了大量的出版资源,提升了书局的社会影响力。

三、日常经营管理机构——经理人

董事会并不直接负责企业的日常经营活动,而是委托经理人来进行管理。"经理人是指由公司高级管理人员组成的控制并领导公司日常事务的行政管理机构。经理人是一个集合概念,它不是指单个自然人,而是指一个机构。它由公司的总经理、副总经理、总工程师、总会计师、总经济师等共同组成。这一机构的最高负责人是总经理,经理人由董事会聘任,对董事会负责"①。

现代市场经济条件下,职业经理人已是一种十分常见的社会阶层,但在民国时期,职业经理人作为一种社会阶层并未成熟。民国时期的三部公司法中,直到最后一部(1946)才对经理人的职责及权限等做出规定:

① 牛国良.现代企业制度[M].北京:北京大学出版社,2002:91.

南京政府《公司法》(1946):

第一百一十四条　公司得依章程规定,设置总经理或经理。

第一百一十五条　总经理或经理之选任及解任,由董事会过半数之同意定之。

第二百一十九条　总经理或经理不得变更董事之决议,或逾越其规定之权限。

民国时期的很长一段时间里,经理人缺乏法律规约,法律意义上的"经理人"比较晚熟,但是经济意义上的"经理人"却与市场经济下的企业经营活动形影相随。

中华书局业务执行机构的核心是总经理(1912—1917 年称局长),这一职务长期由陆费逵(1912—1941 年在职)担任。1912 年 1 月 1 日中华书局成立,为合资公司性质,陆费逵任局长职,掌用人、行政大权。1913 年改组为股份有限公司,在企业组织设置上采取立法、监察、执行三权分立的形式,陆费逵继续担任局长,为全局职员领袖,执行局务,下辖编辑所、事务所、营业所、印刷所、发行所。1916 年,组织结构调整,局长之下,设副局长 1 人(沈知方)、协理 4 人、所长 3 人,协助局长处理局务。1917 年"民六危机"后,局长名义取消,陆费逵改任司理。1919 年 12 月,股东常会修订公司章程,废除局长制,改设总经理一名,由董事会选聘,为业务执行机构最高负责人,此后直至 1941 年,总经理一职一直由陆费逵担任。1941 年,陆费逵病逝于香港,李叔明继任总经理直至 1949 年。

经理人作为中华书局的业务执行机构,其职责和权限,总体说来,"为职员领袖,执行局务"。总经理由董事会选举产生,其他职员的任免由总经理决定，但高级职员，如总店店长、总厂各所所长及分局经理的选任，必须征得董事会同意。当经理人由于决策失误而对公司造成损害时，公司股东会可以罢免经理人，如1917年由于陆费逵采取激进的发展策略，导致公司发生极大危机，股东会罢免了陆费逵的局长职务，令其暂居司理职，代理局长事务。

经理人是企业"商海"航行的舵手，在风急浪高的环境里，舵手强而有力是十分必要的。考之陆费逵30年的总经理任期，"强势"是其突出的标志。陆费逵的"强势"并非凌驾于公司制度之上，而是在严格遵守制度的前提下充分展示"强势"。辛亥革命前夕准确预判政治情势，大胆组织同人编辑适应共和政体的教科书，这是见识的"强势"；在"民六危机"、历次工潮、抗战中能够坚忍不拔、勇于面对、敢于担当，是其能力的"强势"；在20世纪30年代企业发展到成为拥有国内外总分支机构40余处、从业者达5 000人的大企业后，陆费逵的工资在公司里面并不是最高，这是其人格的"强势"。关于陆费逵的"强势"，左舜生曾论道："伯鸿的学历我不完全明白，但我知道他治事极勤，颇有'狄克推多'（狄克推多为dictator——强势者、独裁者的汉语音译，笔者注）。"[①]左舜生的评论十分中肯，陆费逵治事勤勉、雷厉风行的风格是局内人所公认的。

此外，陆费逵的"强势"还体现在其能够完善公司规章制度上。"陆费逵身为中华书局总经理，并没有做甩手大掌柜，而是做到在大事上心中有数，不断完善企业的规章制度"[②]，加强对分局科学规范的制度化管理是一个重要体现。各地的分支局组成了中华书局遍及全国

① 左舜生. 近三十年见闻杂记[M]//近代中国史料丛刊. 台北：文海出版社，1967：475.
② 俞筱尧. 中华书局的好当家[M]//嘉兴文杰. 北京：当代中国出版社，2005：430.

的发行网络,是中华书局的“手足”,但是对于分局的管理一直存在一定程度的混乱。有鉴于此,陆费逵在视察各地分局之后,结合多年的实践经验,制定了《视察分局简章》。

需要指出的是,中华书局的总经理同时也是公司的董事,陆费逵、李叔明都是公司的大股东、董事,陆费逵的股份占总股份额的八分之一。[①] 以“现代”的眼光来看,这样的情形无疑是不合理的,但是考之当时书业的情形,同时并存着三种企业制度:业主制、合伙制、公司制。[②] 商务、中华等大的书业企业采取的是公司制,这已经体现出其企业制度上的先进性,但公司制毕竟是“舶来品”,我国的经济传统仍以其惯性在一定程度上制约着企业制度的实践,这表现为股东、董事和总经理三种角色可以同时集中于一人之身,这是企业制度“进化史”上的一种奇特现象,具有一定的合理性,毕竟,这样一种情形在事实上促进了中华书局的发展而非阻碍其发展。

四、监督与约束机构——监察人

欧美许多国家的公司法对股份有限公司是否要设立监事会的问题有着不同的规定。不要求设立监事会的公司,通常称为一元结构;要求设立监事会的公司,则称为二元结构。[③] 民国时期先后颁行的三部公司法都只规定股份有限公司要设立监察人,对设立监事会则不作要求。虽然监察人和监事会在各自的语境中都可以看作监督机构,但

① 吴中. 近代出版业的开拓者陆费逵[M]//中华书局. 陆费逵与中华书局. 北京:中华书局,2002:111.

② 范军. 中国出版文化史论稿[M]. 武汉:华中师范大学出版社,2011:112-120.

③ 范军. 上海商务印书馆监察人制度述略[J]. 出版史料. 2012(4).

它们在监督公司业务活动上所起的作用是有显著差别的。因此，从根本上讲，监察人只能看作监事会的“原始状态”，采取监察人制度的公司在结构上是“一元”的。

从1912年成立到1950年代初，中华书局采取的一直是公司一元结构。1946年以前每届监察人人数为两名，1946年复员后的首届股东会上改监察人数为5人。监察人享有公司法及公司章程规定的权责，“监察为监督稽察机关，凡账目报告，皆由监察稽查署名负责，立法和行政两机关有不法情事，得纠举之”[①]，虽然监察人名义上是公司的监督机构，但实际上监察人权力与作用是有限的，其职责主要限于一年一度的股东常会的财务审查报告，平常的监督并不能完全到位。中华书局1917年发生的危机，便是一场严重的财务危机，监察人潘宪臣和郭亮甫似乎也没起到什么监督的作用。

当选监察人需具备一定的资格。监察人首先必须要是公司股东，由股东会选举，和董事一样，其当选资格为至少须有本公司股份20股。监察每年改选一次，但是可以连选连任。监察得以各自独立行使其权力。

为了防止出现“运动员”和“裁判员”集于一身的现象，监察人不得兼任公司董事或经理人。

中华书局的法人治理结构围绕股东会、董事会、经理人及监察人之间的分权与制衡关系展开，公司作为法人有了自己独立的“人格”，公司的所有权与经营权实现了分离，股东会拥有公司的终极所有权，董事会、经理人拥有公司的经营权，监察人代表股东对董事会及经理人进行监督。法人治理结构是现代公司制在企业治理结构方面的体

---

① 钱炳寰. 中华书局大事纪要1912－1954[M]. 北京：中华书局，2002：8.

现,较大型的企业一般都采取这种形式,在当时来说,这种制度是最先进的。但是,先进的制度并不一定会保证事业的成功,而只是提供了一种更大的可能,制度既要合理安排,更要坚决执行。如果有了好的制度而不去执行,那么制度就只是摆设,绕开制度的同时也就偏离了正确的轨道,事业的成功也就难以保证。

(原载《华中学术》2013 年第 1 期,作者欧阳敏)

民国时期中华书局的企业管理制度

中华书局何以能够与商务印书馆一道成为民国时期出版界的“双子星座”？从宏观层面上来看，源于中华书局的高远定位和文化与商务的平衡艺术。从微观层面上来看，中华书局的成功之道则是“横看成岭侧成峰”，本文的切入点是企业管理制度。就笔者已掌握的文献来看，也有一些研究涉及中华书局的企业管理制度，但是这些研究只是从侧面谈到了企业管理制度，缺少对中华书局企业管理制度的系统的专题性研究。本文的创新之处便在于综合运用编辑学、出版学和管理学的理论知识，结合相关史料，对中华书局的企业管理制度进行系统的梳理，以专题的形式呈现出来。

中华书局初创时是五人集资的合伙制公司，一年后改组为股份有限公司。在改组为股份有限公司后，中华书局逐步制定了较为科学、规范的企业管理制度，具体表现在企业的人力资源管理、财务管理、生产管理、发行渠道管理以及危机管理等方面。

一、充满活力的人力资源管理

人力资源管理是对企业所从事的人力资源规划、人才招聘、人才培养使用及组织等各项管理工作的总称。其目标是探索如何最大限度地利用人力资源的规律和方法，正确处理和协调生产经营过程中人与人、人与事、人与物的关系,使人与人、人与事、人与物在时间和空间上达到协调,实现最优组合,做到人事相宜、人尽其才、人尽其用,充分调动人的积极性,实现企业的经营目标。中华书局在人员进用、培训、考核以及激励等方面做到了逐步科学化、规范化和制度化,方法得当,符合规律,从而保证了其经营目标的顺利达成。

(一)书局进人的方式

中华书局进用员工主要有四种方式:一是经熟人介绍进局,二是聘请,三是培训,四是经考试录用。

前两种方式主要表现在进用编辑方面,是非常态的方式。中华书局是集编辑、印刷、发行于一体的近乎“托拉斯”的大型出版企业,在组织机构方面设有“一处三所”:总办事处,编辑所、印刷所、发行所。编辑所是书局中人才最为集中的部门,为书局的发展提供智力支撑,编辑人员大多是学有所专、学有所长的优秀人才。“中华书局的编辑人员(包括局外编辑),其中不乏知名人士,早期有梁启超、范源廉、徐元诰、马君武、戴懋哉、张相、高野侯等人,以后有舒新城、金兆梓、田汉、张闻天、左舜生、陈启天、潘汉年、王宠惠、李登辉、徐志摩、谢无量、马润卿、张士一、朱文叔、章丹枫、周宪文、钱歌川、钱亦石、张梦麟、周伯棣、郑午昌、葛绥成、桂绍盱、武育干、陈伯吹、李平心等人”[①],“他们或是由熟人朋友引荐介绍,或是由书店直接物色聘请,或是经招考择优选拔录用等多种途径,进入到出版机构这一知识核心部门,担任着选题组稿、编辑加工乃至著述编译等日常工作”[②]。此外,进人的非常态

---

① 吴铁声.解放前中华书局琐记[M]//中华书局.回忆中华书局(上编).北京:中华书局,2001:81.

② 吴永贵,曹琳娜.民国时期出版企业的人员构成与管理[J].中国编辑,2006(2):88.

化方式在1932年以前的分局方面也体现较为明显，分局经理们在人事上有较大的自主权，存在着引用同乡戚族的现象，容易产生财务监督管理上的风险。为了防控风险，1932年10月，陆费逵提请董事会通过了分局用人标准的规定，“分局用人，经理同乡介绍者，考试录取额不得超过四分之一，须凭考卷照片经过总局核准。经理绝对不得任用戚族。前用同乡超过四分之一者，应该酌量辞退”①。

培训，也是中华书局的一种非常态进人方式，分为委托代培和自办培训。委托代培方面，1922年9月，中华书局曾经委托上海国语专修学校开办国语商业夜校，招收学员60名，设有国语、商业及书业常识（编辑、出版、印刷）等课程，陆费逵亲自前去讲课，题为“书业商之修养”。学生毕业以后量才录用。自办培训方面，1935年9月，中华书局自设职业训练所，由舒新城、王酌清、薛季安、武佛航等组成委员会，主要理事由武佛航教授负责。招收学员30人，学习期一年，前半年全日上课，后半年白天派往各部实习，晚间上课。供膳宿，不收学费，视月考成绩给予奖金4—12元，或令退学。录用后月薪25—45元。同年12月，又招一期，至1936年10月结束。② 通过招收学员加以培训有两个好处，第一个好处是中华书局可以按照自己的标准来“锻造”所需要的员工，使员工的素养和书局的要求高度统一起来；第二个好处就是通过这种方式培养出来的人才对书局具有很高的忠诚度，能够保证书局“人”的稳定，有利于书局的长远发展。

考试，是中华书局进人的常态化方式。早在1913年5月，董事局就制定了《任用职员规程》，规定进用职员，除特别延聘外，一律要经过

---

① 钱炳寰. 中华书局史事丛钞[M]//中华书局. 陆费逵与中华书局. 北京：中华书局，2002：335.

② 钱炳寰. 中华书局史事丛钞[M]//中华书局. 陆费逵与中华书局. 北京：中华书局，2002：333.

考试,并试用合格后正式录用,以考试为原则,以举荐为例外。“据不完全统计,从1912年到1936的25年间,在《申报》上刊登的招聘及招考广告,共有20多次,包括编译、缮校、书记、分局正副经理、账房、柜员、庶务,以及各种学习员、学生等”[①]。针对不同的岗位,又制定了不同的考试方式。对于应聘中高级岗位者,是先报名再函约面试;对于应聘初级岗位者,实行集体考试的方式。集体考试报考人数超过1 000人的有两次。第一次是1936年5月的一次考试,报名者有1 700多名,最后录取42名。第二次是1940年6月的一次,报考者有1 300多名,最后录取60名。对于1940年的这次考试,当时还有面试者写了一篇“应试纪”发表在《申报》上,摘录如下:

> 这次投考的资格,规定:(1)初中毕业并执有文凭者;(2)本届暑期毕业之初中生;(3)高中肄业曾在其他商业机关服务者;并需精通算写,略懂一些薄记。手续很简单,只要你写一封自荐信,寄至哈同路中华书局驻沪办事处,并附半身照片一张就行了……这次公开考试,报名的人数差不多有1 300人。
>
> 经过严格的选剔后,准予应试的记240余人,考期是上星期日上午,地点假南阳路滨海中学。
>
> ……主考者为该局账务部主任武育干先生等人……
>
> 考试的科目分国文,英文,常识,算数与簿记等四种。国文题目很是简便的,跟做作文一样,题目是“求学与求业”。
>
> 英文试题记分两类。(1)名词译英,共生词六个,信纸,

① 钱炳寰.中华书局史事丛钞[M]//中华书局.陆费逵与中华书局.北京:中华书局,2002:332.

> 信封，自来水笔，折扣，发票，收购，大都关于商业方面。(2)词句译汉，包括词句十一题：关于商业方面的，如 Draft，bill，Here is a bottle of bright quality 等。关于常识方面的，如 Season，ticket，elevator，telephone 等。
>
> 常识试题凡九个，内容无所不有，例如：(1)现在往重庆有几条路线可走？其经过重要地方试列举之。(2)你所喜欢读的书籍和杂志有些什么，列举出来并分别说明其优点何在？……(4)"投机"与"投资"有何不同？
>
> ……
>
> 听说这次名额内定六十名，考取者分派该局账务部、编辑所、发行所等处服务。在服务期间，除支取正薪外，尚有基本津贴、生活津贴等等。将来习业期满还可升为正式职员。
>
> 揭晓约须在一月之后，因为录取名单定夺后，照例须转香港总局请核。①

从上述引文中，我们可以看到中华书局考试制度之规范，通过严格的考试选拔，使那些具有真才实学、自身素质符合书局要求的人员能够"得其所"，进而在工作中"尽其才"。

（二）员工培养的方式

中华书局是以知识生产和传播为己任的出版企业，这在客观上要求企业员工要具有较高的文化水平。企业员工文化水平的提高可以通过对人才的培养来实现，培养的最终目的是使员工提高文化水平，

---

① 申报记者. 中华书局应试记[N]. 申报，1940－6－24.

更好地服务于企业的知识生产和传播。

由于中华书局是集编辑、印刷、发行于一体的大型出版企业,不同部门的员工在文化水平上存在着很大的差异,应该要充分考虑到不同文化水平的不同需求。总体说来,中华书局的员工培养方式主要有设立中华书局图书馆、支持员工结社、资助员工出国深造、鼓励员工业余进修等。这些多样化、分层次的培养方式,使中华书局的大部分职工都能从中受益。

(三)员工的激励方式

中华书局对员工的激励方式主要有工资激励、奖励金激励、福利待遇激励以及附股激励等。

首先,中华书局的员工工资待遇在业界仅次于商务,和其他行业相比居于中上水平,而高级编辑的待遇则较商务为优。当时的很多年轻人都以能到中华做事感到光荣,原因之一就是中华书局相对优厚的工资待遇。其次,在奖励金方面,中华书局对有重大功绩员工的奖励是非常慷慨的,舒新城在 1936 年 4 月 5 日的日记中曾有记述:“去年公司因印刷营业特好,而瑾士对于印刷研究与发明之功至大。伯鸿去年赠以五千元特别酬劳,我尚嫌少。”当时总经理陆费逵的月薪为 400 元,5000 元的奖励金分量是相当重的。再次,在福利待遇上,中华书局充分做到了“以人为本”,1920 年根据《同人储蓄寿险章程》,设立了寿险部,开办同人储蓄寿险,便利同人福利,共谋幸福。逢有员工去世,书局还会致送治丧费与抚恤金,并担负其未成年子女的教育费用,这些措施可以让员工们后顾无忧,更激发了员工的工作热情和对书局的向心力。最后,在员工附股方面,中华书局通过允许认购公司股份的方式来回馈工作绩效突出的员工,如总店店长李默飞,为中华书局编教科书出力甚多，书局便允其以编辑费1 300元附股。以附股作为激励的方式，既可以留住人才，同时也可以增加书局的发展资金，对书局扩大生产规模和开展多种经营是有好处的。

二、严密科学的财务管理

企业的财务管理，是企业对生产经营活动中的各种资金的形成、分配和使用进行计划、组织、协调、控制管理的总称。[①] 中华书局的财务管理在 1917 年以前较为混乱，1917 年以后逐步建立起完整严密的财务管理体系。

中华书局初期的领导班子由 6 个人组成：陆费逵、戴克敦、陈寅、沈颐、沈继方和沈知方。陆费逵和沈知方都是出版业难得的“多面手”，精通出版与发行；戴克敦、陈寅、沈颐以前均是商务编译所的职员；“沈继方在商务从事保管等事务，对出版业务不太精通，他原先能拆借资金的本领因自己破产之后也难以施展”[②]。因此在 6 人中除了沈继方，其他人对财务管理均不在行。沈继方于 1913—1916 年任中华书局监察之职，1916 年病逝于任上，从后来事态的发展来看，沈继方在中华书局的财务监管上并未有大的作为。

1917 年，中华书局在经济上发生了极大的困难，称为“民六危机”，中华书局财务管理上的混乱在这次危机中彻底暴露出来。在“民六危机”中，武进士绅吴镜渊以垫款人身份进入中华书局，继由股东查账代表当选为监察、驻局监察、驻局董事和常务理事，负责对企业进行

---

① 李启明. 现代企业管理制度(第 4 版)[M]. 北京：高等教育出版社，2011：287.

② 汪家熔. 旧时出版社成功诸因素——史料杂录(之二)[J]. 出版发行研究，1994(4)：45.

改革，对分局进行整顿。“吴氏深知经济是企业的命脉，首先要堵塞漏洞，掌握稽核这一关，于是董事会议决：‘公司逐日账目，应由监察检阅，月终将支款凭证交监察审核无误，应于总结处盖印，年终于总清各款总结处盖印。’又为健全账务制度，全权委托吴镜渊办理。后来又于监察之下设稽核处，由吴镜渊任主任，其下分设核算员、稽核员，对于总店和各分局严加稽核各部账目”①，吴老先生善于理财，在汉冶萍查账案中颇有名声，老先生对待工作又极认真极负责，“吴老先生到中华后，办事严明细致，确实使人敬佩。大事不用说，就是连一只痰盂都要编号入册，有专人负责管理”②。

经过吴老先生的一番努力，中华书局得以建立起较为严密、科学的财务管理制度。由常务理事吴镜渊代表董事会对企业进行财务监管和审查后来也成为中华书局的定例。此后的中华书局虽然也曾遭受一些波折，但是在财务管理方面始终没有出现大的问题，这得益于吴老先生对中华书局的财务管理系统的改造。

三、精品化与多元化的生产管理

中华书局在生产管理上有两个突出的特点，其一是产品生产的精品化，其二是生产经营的多元化。

---

① 吴中. 我所知道的“维华银团[M]//中华书局. 回忆中华书局(上编). 北京：中华书局，2001：213.

② 吴中. 我所知道的“维华银团[M]//中华书局. 回忆中华书局(上编). 北京：中华书局，2001：214.

（一）产品生产的精品化管理

中华书局到现在仍然被人们认为是高品质的学术出版机构，这与民国时期书局所坚持的精品化生产管理是分不开的。中华书局的精品化管理贯穿于图书的编辑、印刷、发行等各个环节，图书的文字出错率被控制在极低的范围，在图书版式设计、装帧、用纸等方面，中华也达到了业界的领先水平。

当时中华书局为了在图书的印刷质量上取胜，花重金从美德等国进口了一批先进的印刷设备和白度较高、强度较好的道林纸，使中华书局的图书在形式上得以取胜。形式上的精品化还需要图书内容的精品化来呼应，这从《四部备要》《古今图书集成》《辞海》等大部头图书的编辑出版过程中可以窥见一斑。这些大部头图书编辑出版工作参与的人员多、持续的时间长、耗费的资金大，可以说是“旷日持久”，在这样大型的编辑出版活动中，要将精品化管理贯彻始终，客观上来讲是一个管理难题，但是中华的同人们用主观上的努力化解了这个客观上的难题。总体来说，这些大部头图书编辑出版过程中的精品化管理可以归纳为以两点：

第一点是工作的计划性强。以影印《古今图书集成》为例，“影印这样一部大书，其工作量相当巨大而又艰巨，必须配合出书时间组织各个环节协调进行，在编辑出版部门挖潜力。并指派业余加班，相互合作，分工负责，共同努力完成出书任务。属于编辑部门的工作，由舒新城所长负责……属于出版部门的工作由陆费叔辰部长领导”①。又如《辞海》，

① 孙荦人.《古今图书集成》影印经过见[M]//中华书局.回忆中华书局(上编).北京：中华书局，2001：169.

由于已经有商务的《辞源》“专美在前”，所以《辞海》要想后来居上就必须要在内容上有所创新，中华书局为了全力打造《辞海》之于《辞源》的独到之处，在前期做了大量的准备工作，直到1928年才由舒新城开始正式主持《辞海》的编辑工作，但由于工作计划抓得不紧，计划性不强，进展不符合理想，于是陆费逵又于1930年延聘当时在北京中国大辞典编纂处的沈朵山来主其事。沈到任后，锐意革新，制定了周密的工作计划，重新调动人员，终于在1936年上半年出版了《辞海》的上册。中华书局的几部大部头图书的编辑出版工作时间跨度大，要是没有周密的计划，要完成这样浩大的精品图书出版工程是难以想象的。

第二点是严格的全程质量把关。中华书局的图书注重精编精校，编校质量之高获得了文化界和教育界的认可。《四部备要》的编辑出版就是一个很好的例子。在《四部备要》之前有商务的《四部丛刊》，前者不同于后者的地方就在于前者注重实用而非版本，因而《四部备要》选用的版本是经过清代学者校勘、考证过的印本，《四部备要》在编印之初就请宿儒悉心校对多至10余次，对原书中的讹误之处进行处理，出版后又多次勘误。到1934年重印时，中华书局在《申报》上刊登了一则广告，称如果能在《四部备要》中发现一个错字就能获得10银元的酬金，这一事情传为了书业界美谈。全程质量把关，是中华书局实行精品管理、打造精品图书的要诀。

（二）生产经营的多元化管理

中华书局的主营业务是图书出版，在主营业务之外又兼做其他经营，主要有大力发展印刷业务、发行期刊、经营文具仪器、开办教育培训机构等。这些副业不仅为中华书局带来了巨大的经济利益，同时也产生了一定的社会效益。中华书局的多元化经营势必要求生产管理上的多元化,中华书局生产经营的多元化管理基于这样的经营理念:书业为主,印刷为辅,多业为补。

中华书局首先是一家以知识生产和传播为己任的文化企业,这也是中华书局的文化使命之所在。因此,这是书局产品生产经营的重心。中华书局稳居民国出版业第二的位置,在图书出版的的品种和质量上也无愧于它的这个位置。1912 年至 1949 年的 38 年中,中华书局共计出版图书5 908种,约占民国出版物总数的 14%。

印刷业是中华书局一大经济支柱。中华书局的印刷业务营业额在总营业额中占据着很大的比例,1936 年以前所占的比例大概在 20% ~30%之间,“1936 年 5 月至 1941 年 12 月太平洋战争爆发的 6 年间,共计承印钞券 21 批,营业额累积达2 800余万元,平均每年营业额达 470 余万元,约占中华书局营业额的 45%”①,这一比例远高于同时期商务的 9.37%。印刷业虽然是中华书局的经济支柱,但其定位仍然是辅业,原因就在于中华的定位是提供内容的文化企业。

发行期刊、经营文具仪器、开办教育机构等是作为中华的补充业务而存在的,这些“副业”一方面为中华带来了经济利润,更重要的方面则是扩大了中华书局在文化界和教育界的影响力,实现了对中华书局的品牌增值。

四、发行渠道管理

今天的出版界有“渠道为王”的说法,事实上,民国时期的出版界

---

① 俞筱尧. 陆费伯鸿与中华书局[M]//中华书局. 陆费逵与中华书局. 北京:中华书局,2002:232.

对此体会得更为深刻，在实践中也摸索出了一些成功的路子。中华书局的主要创办人都是从商务中脱离出来的，商务的发行渠道在业界做得很成功，主要包括创办分支馆、组建“现批处”、设立“特约经销处”和经销店。中华书局在发行渠道管理上借鉴了商务的做法，同时又根据自身情况有所改进。

（一）创办分支局

中华书局趁商务印书馆误判形势之机，靠着《中华教科书》系列迅速夺走了原本属于商务的部分教科书市场份额，从而站稳了脚跟，开始和商务分庭抗礼。中华书局能够迅速打开市场，站稳脚跟，与当年的广设分支局是分不开的，当时共在北京、天津、奉天、南昌、汉口、广州、杭州、南京、温州等九处设立了分支局。限于人力和财力，又为了快速打开局面，初期的中华书局在设立分支局时，曾广泛采取过与和当地士绅合资开办分支局的方式，如初期的九处分支局，就有南京、奉天、北京、天津、杭州等五处是以这种方式开办的，等到后来中华实力壮大了，合办书局也就陆续收回自办了。到中华人民共和国成立前，中华书局在全国各地所设立的分支局已达40余处，其中只有济南教育图书社和青岛分局仍是合资设立的。

中华对分局监督管理颇为严格，印有两本《办事通则》，为管理分局的规章制度；将全国的分局分为若干区，每个区设监理人，以便就近监督分局；对分局的视察是一项常规的工作，1936年6月，专门制定了“视察分局简章”十四条，通告施行。分局的主要任务就是推销本版图书，推销的手段可以归纳为三种，一是依靠当地旧书店代为推销，这需要给回扣；二是依靠当地中小学校长，校长手中握有一定的教育资源，对教材的选用有决定权；三是依靠当地乡绅，请他们向中小学施加影响。

选择分局经理有一套严格的标准，“（一）品德较优；（二）文化水平较高；（三）是本业的同行；（四）要懂一点经济”[①]。总店、分局、印刷所是中华书局利润的三大来源，其中尤以分局为大，1921 年至 1935 年间，分支局对利润的平均贡献率为 35.61%。分局的重要性是不言而喻的，因而中华书局在分局经理的选择上也就慎之又慎。

（二）设立“特约经销处”

中华书局创立后的头几年，业务呈“井喷式”发展，为了铺设遍及全国的发行网络，除了建立分支局外，设立“特约经销处”也是一种有效的形式。全国有不少城市都设立了特约经销处，特约经销处有的是独立招牌，有的则挂“中华书局×记”，称“挂牌分局”，如扬州的“中华书局峻记”。这些特约经销处由于地处中小城市，市场份额有限，所以既做零售也做批发，有效填补了分布于大城市的分支局发行网络的遗漏之处。

（三）添设“通信贩卖部”

“通信贩卖部”是通过邮政系统来满足顾客对图书、文具、仪器等需求的零售发行机构。1917 年，中华书局在《申报》上刊登了相关广告：

> 本局现为方便内地顾客起见，特设通信贩卖部于上海总店，不独本局出版之件可以函购，即上海各种物品亦可代买，办法如下：

① 陈世觉. 我的回忆[M]//中华书局. 回忆中华书局(上编). 北京：中华书局，2001：178.

贩卖品：（甲）本局出版书籍、仪器、文具、笔墨、信笺、信封、名人对联、画屏、折扇及欧美原版书籍……（乙）上海书肆出版图书；（丙）各药房药品及一切饮食衣着品……①

“通信贩卖部”做的是零售，既销售本版图书也销售非本版图书，同时还兼售其他学习或生活用品。这种零售形式的发行渠道只是对书局批发渠道的一种有益补充。今天的出版企业除了批发业务之外，也通过邮局做零售服务，零售并非出版企业的主要发行方式，但是仍然要做，原因就在于零售服务能够满足顾客的个体消费需求，体现出一种真诚为顾客服务的意识，对出版企业自身良好公共形象的树立是有积极作用的。

五、危机管理

危机管理是指组织机构在正常的生存和发展过程中，针对可能面临或正在面临的危机，为了预防和消除系统内的不平衡状态所进行的一系列管理活动的总称，目的在于消除或降低危机，乃至变危险为机会。②危机管理作为一种理论出现于20世纪60年代，但是有关危机管理的实践要远远早于其理论。中华书局浮沉民国书海38年，经历过许多的波折，主要有：1917年“民六危机”；1916年与商务争夺《饮冰室合集》版权；1919年，商务控告中华书局“毁誉”案；1927年，中华书局发生工潮；1934年，《闲话扬州人》被控案。中华书局最终都妥善处理了危机，化险为夷，其危机管理实践对今天的出版界是有参考价值的。

① 中华书局. 中华书局通信贩卖部广告[N]. 申报，1917-2-16.
② 董传仪. 危机管理学[M]. 北京：中国传媒大学出版社，2007：17.

（一）重视与媒体的合作

以上所列举的危机，《申报》上都可以见到，一方面固然是由于这些事件具有新闻价值，记者主动进行报道，但是在另一方面，大多数情况下都是中华书局方面主动与媒体进行合作，在媒体上刊登启事或声明。《申报》是中华书局选择合作的首要媒体，除了《申报》外，《大公报》《晨报》等当时的主流媒体也是中华书局开展媒体公关的舞台。在“民六危机”中，中华书局就多次在《申报》上刊登告示，主要是针对顾客和股东，在1917年8月8日的《申报》上，中华书局就刊登了敬告各埠同行的启事，声明秋季应用各书正在日夜赶印，已陆续发出，绝不误期，可就近向各分局配货，万勿为造谣者所惑。此后的一年多时间里，中华书局又陆续在《申报》刊登广告，告知社会中华书局的最新情况，向股东谋求偿还债务的办法，有效缓解了股东的恐慌和不满情绪。信息的公开透明，是应对危机的必要手段，“谣言止于智者”，今天的出版业在面对危机时更要有勇气直面媒体，保证信息传播渠道的畅通。

（二）积极谋求行业协会的支持

民国时期上海有“上海书业同业公会”，属于上海商会的一个分支，是出版印刷业的行业协会。上海书业同业公会在规范同业的经营行为、协调同业之间的关系、协助同业应对危机等方面曾起到过积极的作用。中华书局总经理陆费逵曾长期担任上海书业同业公会主席，有一定的威望。对于上海书业同业公会的职责所在，陆费逵曾在1932年就北新书局所出书籍侮辱回教一案表达过他的观点：

北新侮辱回教之文字确实不堪寓目，不特回教中人痛恨,即书业中人亦多认此类刊物足贻出版界之羞。迩来屡有人函至书业同业公会,责问及此,但书业同业公会无权取缔之……今因以行政处分、变更法律,其影响之巨不堪设想,至此不能再视旁观,始登启事,冀与回教代表协商解决办法,此举固为出版界全体利益计,亦为全国人民法律保障计……总之,北新案如依法办理,书业同业公会绝无异议,但不经法律手续而废封,想不以为然者不独书业同人而已也……①

陆费逵的这一表态是很明确的,即上海书业同业公会对同业触犯法律的经营行为绝不护短包庇,但如果不公正的法律威胁到书业同业的利益,公会也绝不会作壁上观,上海书业同业公会的一个重要的职责就是要维护同业在法律范围内的正当利益。因此,在“民六危机”、工潮事件以及《闲话扬州人》案中,上海书业同业公会都曾出面协助中华书局渡过难关。

(三)主要领导勇担责任

中华书局由陆费逵发起创办,其后他一直担任书局的领导职务,前后长达30年,任职之专且久在业界也是罕见的。在中华书局1941以前所遇到的每次危机中,都能见到陆费逵的身影,他能够直面危机,冷静、理智地进行处理。尤其是在“民六危机”中,面对内外交困的处境,他的好友汪汉溪请他去做《新闻报》的主笔,范源廉请他去教育部任职,但他都拒绝了,选择留在书局和同人一道为书局摆脱困境殚精竭虑。在1927年的工潮中,陆费逵直接与工人代表进行沟通,并发表

① 申报记者.陆费逵谈”北新书局侮辱回教案”[N].申报,1932-3-17.

了一篇真挚的谈话,对危机的解决产生了积极作用。陆费逵就如同中华书局这艘文化巨轮的船长,在危机时刻,他总是会出现在最前头,稳定人心,冷静、智慧地化解一个个危机。在危机面前,逃避没有出路,直面危机、勇担责任是企业家要具备的基本素质。

六、中华书局企业管理制度对当今出版业的启示

中华书局比较科学规范的企业管理制度是支撑其成为中国近代文化企业典范的原因之一,但是其企业管理制度也存在着一些不足之处。譬如,“人治色彩”较浓(主要是相对商务印书馆而言),陆费逵的个人权威客观上对企业的“法治”造成了威胁,尽管陆费逵主观上是严格按照企业的规程来行事;发行上,与同行之间的竞争存在着不规范行为;印刷收入在总收入中的比值过大,后期一定程度上淡化了企业的文化色彩;等等。对于历史,我们不能苛求,瑕不掩瑜,中华书局的企业管理制度在当时来说是走在行业前列的,成功做到了文化和“商务”的巧妙平衡,也就是社会效益和经济效益的平衡,这对今天的出版业是有启示意义的。

首先,社会效益在当今出版业中有被淡化的趋势,这是值得警惕的。一些出版社对自身没有准确的定位,在出版活动中过于功利化,“只出赚钱的书,不出亏本的书”,其实,一个有社会责任感的出版社,在严格遵循有关规定的前提下,赚钱的书要大胆大量出,明知会亏本的“社会效益型”书也要适当出,很多时候,“亏本书”给出版社造成了一定程度的经济损失,但是却带来了社会效益,这是出版社的宝贵的无形资产。出版的本质是文化,其存在的法理依据和现实价值还在于文化上的创造和贡献,出版社对文化和社会效益的追求应该始终是放

在第一位的。因此,出版社应该要找准自己的定位,这个定位的关键词应该是"文化",在出版活动中要注重社会效益,对过去和当今文化中的优秀因素进行挖掘、整理、加工,运用现代化的手段以符合大众认知模式的传播方式向大众进行传播,提高大众的人文素养。民国时期的商务印书馆和中华书局都有自己明确的文化定位,商务的"昌明教育、开启民智",中华书局的关注国民教育,给我们今天的出版行业树立了光辉榜样,对社会效益的注重,是出版行业优秀传统和使命所在。

其次,出版行业自身盈利能力不足,经营能力未得到充分发挥。出版行业的三大板块分别是教育出版、大众出版和专业出版,教育出版的产品主要是教辅教材,教辅教材出版是很多出版社的主要利润来源,但是随着教改方案的实施和学龄人数的减少,教辅教材带来的利润锐减,而在大众出版和专业出版领域,数字化时代新媒体对阅读人群的分流,导致利润的稳定性不能得到保证。因此,就出版行业自身来说,其盈利能力是在衰减的。出版行业需要转变思维,拥抱新技术,开创新的盈利模式。具体来讲,出版业要树立"大出版"的理念,努力提高经济效益。何为"大出版"?笔者以为出版业的"大出版"就是指出版业要在以图书出版为基础的前提下,涉足酒店、房地产、金融、物流、信息咨询等多领域的经营。传统出版正在逐步衰落,这是共知的事实,数字出版正在强势崛起,这是不争的事实。出版业要还是照着以前的路子走肯定是没有出路的,转到数字出版的路子上来是必要的选择。在数字出版时代,出版业、酒店业、房地产业、金融业、物流业等行业可以通过信息平台整合到一起,知识信息社会已经来临,信息成了这个时代的"万能纽带",出版业通过自身的信息优势涉足其他领域的经营,壮大产业规模,提高产业效益,对出版业未来的发展是十分有利的。

以史为鉴,可以知兴衰。回顾和梳理民国时期中华书局的企业管理制度,笔者有“拨开云雾见青天”的感觉,史海钩沉,磨洗之后,或许于解决今日出版业管理制度之疑难困惑有一丝助益。

(原载《郑州轻工业学院学报(社会科学版)》2012 年第 4 期,作者欧阳敏)

其他书局：近现代出版企业制度的模仿与创新

论民营出版企业资本结构的演变及其对经营的影响

——以上海世界书局和大东书局为中心

出版业是文化的重要形塑者，在形成国家和民族“想象的共同体”方面扮演重要的角色，这一点在社会转型时期尤为突出。“转型”是近现代中国的关键词，以出版业、报业等为代表的大众传媒业在转型时期的社会里居于较为中心的位置。出版业因此获得其发展所必需的肥沃的社会土壤，但同时也面临着更多潜在的非经济因素的干扰。以商务印书馆、中华书局、世界书局和大东书局等为代表的民营出版企业，它们的资本结构有一个共同特征：官僚资本占有一定比例。但是这些书局的官僚资本比例存在较大的不同，而同一企业在不同时期的官僚资本比例又有很大差异。大体而言，商务和中华的资本结构中官僚资本占比较少，世界和大东的官僚资本在后期则渐居主导地位。本节选取世界书局和大东书局作为考察中心，探讨民营出版企业资本结构的演变过程及其对企业经营的影响。

一、资本结构的演变：从“在商言商”到依附官僚资本

（一）同人创业，资本的“民间立场”

世界书局创立于1920年，初由沈知方独资经营，资本不足万元，

后因经营甚佳,乃于1921年7月改组为股份有限公司,资本增至3万元。书局的"原始"股东主要由两个群体组成,"一部分原是经营书业的,如沈知方、魏炳荣、李春荣(此二人也为沈知方幼年师兄弟)、张云石、贺润生等,另一部分是沈知方认识的纸业商人,如陈芝生、林修良、毛纯卿、张丽云、胡挺楣等。组成公司以营利为目的,不仅初创时如此,以后屡次增资扩充,在公司章程中亦这样标明。"①中期屡次增资扩充。1931年由股东会决议,扩充资本额100万元;1941年11月,股东会决议增资至300万元(伪法币);1942年8月23日,股东会决议扩充资本至500万元(伪中储券)。投资者有旧上海租界时期的司法界和所谓社会闻人、商业巨子,如关炯之、孙羹梅、黄涵之、陆仲良、王一亭、朱吟江、顾馨一、冯炳南、罗坤祥等,以及银行界的代表,如吴蕴斋、钱新之、唐寿民、叶扶霄、徐寄庼、徐国懋、孙瑞黄、朱博泉、周德孙、包诚德等,其中有些人被选为董事或监察人,他们与国民党没有关系。即使在抗日战争前,李石曾以投资人兼债权人的双重身份进入世界书局。他的集团人员被选为董事和监察人,但由于其仅入股5万元,而书局当时总资本为71万余元,他的股份不足以支撑其全面掌控书局,于是他只派一名会计人员驻局监督财务收支,并不干预书局的出版业务。

大东书局创立于1916年9月,由吕子泉、王幼堂、沈骏声、王均卿4人集资合办,资本3万元。1924年改组为股份有限公司,资本增至10万元;1925年,复增资本为20万元,并向北京政府农商部注册,取得注册执照;1930年,资本增至40万元;1932年,增募家庭教育股10万元,资本增至50万元。大东书局的4位创办人都是出版界的行家

---

① 朱联保. 回忆上海世界书局[A]. 李树人,方兆麟. 文史资料存稿选编23文化[C]. 北京:中国文史出版社,2002:301.

里手。吕子泉是大东书局的首任经理，任职时间为1916—1928年，夏瑞芳在商务出版业务初具规模的时候，就物色了俞志贤、吕子泉、沈知方三人从事发行工作，他们三位都是老书坊里的杰出人才，富有推销能力。王幼堂亦是上海出版界的活跃人物，在创办大东书局之前他曾担任中华书局协理一职。大东的第二任经理是沈骏声（1894—1943），任职时间为1928—1943年，在4位创办人中，沈最年轻，精力充沛，因此他肩负的责任也最繁重，同时，他对法学有浓厚的兴趣并在这方面有一定的造诣，与陶百川、居正等国民党人士有较深厚的交情。王文濡（1867—1935），原名王承治，字均卿，近代著名学者、国学家、出版家，清光绪九年（1883年）癸未科秀才，次年补博士弟子员。他热心出版事业，曾主持进步书局、国学扶轮社多年，并曾在商务印书馆、中华书局、文明书局、鸿文书局等机构任职，1916年参与创办大东书局，主持大东书局编辑所，具有一定的社会名望。可以说，大东书局的这个4人创业团队质量是较优的，与中华书局的创业团队有一定程度的相似性：团队成员的业务素质较高，成员之间能够实现优势互补，团队凝聚力较强。

随着书局的增资，股东群体结构也渐趋多元。1931年，书局的主要股东名单如下①：

常务董事：吕子泉、王幼堂、殷子白（茶叶商人）。

董事：蒋梦麟（教育家）、董康（法学家、律师）、何五良（印刷商）、汤济沧（教育家）、宋文献（不详）、屠心矩（教育家）、陈玉璋（不详）、黄谷梅（盐商）、王伯瀛（钱庄老板）。

监察：王哲明、李兆麟。

---

① 大东书局.大东书局十五周年纪念册[M].上海：大东书局，1931：6.

董事兼经理:沈骏声。

总编辑:孟寿椿。

1933 年的主要股东名单如下[①]:

常务董事:王伯瀛、殷子白、吕子泉。

董事:董康、蒋梦麟、杜月笙、李元白、黄谷梅、陈玉璋、谈松涛。

监察:王哲民、徐益智。

经理:沈骏声。

从世界书局和大东书局的股份群体结构可以得出以下结论。首先,多元性是股东群体结构的主要特征。这也是出版企业文化与经济双重属性的一种体现,出版企业既需要文艺界、教育界的智力支持,也需要司法界、金融界的保驾护航,还需要众多散户的涓滴汇注。其次,结构虽然多元但应该有所偏重。新制度经济学家诺思认为,“管理的真正任务是设计与发掘市场,评估产品与生产工艺,以及积极地管理雇员的行动。在所有这些任务中都包含着不确定性……都不是发生在真空中的。它们需要发展出默会知识,以便洞悉那些与衡量和实施相联系的复杂关系。企业家所需要的信息与知识的种类,在很大程度上是特定制度背景(contest)的产物。”[②]近现代民营出版企业外部制度和内部制度背景决定企业经营者应该懂得大量有关编辑、印刷、发行的知识,同时还要懂得与大规模企业有关的经营管理方法。股东群体中,占主导的并非一定是股份居多数者,而应该是具备相应知识并具有持续学习能力的股东。

① 大东书局. 大东书局之过去与今后计划[M]. 上海:大东书局,1931:4.

② 诺思. 制度、制度变迁与经济绩效[M]. 杭行,译. 上海:格致出版社,2014:91 -92.

（二）官僚资本“反客为主”的契机

在正式论述之前，有必要对官僚资本的内涵进行界定。国内对于官僚资本的认识有一个长期的变化过程，早期的界定过于宽泛，将近现代的官办事业和“国家垄断资本”也纳入其中；1980 年代以来，学界开始重新认识和界定官僚资本。陆仰渊、方庆秋等人认为，官僚资本具有以下特征，“（1）这一资本集团的资本不是来自政府，而是来自某一个官僚的私人投资；（2）这一资本集团的经营权掌握在某个或某些官僚手中；（3）掌握这一资本集团的官僚们，利用手中的权力，进行操纵垄断、囤积倒卖等损害国家和人民利益，以饱私囊者”①。本书认同此观点，本书所指的民营出版企业的官僚资本即是指某一官僚的私人投资，而不是传统意义上的官办事业和国家垄断资本。

毋庸讳言，民国时期的各大民营出版企业，资本结构中有官僚资本的不在少数。商务印书馆有王云五的资本，中华书局有孔祥熙的资本，世界书局有李石曾的资本，大东书局有陶百川的资本，不一而足。值得注意的是，近代中国在很长时期内缺乏强有力的中央政府，这对企业来说其积极意义在于可以少受来自政治的干扰，官僚资本影响力较弱。南京国民政府建立后，形成了一个较强的中央政府，企业受到政治的约束力较之前加强，官僚资本影响力开始增强；抗战爆发以后，国民政府实行战时统制经济，本书所认同的“官僚资本”作为一个名词则出现于此一时期，“将国民政府中官僚利用职权、私人参与投资的企业或金融机构称之为官僚资本则是在抗日战争期间所发生的事情”②。

① 陆仰渊，方庆秋．民国社会经济史[M]．北京：中国经济出版社，1991：774.
② 郑会欣．对“官僚资本”的再认识[J]．民国档案，2003(4)：104.

据此,本书认为官僚资本大规模进入民营出版企业的契机为抗战爆发所导致的企业经营艰困。此外,民营出版企业由于决策失误所导致的经营危机也是官僚资本大规模"入侵"的重要契机。

1. 决策失误引发的危机导致官僚资本大规模"入侵"

企业因为决策失误而引发危机,这是较为常见的。1910 年,商务印书馆总经理夏瑞芳因为投资"橡皮股"失败,导致商务欠钱庄数万两白银,股东人心动荡;1917 年,中华书局局长陆费逵经营太过冒进,加上副局长沈知方投机纸业生意失败,储户得知内情纷纷提存,短短几天之内几乎将书局流动资金抽干,书局濒临倒闭。商务和中华的经营危机,最后都得以转危为安,而且企业的资本结构并未有太大变动。但是世界书局的经营危机则导致企业资本结构有了较大幅度的改变,其过程和原因是值得探究的。

世界书局在经营上遭受了一次较大的危机。前因后果如下。1934 年,世界书局自有资本才 71 万,而其储蓄部和世界商业储蓄银行(由世界书局开办)吸收的存款竟高达 180 余万。是年,由于政府教育政策变更,世界书局大量教科书报废,损失惨重,再加上沈知方投资房地产生意失败等多重因素,储蓄部的存户陆续提存,进而导致世界商业储蓄银行的存户跟进提存,书局生产造货资金断流,储蓄部和世界商业储蓄银行被迫停办。之后书局内部进行改组,沈知方辞去总经理职务,改任监理。

世界书局的股东们为了解决危机,想了许多办法,最后找到了有国民党"四大元老"之称的李石曾,李的心腹李鸿球(1946 年起任世界书局经理)曾回忆过此段历史:

(世界书局——本文作者注)当时营业的进步不能和经

济配合，资金周转，不免捉襟见肘，海上金融巨子钱新之先生乃出面介绍李石曾先生加以援助，原来李先生早年与孙中山先生之革命运动相呼应，不久便加入同盟会，同时曾在巴黎与吴稚晖、张静江诸先生组织了一个世界社，出版过《世界》画刊。凡属于“世界性”的事业，甚至只要以世界为名的正当文化经济事业，他们总是洞开门户，乐与合作。沈知方先生举出一个例证说，他开设书局，以世界为名，也是看见了当时的世界杂志而起的。李先生引为同道，便以十分热忱给予沈先生一个极大的助力，正式代表世界社投入巨资。[①]

李鸿球的回忆大致符合事实。李石曾（1881—1973）历任国民党中央监察委员、总统府资政等职，他热心文教事业，具有无政府主义和社会主义思想，有一定的社会名望。他以世界社的名义投资世界书局，并非仅仅为了经济上的利润，其主要目的在于掌控世界书局，借世界书局这一现成企业作为宣传“世界主义”的平台。由于此次他只投资 5 万元，而世界书局此前资本为 71 万元，他的投资不足以支撑他掌控世界书局，因此，他并未干预世界书局的日常经营，仅派一名会计人员监督账务。但是，书局的董、监事人员进行了大调整，改选董事张静江、杜月笙、李石曾、钱新之、陆高谊、崔竹溪、李书华、陆仲良、陈和铣、胡天石、魏炳荣 11 人，监察人吴稚晖、李麟玉、齐云青 3 人。[②] 董事中有 6 人为李石曾的世界社投资代表，监察人则全部为世界社投资代表。虽然官僚资本尚未完全主导世界书局，但“官僚资本”的楔子已牢

① 李鸿球. 世界书局与世界文化[J]. 世界月刊，1947(6)：29.

② 朱联保. 上海世界书局史忆[A]. 李树人，方兆麟. 文史资料存稿选编（第 23 卷）[C]. 北京：中国文史出版社，2002：272.

牢钉入世界书局。

这里有必要将世界书局与中华书局做一个对比分析。1917 年中华书局的经营危机中,作为经营者的陆费逵,董事会决议免去其局长职务,改任司理,代行局长权力,一年以后,陆便“官复原职”;而沈知方则没有如此的好运,被董事会免去总经理职务,改任无实权的监理,并且不再担任董事,总经理一职由陆高谊接任。为什么会有这样的差别?本书认为有以下原因。其一,两人性格有差异,虽然两人在办事魄力上不相伯仲,但陆费逵为人豪爽,较有人格魅力,沈知方则比较孤傲,与同业中人相处并不融洽,由此导致“失道寡助”。其二,中华书局管理层采取借重商业财团的方式渡过危机,财团对中华书局只会有经济上的要求,陆费逵的经营能力得到财团认可;而世界书局管理层则是借重国民党上层人士李石曾的世界社,李石曾对世界书局不仅有经济上的要求,更有政治上的企图,沈知方的经营能力并不为其所重,李石曾所看重的是掌控世界书局,“废立”经理不失为好方法。

2. 战时的艰困导致官僚资本“反客为主”

抗战爆发以后,上海的几家大型民营出版企业陆续将主要业务机构迁至租界和香港等地,以维持生产。1941 年底,日军进占“租界”和香港,两地沦陷,民营出版企业辗转迁移至重庆、桂林等大后方城市。在战时环境中,民营出版企业经营艰困,并且处于政治中心,这成为官僚资本“反客为主”的契机。

李石曾自 1934 年投资 5 万元到世界书局,其后较长时期世界书局中的官僚资本都为此数。1946 年,李石曾及其世界社成员自重庆返沪,强制股东会通过增资方案,李石曾集团的资本占资本总额的一半,并改选董事、监察人,新当选董事为张静江、杜月笙、李石曾、钱新之、陆高谊、崔竹溪、李书华、陆仲良、陈和铣、胡天石、魏炳荣 11 人，监察人为吴稚晖、李麟玉、齐云青，这些人员中，除陆高谊、陆仲良、魏炳荣外，其余均为李氏集团成员，李石曾任总经理，李鸿球任经理。[①] 通过此次增资和董事、监察人改选，李石曾的世界社完全掌控了世界书局，世界书局的经营方向也发生了重大改变，几乎成为李氏宣传“世界主义”主张的专门机构。据 1950 年的统计数据，世界书局的官僚（李石曾等人）资本比例高达 53%。[②]

大东书局的创办人为吕子泉、王幼堂、沈骏声、王均卿 4 人，除了王均卿具名而已外，其他 3 人基本上做到了以经营大东书局为终生志业。大东书局的吕子泉、王幼堂、沈骏声 3 人团队合作融洽，能够实现优势互补，且吕子泉、王幼堂年长沈骏声许多，在人事安排上形成梯队。首任经理吕子泉，任职时间为 1916—1928 年，卸任后以常务董事身份协助经理运营公司；第二任经理沈骏声，任职时间为 1928—1943 年；王幼堂以常务董事身份兼任总店店长。在他们任职期间，长期坚持“在商言商”，官僚资本的比重极低。抗日战争爆发后，大东书局辗转迁往重庆，沈骏声竭力维持，因积劳成疾，不幸于 1943 年病逝。沈骏声病逝后，大东书局在总经理人选上颇费踌躇。后来经过多方设法，大东书局请到国民党人士陶百川（1901—2002）出任总经理，陶百川于 1944 年 8 月 7 日正式到任。陶百川与大东书局的渊源颇深，“沈骏声生前，与陶、杜（即杜月笙——本文作者注）二人经常交往，得到过他们的支持，尤其是陶百川，他们的关系，不仅是同乡、知交，而且在过

① 朱联保. 上海世界书局史忆［A］. 李树人，方兆麟. 文史资料存稿选编 23 文化［C］. 北京：中国文史出版社，2002：272.

② 中国出版科学研究所，中央档案馆. 中华人民共和国出版史料（1950 年）［M］］. 北京：中国书籍出版社，1996：19.

去，陶曾为大东的编辑、出版、发行等方面献计献策做过大量工作，并主编过《中小学教科书》等，因此，他们之间的交谊特别深厚，接办大东更属义不容辞”[①]。根据1950年的调查资料，陶百川的股份占1.37%，杜月笙的股份占13.41%，与陶杜有关系者占4.26%。[②]

抗战以后，世界书局的资本结构中官僚资本逐渐占了主导地位，董事、监察人绝大部分也是官僚资本集团成员；大东书局的官僚资本虽然占比很低，但是作为官僚的陶百川出任大东书局总经理，意味着大东书局已为官僚掌控，其意义要大过资本的意义。官僚掌控下的民营出版企业与民间资本主导下的民营出版企业的经营方向有何区别，下文将论述之。

二、资本结构演变对经营的影响：从经营性产权激励到企业家“政治化”

在民间资本占主导的时期，企业的经营立场是作为“观点的自由市场”而存在；官僚资本占主导后，民营出版企业被定位为类似“政党报刊”的机构。经营方向的巨大转变影响了企业激励机制的效能，企业及其经营者更多地受到政治因素的激励。

（一）民间资本主导下出版企业家的经营性产权激励

近代公司制民营出版企业，企业的经营大权主要由经理和常务董事掌握，他们是企业激励机制的主要实施对象。产权激励机制的有效

① 孔繁栴. 大东书局概况[J]. 出版史料，1990(4)：24.
② 中国出版科学研究所，中央档案馆. 中华人民共和国出版史料(1950年)[M]. 北京：中国书籍出版社，1996：19.

实施是基于民营出版企业家追求经济利益的假设，事实上，近现代民营出版企业家也并不讳言对经济利益的重视，中华书局总编辑舒新城曾坦言："中华书局是一个股份有限公司，是一种私人的企业，从它的本质讲，一切推行当然要以营业为本位。"①

产权的激励功能源于产权全能的分解和利益的分割，股东们把经营性产权分解出来委托给经理，赋予经理管理公司的权力、责任和收益，调动他们的积极性，这种激励机制的实施在近代几家大型民营出版企业中是比较成功的。时人的评价可以证明之。在中华书局当过10年编辑的左舜生曾论陆费逵的经营风格："他治事极勤，颇有'狄克推多'（狄克推多为 dictator——强势者、独裁者的汉语音译，笔者注）之风。②

曾在世界书局工作20余年的老员工刘廷枚对总经理沈知方的经营风格如此评价：

> 世界书局是沈氏独资创立转为股份公司，但性质上应该说前后不同。可是总经理一职，在1934年之前，始终沈氏一人自任，没有经理、副经理之设，后来增设的四个理事名义类似高级职员，为总经理属员而已。全店重大事务，沈一手统抓。③ 大东书局第二任经理沈骏声的治事风格，老员工孔繁栴认为"他一心扑在事业上精神是感人肺腑的"④。

---

① 舒新城．狂顾录［M］．上海：中华书局，1937：149．

② 左舜生．近三十年见闻杂记［A］．文海出版社．近代中国史料丛刊［C］．台北：文海出版社，1967：475．

③ 刘廷枚．我所知道的沈知方和世界书局［A］．李树人，方兆麟．文史资料存稿选编（第23卷）［C］．北京：中国文史出版社，2002：324．

④ 孔繁栴．大东书局概况［J］．出版史料，1990（4）：23．

由此可见，中华、世界、大东等民营出版企业的经营者，受到的经营性产权激励是较充分的。张元济、王云五、陆费逵、沈知方、沈骏声、陆高谊等都是较纯粹的出版企业家，较好地做到了以出版为终生职业。他们中间，张元济、陆费逵都曾有过做高官的机会，但他们选择坚守出版业，王云五虽然一度离开商务，出任南京国民政府经济部长，但最后他仍然回归出版界。商务、中华、世界、大东等民营出版企业能够取得辉煌的成绩，经营者受到有效的经营性产权激励是关键因素。

（二）官僚资本或官僚主导下出版企业家的“政治化”

官僚资本或官僚主导民营出版企业，对企业的经营造成的影响主要体现为出版企业家的“政治化”。

1946年，李石曾的“世界社”系资本在世界书局资本结构中占比过半，“世界社”系全面掌控书局，李石曾出任总经理，心腹李鸿球任经理，具体事务由李鸿球主持。李石曾将书局视为宣传其“世界主义”主张的附庸机构，这在《世界社、世界书局与世界学典》中有明确表露：

> 五项之外，其他种类尚多，不及备举，并将以世界书局为印刷发行机构，同时曩在国外刊行之《世界》杂志及《自由世界》月刊，亦计划在世界书局复刊，更进而组织世界大学、学典同志会，以发展世界大学和世界学典运动。而伦敦联合国的文化教育会议，世界文化合作中国代表团亦推李叔华参加，共谋教育文化的力量，消除诱发侵略的狭隘观念。
>
> 世界反侵略战争胜利后，自由世界因得有建立的机会，而世界书局的复兴，在配合上述工作上，世界社自当竭尽其最大的努力，以督率之。在此首应感谢者为钱市长大钧、杜

代董事长月笙对书局之维护,使吾人此后果得应用此机构以达成世界社对书局当日援助及投资之目的。[①]

可见,李石曾投资世界书局的目的并非单纯地扶持书局,而是借书局为宣传政治主张所用,李石曾作为世界书局的主持者,其本人政治追求远超经济追求,作为出版企业家,他是不合格的。"李抓书局后,目的在于《世界学典》,即根据1942年在香港所立书局和世界社、学典馆、北平研究院四机关合作草约,改订正式合同。由书局担任出版,学典馆担任编辑。""李对书局其他出版物是不甚注意的。他的目的只要不耽搁《世界学典》出版外,其他为维持书局的存在,如有畅销书也可接受,这方面多由李鸿球拉稿。李在《学典》以外,为达到其文化政治宣传目的,也出版各种月刊如《世界月刊》等。"[②]

李石曾的"世界主义"主张过于宏大飘渺,不切实际,他以其个人政治和文化主张强加于以大众阅读市场为存在基础的世界书局,这本身就是一个悖论。李石曾主导下的世界书局,其出版格局看似大气,实则越来越局促,与读者渐行渐远。出版企业的经营方向应该是追求经济和文化的平衡,将出版企业办成慈善机构和政治附庸机构,企业的生命也就不长久了。

同样是官僚资本主导企业发展,大东书局与世界书局的情形则有较大差别。陶百川曾任香港《国民日报》社社长、重庆《中央日报》总社社长,他还曾在大东书局做过图书编辑工作,因此,对新闻出版传媒的经营管理是比较熟悉的。虽然他是官僚身份,但其出任大东书局总

① 世界社四十周年纪念会.世界社、世界书局与世界学典[M].上海:世界书局1946,7-8.

② 李清悚.李石曾与世界书局的关系[A].李树人,方兆麟.文史资料存稿选编(第23卷)[C].北京:中国文史出版社,2002:360.

经理并非如李石曾那样有政治动机,其目的主要是出于身为大东书局股东的责任感和对知交沈骏声的道义。陶主掌大东书局后,比较能按出版企业规律办事。所有原来的工作人员,上至副总经理,下至科室办事员,一律留下;为提高办事效率,陶百川还对企业组织结构作了调整;为了摆脱经济困境,陶向中央、中国、交通、农民银行贷款4 000万元,并请杜月笙出面联系邮票承印业务;为了增加企业收益,陶百川还设立了大东印钞厂,大量承印钞票;编辑出版业务方面,加强法律书刊出版。经过陶百川一年多的努力,大东书局经济上逐渐走出了艰困的局面,营业蒸蒸日上。1947 年,陶百川为了准备竞选监察院监察委员,辞去大东书局总经理职务,杜月笙接任。就经营能力来讲,陶百川是一位合格的出版企业家,但他没有以出版为终生职业的志向,这是比较遗憾的。陶百川时期的大东书局,曾出版过反共反苏的杂志,如《智慧》杂志等,这也成为日后大东书局被军管的主要原因。

三、结论

官僚资本占主导后,出版企业逐渐沦为某一政治势力或个人的宣传机构,企业制度及其激励机制失灵,这也是新中国成立后,两家大书局被接管的主要原因。1949 年,大东书局被军管,官股部分被没收;1956 年,大东书局职工并入上海科学技术出版社、新华书店、大东印刷厂。1956 年底,大东印刷厂一、二、三厂奉命迁往广西南宁市,组建"广西民族印刷厂",1957 年 3 月 10 日,广西民族印刷厂开工。1949 年解放前夕,李石曾将世界书局一部分迁往台湾,留在大陆的部分于 1949 年被军管,李石曾集团的股份被没收,1957 年清理完毕,正式宣告停业。

资本结构决定企业的属性是“在商言商”还是依附官僚资本,也决定企业文化传播的立场和激励机制的效能。近代民营出版企业资本结构的演变及其对企业经营的影响,有以下启示。

(一)资本结构决定出版机构文化传播的立场

近代新闻出版业的文化传播立场经历了从“政党报刊”到“大众报刊”的演变过程,对应的,其资本结构也经历了从“政党资本”主导到“民间资本”主导的演变过程。资本结构决定出版机构文化传播的立场。

19 世纪 60 年代以后,清政府的一些封疆大吏先后在各省兴办了一批官书局,主要有江南书局、淮南书局、江楚编译局、江苏书局、浙江书局、山东书局、湖北官书局、山西官书局、湖南官书局、四川官书局等。这些官书局大多先由达官或会社倡办,后请国库津贴,成为官商合办性质,资本结构中官本占主导。官书局文化传播的立场,以刊刻典籍、宣扬经史文化为主,旨在修复被太平天国运动破坏的文化系统,维护满清的文化道统。这样一种文化传播立场显然落伍于时代,甚至逆历史潮流而动。随着满清政府垮台,官书局失去了最大的资金来源,或倒闭或改办成图书馆,从而结束其历史。民国成立以来,民营出版企业迅速兴起,逐渐形成商务印书馆、中华书局、世界书局、大东书局四强并列的局面,这些出版企业的资本结构抗战以前以民间资本为主,出版企业的民间资本为了追逐更大的利润,就必须充分尊重和了解大众传播时代的受众,尽可能地使自身成为“观点的自由市场”,同时,为了规避政治风险,也要进行必要的自我“纠偏”。后期世界书局的官僚资本占主导后,李石曾等人的立场凌驾于作为“公意机构”的书局的立场之上,不尊重出版企业自身规律,企业亦行之不远。

综上所述,资本结构对出版企业文化传播立场的影响至关重要。我们在考察某一时期或地区的文化生态时,可以将“资本结构”作为一个关键词,这是因为传播立场会影响文化体系的建构,文化体系的反馈又会修正传播立场,它们有着互为因果的关系。了解了出版企业的资本结构,我们就能大致判断其文化传播的立场,进而感知其一定程度上“媒介化”了的文化生态。

(二)资本激励与文化激励的结合优化民营出版企业激励机制

出版企业要兼顾文化与经济的平衡,这已成为业界和学界的常识。现代企业制度建设是当今出版界正在进行的一项重大任务,制度建设目的是为了实现更好的激励和约束。出版企业的激励机制与其他类型企业激励机制的一个重要区别就是,前者的文化激励机制比较突出。民国时期的民营出版企业如世界书局和大东书局,资本的激励较为充分,文化的激励亦较为突出,张元济、陆费逵对于教育文化的责任感,沈骏声对于法律文化的责任感,都是激励他们经营企业的动力。

资本激励是产权制度功能的衍生,激励有效发挥的关键在于资本结构中的民间资本。文化激励由非正式企业制度衍生而来。文化和资本,在企业激励中各自居于怎样的地位？本节认为,两种激励方式应该有机结合,不可偏废;对于同一制度下的出版企业群体来讲,文化激励往往扮演着关键角色,这就能解释为什么同为建立了现代企业制度的出版企业,其经营绩效却千差万别,当然,这也可能是因为正式制度的实施机制有差异。总而言之,文化激励与资本激励相结合是优化出版企业激励机制的有效途径。

此外,关于文化激励,这里有一个“今时不同往日”的问题。在近现代媒介生态中,出版机构是一种“强势”媒体,这是由当时印刷文化的盛行所决定的。麦克卢汉的名言“媒介即讯息”，意指一种媒介真正有意义的并不是其传播的信息，而是媒介本身及其开创的可能性。“文化的媒介化”是当代的热门话题，其实，文化自始至终都是“媒介化”的，口语传播时代的文化是“口语化”的，文字传播时代的文化是“文字化”的，印刷传播时代的文化是“印刷化”的，电子传播时代的文化是“电子化”的……未来的文化，必然还会有新的“媒介化”形式。文化的媒介化虽然一直存在，但直到近代大众传播机构兴起之后才为人们真切感知，这便是“媒介即讯息”的一个极好的注脚。近现代的主流媒介文化是“印刷式”的，以近代印刷术为技术基础的出版业，其文化传播活动与主流媒介文化具有内在一致性，传播效果显著，其对经营者的文化激励程度自然较高。然而当今主流媒介文化的特征是“电子化”，传统出版业的文化传播活动与其缺少内在一致性，传播效果大为减弱，这导致其对出版企业经营者的文化激励程度相应降低。“互联网+”媒介技术条件下，如何在传统出版企业中实现有效的文化激励？这是有待本论文思考的问题，同时也期待方家解答。

（原载《中国出版史研究》2016年第11期，作者欧阳敏）

试述开明书店产权制度的历史演变

晚清民国时期有过两家开明书店。清末的那家开明书店是光绪年间一个杭州人所创办的。朱联保曾指出,1902 年出版《金陵卖书记》,“作者署名公奴,实系该书店主持人夏颂莱(清贻)”。“1903 年续出王伟泰的《汴梁卖书记》,著者系该书店股东。该店乘清政府变革科举,废止八股,改试策论,乃贩运当时新书,流动供应于南京和开封,以‘广开风气,输布文明’为目的,归后记其经历,撰成《卖书记》,可以说是最早的两本图书发行记录。”1903 年至 1908 年间,这家书店刊刻了一些译著及原创著作,“有《开明书店新书目录》一卷,可见该书店自己出版和贩卖的书当不少”。[①] 从朱联保这里的“股东”字样,我们有理由推测,这家开明书店很可能实行股份合伙制。

本文真正要讨论的是另一家人们十分熟悉的开明书店。它的主要创办者是浙江绍兴人章锡琛。他原在商务印书馆任《妇女杂志》主编,因与馆方办刊宗旨不一,被迫辞去编辑职务。后在胡愈之、郑振铎、吴觉农、钱经宇、孙福园等友人的大力支持下,于 1926 年 1 月创办了《新女性》月刊,用新女性杂志社的名义发行。在新女性杂志社的基础上,章锡琛于 1926 年 7 月 31 日正式开办开明书店,地址在宝山路宝山里 60 号(即章锡琛的家)。查《申报》,该年 7 月 30 日登载有《开明书店明日开幕》的广告宣传文字,除简单说明把杂志社改组为书局的

① 朱联保. 近现代上海出版业印象记[M]. 上海:学林出版社,1993:77.

原因外,重点介绍了即将刊行的刊物和书籍(尤其是丛书)。

一、从业主制到合伙制

初创的开明书店当为业主制,不久变为合伙制的小型书刊企业。“开明创建之初,资金缺乏,除章氏兄弟外,吴觉农、郑振铎、钱经宇、孙福园、周建人等尽力襄助,共筹得资金5 000元;人员亦很少,一共不过四五个人。”[①]其实这里的说法还不尽确当,开明书店最初应算是业主制,随后不久改为合伙制;而到底是属于什么样的业主制,稍后又是哪种“合伙”,是怎样进行“合伙”的呢? 这些都还需要仔细分析。

我们知道,与业主制企业不同,实行合伙制的企业是由两个或两个以上的少数人联合投资的。其特点有四:一是合伙人对企业负有出资责任,并依据投资份额,享有经营决策和利润分配的权利;二是合伙人对企业债务承担无限连带责任;三是合伙人之间的契约关系建立在人际关系的基础上,当合伙人及其关系发生变更时,合伙制企业也将终止;四是合伙制企业承担民事责任,企业的重大决策由合伙人共同做出,并由每个人签字,日常经营管理则由合伙人共同选聘的代理人负责。与业主制相比,合伙制企业在一定程度上突破了资本限制,有利于扩大企业规模,促进生产的发展。[②] 当初开明书店设计采取股份制,至少是股份合伙制,目的正是为了化解资金难题。但实际开办时,大体还是业主制模式,只是这个时间很短。所谓业主制,可以归入独资老板之类。钱君匋在《我在开明的七年》中曾说:“由于投寄音乐稿

① 王余光,吴永贵. 中国出版通史(民国卷)[M]. 北京:中国书籍出版社,2008:107.

② 范军,何国梅. 商务印书馆企业制度研究(1897—1949)[M]. 武汉:华中师范大学出版社,2014:29.

件的关系，我和章锡琛经常书信往来，成了极熟的朋友。不久，《新女性》月刊社扩大，改组为开明书店，章锡琛自任经理，其实是个独资老板，所以后来凡和他熟悉的人，都戏称他为‘章老板’。”[①]章锡琛自己也回忆说，《新女性》创办之初，“编辑归我担任，经费则由大家帮忙”。办杂志之后为什么要办书店，他是这样论述的：

> 《新女性》办起之后，读者居然很多，销行数也达到了三五千。编辑、校对、发行的事务，都由我一人担任，事情忙不过来，到了下半年，只得把神州女学的教科辞去了（当时章还在神州女学兼课——引者注）。但杂志本是亏本的生意，销数虽多，绝不能把我一家养活，于是便有人主张，另印几部书来卖；后来索性把《新女性》社改为书店，这就是开明书店。当初本主张集股来办，并且股款也有认定；但大家都是穷措大，虽然有这志愿，钱终于拿不出来。印书的资本和我自己的生活费，不得已只好拿商务的退俸金来维持，不够的时候，便向我兄弟借用一点。后来生意渐渐发达，只得聘用朋友来襄助，需钱也便愈多。我兄弟所有的一点积蓄，都投在店里面，我自己有十几股的商务印书馆股票，也卖掉了作为资本。我兄弟终于也辞去了他的职务，来共同经营这书店了。[②]

看来，开明书店创设的初衷是建立一家股份合伙制的同人书店，但实际创办的是业主制的独资小型企业。在这种业主制独资企业中，

---

① 钱君匋. 我在开明的七年[M]//中国出版工作者协会. 我与开明. 北京：中国青年出版社，1985：59.（以下凡引此书，只标书名。）

② 章锡琛. 从商人到商人[J]. 中学生，1931（11）. 收入宋应离等编. 20世纪中国著名编辑出版家研究资料汇编（2）. 开封：河南大学出版社，2005：463 – 464.

出资者既是财产唯一的拥有者,又是经营者。章锡琛起初就既是出资者,又是经营者,经费不够了找自己的亲兄弟章锡珊“借”。一个“借”,就表明了章锡珊这时候还不是书店主人,也不是合伙人。开明最初的开办费用是多少,说法不一。章锡琛说是打算“集两千块的资本”①,但认股者没有钱拿出来;朱联保说是“当时资本五千元”②,可能王知伊的《开明书店纪事》和王余光、吴永贵的《中国出版通史》(民国卷)都是依据这个说法来写的。章锡琛的老友、开明创办的见证人之一吴觉农则含混地说“几千元”,他在《怀念老友章锡琛》中有这样一段话:

> 办书店需要资金,我们都是穷书生,拿不出多少钱来。开始主要是章锡琛把他从商务印书馆工作过14年的退职金用来作本钱。后来书愈出愈多,销路也好,几千元资本已感不足,章锡琛就向他的胞弟章锡珊借款。章锡珊在奉天(沈阳)商务印书馆工作,后来辞去那里的工作和章锡琛一起合办开明书店。③

有人明确说章锡琛用于出书、办书店的退俸金是“二三千元”④,还有说是“一二千元”⑤的。至于章锡珊辞职投身开明书店与兄长“合办”,大致是在1926年底。两兄弟共同投资,共同经营,共担风险,此

---

① 章锡琛.从商人到商人[J].中学生,1931(11).收入宋应离等编.20世纪中国著名编辑出版家研究资料汇编(2).开封:河南大学出版社,2005.

② 朱联保.近现代上海出版业印象记[M].上海:学林出版社,1993:77.

③ 吴觉农.怀念老友章锡琛[J].出版史料,1988(1).

④ 王湜华.开明书店章老板——追怀章锡琛先生[J].人物,1995(1).

⑤ 王知伊.开明书店纪事[M].太原:书海出版社,1995:78.

时的开明书店就属于合伙制企业了；有人径直称之为“兄弟书店”①。把这个经过写得比较详细、清楚的还是长期在开明书店任过职的唐锡光所撰《开明的历程》一文，尽管与上述诸家如章锡琛、吴觉农等所记有点重复，为完整计，还是引录如下：

> 开明书店刚创办的时候，原想筹集点资金，成立个股份有限公司，并且连股份也各自认定了，但是大家都是穷措大，虽有这个心愿，却始终拿不出资金来。商务的职员在离职时，按规定可以拿到一笔退俸金。章锡琛在商务工作将近十五年，可以拿到两千元左右的退俸金。股款一时集不起来，他只好拿这笔钱去当作印书的资金。不够的时候，便向他的胞弟章锡珊讨救兵。章锡珊原是商务印书馆沈阳分馆的经理，对发行工作很有办法，为人勤俭朴素，有点积蓄，又富于事业心，对于章锡琛的事业也肯积极支持。出书出得多了，需要钱也就更多。章锡珊所有的一点积蓄，都投入了开明书店。章锡琛原有的十几股商务印书馆股票，也变作了印书的资本。后来章锡珊索性辞去了他商务沈阳分馆的职务，带了家眷从沈阳到上海，决心和他乃兄共同经营开明书店，主持发行方面的工作。开明书店就成了章氏兄弟书店了，当时的资本大约五千元。②

---

① 王知伊. 开明书店纪事[M]. 太原：书海出版社，1995：78.

② 唐锡光. 开明的历程[M]//中国出版工作者协会. 我与开明. 北京：中国青年出版社，1985：291－292. 此处说章锡珊曾任商务印书馆沈阳分馆经理，不确；他的实际职务应是分馆会计。宋云彬在《开明旧事——我所知道的开明书店》一文中明确说章锡琛是分馆会计，较为可信。见中国人民政治协商会议全国委员会文史资料研究委员会编. 文史资料选辑（第31辑）. 1962：7－8.

开明举办初期的大致经过就是这样。王知伊在《开明书店纪事》一文中说:“这一段时间,在开明书店写给出版总署的‘报告’里称为‘合伙经营时期(1925年至1928年)’。”[①]我们查阅1950年2月的《开明书店请求与国家合营呈文》,上面则是这样表达此阶段的:“本店始创于一九二六年,由章锡琛独立经营。时在大革命以后,专营新文化书刊出版业务。”[②]事实上这个阶段应该是包括业主制和合伙制两个小阶段,尽管时间都不长。说章锡琛“独立经营”就有点业主制的味道,大概是把章氏兄弟看做一家人。其实早已各自成家立业的两兄弟合作开店,严格说还应该是合伙制。

二、从合伙制到股份公司制

作为有两个或两个以上更多的所有者共同享有企业权益资产的非公司制企业,合伙制也还分为一般合伙制与有限合伙制。在一般合伙制企业中,所有的合伙人同意提供一定比例的工作和资金,并且分享相应的利润,同时分担相应的亏损,每个合伙人承担合伙制企业中的相应债务。而有限合伙制允许某些合伙人的责任仅限于其在合伙制企业的出资额。有限合伙制通常要求:(1)至少有一人是一般合伙人;(2)有限合伙人不参与企业管理。对照这个标准来看,作为兄弟企业的开明书店无疑是属于一般合伙制类型。这个兄弟合伙制的小公司在1928年进行了改革,由此也从现代企业制度方面奠定了它做成更大书局的基础。

---

① 王知伊.开明书店纪事[M].太原:书海出版社,1995:80.

② 王知伊.开明书店纪事[M].太原:书海出版社,1995:177.

开明书店开办后,其出版物“因内容精审,形式优美,极受当时读者欢迎,营业颇为发达”。要想把企业做得更大、发展得更快,从组织与资本角度来看就必须进行体制和机制改革。《开明书店请求与国家合营呈文》对1928年及其以后的产权及组织制度简述如下:“至一九二八年,招募资本,改组为股份有限公司,当时仅有股本五千元。以后逐渐增资,至一九三七年增至股本三十万元。一九四六年又改为旧法币三十亿元。北京朴社、未名社及上海大江书铺等均先后与本店合并。”①1928年开明书店的股份制改造到底情形如何?我们有必要仔细查询资料和分析研究。

(一)股份有限公司的成立及发展

章锡琛本人是这样叙述开明书店1928年的股份制改造以及随后的增资和人事分工情况的:“在前年(指1928年——引者注)的下半年,便同几位朋友商量,改为股份有限公司,资本五万元。不久居然溢额,我们把溢出来的数目,另外创办了一所印刷公司。书店里各董事公举杜海生先生做经理,把出版和推广部分的事情,派我担任,印刷所的事务,也由我管理;编辑的事务,从前归我担任的,改公司之后,却另请了夏丏尊先生做编辑主任,一直到现在为止。但在本年,资本又觉不足,再扩充招股一次,把书店改为十万元,印刷所则由二万元改为四万元。但我至今还不过是一个小伙计,虽然常常有人戏呼做‘老板’,而我在这两处的投资也不过二十分之一而已。”②而据宋云彬回忆,开明自己没有印刷厂,章锡琛持有股份的是美成印刷厂,由章的小舅子

---

① 王知伊.开明书店纪事[M].太原:书海出版社,1995:177.

② 章锡琛.从商人到商人[J].中学生,1931(11).宋应离,等,编.20世纪中国著名编辑出版家研究资料汇编(2).开封:河南大学出版社,2005:464.

吴仲盐发起成立,吴是大股东兼经理。不过这家印刷厂差不多是专门排印开明出版物的。①

《上海出版志》则将开明书店从1928年改制为股份制公司以后企业主要管理人员、办公地点的变动情况等进行了一些更全面的概括:

> 1928年,由夏丏尊、刘叔琴、杜海生、丰子恺、胡仲持、吴仲盐等人发起,改组为股份有限公司。第二年公司正式成立,杜海生任经理,章锡琛任协理,夏丏尊任编辑所长。杜海生逝世后,章锡琛任经理,范洗人任协理。随着业务发展,其发行所从宝山路迁至望平街(今山东中路)165号,后又迁至福州路中华书局对面,总店(经理室、编译所、总务处、货栈)先后设址宝山路、兆丰路(今高阳路)和梧州路。②
>
> 作为股份有限公司的开明书店,真正运作显然如上所述是1929年开始的。这一点从1929年5月4日《申报》上刊载的《开明书店之扩充》广告亦可见一斑:"开明书店系章锡琛等创设、迄今三载有余、所出书籍已达二百余种、无不内容高尚印装精美、在出版界特树一帜、因之大得读者之信仰、营业十分发达、本年扩充营业、增加资本、改组为股份有限公司、从本月起特售大廉价一月、以为纪念、本版书照实价八折、外版九折、闸近日门市、异常热闹"③(当时还是句读,均为顿点引者注)。

① 宋云彬.开明旧事——我所知道的开明书店[M]//中国人民政治协商会议全国委员会文史资料研究委员会.文史资料选辑(第31辑).1962:7-8.

② 《上海出版志》编纂委员会编.上海出版志[M].上海:上海社会科学院出版社,2000:235.

③ 开明书店.开明书店之扩充[N].申报,1919-5-4.

(二)股东构成及股东会的召开

成立股份公司,股东大会、董事会是十分重要的。开明的股东,除了章锡琛、章锡珊、夏丏尊等公司创建者、主要管理者(他们也不是什么大股东),另外有三类股东:“一部分是开明的作者,他们为了支持开明的事业,自愿将著作的版税入股;还有一部分则是开明的老职工,他们在开明的发展过程中作出了贡献,为了帮助开明壮大,把应当得到的奖金作为股份入股。当然也有一部分既非作家也非职工,而是开明的老朋友,他们投资的目的,并非想从开明分得多少红利,而是帮助开明渡过难关,发展壮大。”[①]显然,开明的股份是比较分散的,股东构成也是多元的。如投资一万元可能就算是很大的股东了,宋云彬说林语堂因为帮开明编《开明英文读本》的教科书,“得到许多版税,做了开明的大股东(我记得他投资一万元)”[②]。诗人汪静之也回忆过自己当年如何以两部书的稿酬入开明之股;[③]翻译家钱歌川明确记载自己在开明入股是“五百块大洋”,且“拿到的是开明书店股份有限公司天字第一号的股票”。郑振铎也曾是开明最早的股东之一,1944 年 2 月他在自己困难到要卖藏书度日的情况下,为了帮助更加拮据的老友夏丏尊、耿济之,还从他们手里购买了几千元的开明股票。[④] 而“开明每个同人几乎全是公司的股东,这就加深了同人对于公司的兴趣和责任”;

---

① 王久安. 新中国最先实行股份制的出版社——中国青年出版社[J]. 出版史料. 2004(3):27-30.

② 宋云彬. 开明旧事——我所知道的开明书店[M]//中国人民政治协商会议全国委员会文史资料研究委员会. 文史资料选辑(第 31 辑). 1962:7-8.

③ 汪静之. 我怎样从拥护女权到当上了股东[M]//中国出版工作者协会. 我与开明. 北京:中国青年出版社,1985:89.

④ 陈福康. 郑振铎的“开明书店合立转股单”[J]. 出版史料,2009(1):76-78.

"同人大部分能够彼此信赖、有感情，能互相了解，和其他企业中老板与职员之间的关系不同"，因此，开明没有其他企业包括商务、中华闹工潮的现象。[①]

按照现代企业制度的要求与规范，股东大会是股份公司的最高权力机构，而董事会是对内管理公司事务、对外代表公司同其他企业进行交易活动的法定业务执行机关。关于开明股东会或股东临时会召开的情况，可从当事人的回忆、相关文章中略知一二。据范洗人《复员一年》所记，民国三十五年(1946)，开明就曾于"十二月八日召集过股东临时会，将卅四年以前的账务正式报告股东会，经通过了"[②]。幸运的是，和那时的商务、中华等大书局一样，开明书店召开股东会后，一般都会在当时的大报如《申报》予以刊登，多为头天开会，次日见报。这就给我们留下了书局召开股东会议的较为有价值、也较为完整的资料。

查询1929年到1949年的《申报》，报上载有开明书店股份有限公司1931—1937年、1946—1947年各年份股东常会或股东临时会的召开情况。另有其他报刊登载该公司1943年股东会的消息。而1930年肯定是召开了股东会的。我们知道，股东常会一般是一年召开一次，开明在和平时期一般是按时召开了的。这里，我们不妨来看看1931年4月20日关于开明书店股东常会的报道：

开明书店股份有限公司昨日(十九)午后二时假爱而近路旅沪绍兴同乡会开第二届年会公推林语堂君为主席首由主席报告到会股东已足法定人数次由董事会代表章锡琛君

① 王知伊．开明书店纪事［M］．太原：书海出版社，1995：109.
② 范洗人．复员一年［J］．明社消息，1946(19)．转引自王知伊《开明书店纪事》一书.

> 报告去年营业状况云比上年增多百分之百二十计二十九万余元次提议董事会提出分派利息及修改章程改定年度各案均照通过次由章锡琛君报告本年三个月内营业状况均比去年增加一倍本店现有资本不敷应用应请公同讨论办法当由股东某君提议增加股本十万元经多数通过并当场认定三万余元最后公举董事监察人林海生.夏丏尊.邵仲辉.舒新城.章锡琛.姚慧.冯万裁.章守宪.胡仲持.九人当选为董事章锡珊.吴仲盐.林语堂.为候补董事夏质均.吴觉农.刘敬三人当选为监察人胡仲持.林语堂.当选为候补监察人①(原文章无断句——引者注)

书业企业包括其他行业股份有限公司的股东常会,基本议题也都差不多,离不开董事会代表(多为常务董事)报告上年度经营情况,监察人报告查账情况,讨论分红、增资扩股、章程修改等事宜。我们翻检商务印书馆的股东会记录,情况也是大同小异。只是商务好像一般没有候补董事、候补监察人之说。战时的公司运转往往大受影响,股东会难以正常召开。抗战时期,开明书店除了上海留守的总店,另有桂林、成都的分部,无法正常召开股东会。公司仅在1943年召开过一次,据《华股研究周报》报道:"开明书店股份有限公司,前于七月十一日召开股东临时会,由董事孙道始主席,报告营业状况,略谓:本公司自民国二十七年以迄于今,因环境之关系,致每年应举行之股东会,延宕,至今日始能召集,至五年中之营业,可谓一年不如一年,而以上海总店为尤甚……最后改选董监,结果何五良、周予同、王伯祥、朱达君、

① 开明书店.开明书店股东会纪[J].申报,1931-4-20.

孙道始、夏丏尊、马荫良、章锡琛、傅莘耕等九人为董事，耿济之、章育文、濮文彬等三人为监察。”[①]抗战胜利后，企业复员。开明书店的股东常会又恢复正常，但为时并不太长。

（三）董事会、董事长及其他相关情况

董事会由股东大会选举的董事组成，是代表公司行使其法人产权的会议体机关，是公司经营决策和执行业务的常设机构，董事会对股东大会负责并接受其监督。从上引材料我们知道，开明书店股份有限公司是设立了董事会的，章锡琛明确提到“书店里各董事公举杜海生先生做经理”，意味着公司有正式的法定业务执行机关董事会。到1934年，杜海生辞职，公司董事、监察人联席会议推举章锡琛担任经理。这里，我们关心的是，最初成立时股东大会（或股东会）是什么样的，董事会的构成是什么样的，董事又有哪些人，后来历年的董事会如何构成，等等。叶圣陶在《邵力子先生和开明书店》一文中，倒是简略谈过1928年开明书店改组为股份有限公司以后的董事长。文章说：

> 那时候，蒋介石已经背叛革命，成立了国民党一党专政的南京政府，开始他的法西斯统治。开明书店既要谋生存，又不愿意投靠国民党，朋友们就商量推举邵力子先生担任董事长。邵先生主编过《民国日报》，反对旧军阀和帝国主义的态度是鲜明的，还担任过上海大学的副校长，在知识界有影响。他在国民党内左右不了那些权势者，这是大家都知道的，可是他毕竟是位“元老”，开明书店请他当董事长，无疑地

① 周报记者. 各公司股东会记录[J]. 华股研究周报，1943（10）.

能起保护色的作用。至于作用到底有多大,我说不清楚,只记得有时候遇到了麻烦,夏丏尊先生就赶到南京去找邵先生。邵先生一直很关心开明,每次路过上海总要到开明看看丏尊先生、锡琛先生等几位老朋友。[1]

从这里我们看出,当时开明的董事会运作显然还不够严格、规范,董事长的“挂名”色彩偏重。说邵力子挂名主要着眼于企业内部管理,其实在对外联络中,作为董事长的邵力子还是发挥了较为重要作用的。身为同盟会元老,又曾担任中枢幕僚、地方大员以至国民党中宣部长等要职,有广泛社会影响和很好人脉资源的开明董事长,邵力子关键时候不止一次为公司排忧解难。曾任职开明书店南京分店的钟达轩在回忆中提及两件事:“一、开明书店董事长邵仲辉(力子)先生在南京,总管理处为了向银行借款事,曾要求邵先生出面去信给上海银行界某知名人士。我拿了总管理处代邵写好的信请邵先生签名盖章,他在信上加了‘既承厚爱,特赐成全’八个字。后来就借到了一笔款子。”“二、总管理处准备在台湾开设开明分店,要在台北市闹市区买几间街面房屋,一时无法落实。命我到邵先生处请其致函给台湾省主席陈仪,要求帮助解决。后来就在台湾中山北路买进店屋一幢,设店营业。”[2]此外,开明在类似接盘大江书铺(邵力子同时也是它的董事)等重大决策和具体运作上,邵力子也发挥了特殊的作用。[3] 由此可见,邵力子董事长在一些事关公司发展尤其是对外交往的大事上,还是发

① 叶圣陶. 邵力子先生和开明书店[M]//中国出版工作者协会. 我与开明. 北京:中国青年出版社,1985:106-107.

② 钟达轩. 开明书店的经营方式和作风[M]//中国出版工作者协会. 我与开明. 北京:中国青年出版社,1985:260.

③ 天. 开明书店扩大营业[J]. 社会新闻,1934(7):101-102.

挥了重要作用的。开明元老吴觉农谈到“邵力老(邵力子)与开明的关系”时也曾这样说:

> 他曾经担任过开明书店的董事长。邵老是国民党的元老,与文化界的进步人士也有不少关系。他对开明书店在经济上有过一定支持,在政治上也有所借力于他。章锡琛与邵老是同乡,遇到一些麻烦,锡琛与开明的其他负责人多次找邵老以解决一些麻烦。锡琛同我谈起过这方面的事,表示“有恃无恐”。①

借重邵力子,开明既有经济上、经营上的考量,更重要的是通过他来协调政商关系。邵力子偶尔有机会到上海,莅临公司时,开明上上下下是高度重视的。1934 年 12 月 22 日《申报》上,刊登了这样一则消息,题为《开明书店昨午欢迎邵力子》②:

> 开明书店股份有限公司董事长邵力子氏、此次来沪、该公司董事会、特于昨午在虹口梧州路总厂设宴欢迎、邵氏于午前十一时、偕夫人傅学文女士莅临、由该公司经理章锡琛协理范洗人招待、并请董事夏丏尊.夏质均.何五良.叶圣陶.等作陪、席间、邵氏垂询该公司营业情况甚详、并指示进行方针、席终由各董事陪同巡视总厂各办公厅一周、邵氏时露笑容、颇致满意、并合摄一影、以资纪念。

正因此故,据叶圣陶讲,到了建国初期,邵力子“在开明还挂着董事长的头衔”,可见时间之长;其职务也并非无足轻重。我们从网上还

① 吴觉农.怀念老友章锡琛[J].出版史料,1988(1).
② 开明书店.开明书店昨午欢迎邵力子[N].申报,1934-12-22.

查询到民国36年邵力子董事长钤印的开明书店股票转让单，图文皆十分清晰、真实可信。江苏吴江市档案馆也收集到民国37年有邵力子印章的“开明书店股份有限公司合立转股单”①。当然，由于邵力子担任众多要职，公务十分繁忙，社会活动也很多，且并不在上海常住，甚至有时也长时间不在南京，因此他不可能像张元济在商务那样当董事长。我们来看看邵力子1928年到1937年10年间的任职情况：1928年2月，邵任中央政治会议委员、总司令部秘书长，与陈布雷等一起为蒋介石起草文稿。1931年辞去秘书长职务，任中国公学、复旦实验学校校长，12月被任命为甘肃省主席；次年4月才正式到任。1933年，邵改任陕西省主席。1937年，辞去省主席之职，任国民党宣传部长；同年7月，抗战全面爆发，邵又兼任国际反侵略同盟中国分会副主席、军事委员会战区政务委员会秘书长等。② 我们从邵力子这个阶段的经历和任职来看，他真正参与开明书店决策与管理是十分困难的。以至有关邵力子生平事迹的文章、传记，大多提都没提他的这个董事长职务。抗战胜利后，开明书店总店与成都分部的同人在上海团聚，运转逐步恢复正常。我们注意到，1946年12月8日、1947年2月16日开明都开过股东会，邵力子不仅亲自参加，而且还担任了会议主席。③ 我们搜寻“知网”，输入“邵力子”查找文章篇名，共得文章110篇，其中只有1篇是关乎开明书店的，且属于新闻报道类的豆腐块短文。④ 由此也可见相关研究之薄弱。

至于董事、常务董事之类，丰一吟在《丰子恺与开明书店》中提及，

---

① 钱歌川. 回梦六十年——纪念章锡琛先生辰百年祭[M]//《出版史料》编辑部. 章锡琛先生一百周年纪念文集. 1990：26－27.

② 傅学文. 邵力子生平简史[M]//傅学文编. 邵力子文集. 上海：中华书局，1985.

③ 参见《申报》，1946年12月9日、1947年2月17日。

④ 范红明. 邵力子“开明书店转股单”现身吴江[J]. 兰台世界，2012(25).

“开明改成股份有限公司后，父亲（指丰子恺——引者注）还担任过第一、二届理事”[①]。我想，作者可能误把“董事”当“理事”了。开明书店历年董事选聘、监察人选举的情况，我们可以从《申报》上关于开明书店召开股东会的新闻报道中梳理出来。抗战爆发前，开明每年都正常举行股东常会，也几乎是每年都要在大报上宣传介绍的。

据有关人士回忆，开明书店董事会中，是有“常务董事”之职的。抗战胜利后，担任书店襄理的卢芷芬就曾“陪同开明常务董事章雪村（章锡琛，字雪村——引者注）先生巡视过汉口、长沙、广州、香港、昆明、贵阳，重庆、成都等分店，为教科书在市场上的竞争到处奔波”[②]。《上海出版志》论及开明抗战时期的情况，也还提及那时董事会及经理层的变化：“协理范洗人等于 1941 年在广西桂林设立开明总办事处，重组董事会，范洗人任总经理。日军进犯桂林，总办事处迁重庆，由叶圣陶主持。抗战胜利后，总办事处迁回上海。”[③]有研究者对抗战中后期开明的组织重构及其运作进行了更为清晰的梳理：“1941 年 5 月，开明书店正式把总办事处设立在文化城桂林。1942 年底改组董事会，选邵力子为董事长，范洗人为经理，邵力子、范寿康、范洗人、章锡琛、章锡珊、叶圣陶、丰子恺、傅彬然、宋云彬、胡仲持等被选为董事，1942 年 6 月，开明书店编译所成都办事处成立，叶圣陶为主任，金仲华、傅彬然、宋云彬、贾祖璋为编译委员，议定每月出版两三种新书，约三十万

---

① 丰一吟. 丰子恺与开明书店[M]//中国出版工作者协会. 我与开明. 北京：中国青年出版社，1985：119.

② 卢元锴等. 快乐的书生、练达的事业家卢芷芬[M]//中国出版工作者协会. 我与开明. 北京：中国青年出版社，1985：137.

③ 《上海出版志》编纂委员会编. 上海出版志[M]. 上海：上海社会科学院出版社，2000：235－236. 据宋云彬回忆，抗战期间开明在桂林重组董事会时，宋本人，还有傅彬然都被选为董事，但事实上已经脱离开明，没做什么工作。（据宋云彬《开明旧事——我所知道的开明书店》一文所记）

字,每月稿费以十万元为度,叶圣陶负责组稿工作,范洗人负责发展(行)业务,至此,以桂林和成都为中心的开明书店团队成形,其编辑出版重心从上海转移到内地。"①尽管颠沛流离,条件艰苦,开明人还是坚持按照现代企业的制度进行组织建构,确保公司有效运转。

这个期间,可能中途某年总经理又改为章锡琛了,具体时间待考;故有研究者指出,抗战胜利后的 1946 年 8 月,"开明书店召开董事会,章锡琛辞去总经理的要求,选范洗人任总经理,并选范先生为常务董事。"②这次董事会上,也选举章锡琛任常务董事。1948 年三四月间,开明内部出现了一些不和谐,叶圣陶因与章锡琛等观点不合,遂于 5 月 24 日辞去了董事和协理;其他十多人联名集体"弹劾"章锡琛。1949 年 7 月,章锡琛也辞去了常务董事的职务。这个时期,开明内部部分职工与章锡琛之间产生的尖锐矛盾,其原因也是多方面的,此处不予置评。1950 年 2 月,开明书店股份有限公司的"请求与国家合营"的"呈文",在最后的"具呈人"中列出了当时公司董事长、董事、监察人的全部名单,详情如下:

董事长:邵力子
董　事:章锡珊　周予同　范洗人　吴觉农　范寿康
　　　　章育文　朱达君　何五良　章锡琛　傅彬然
　　　　王伯祥　傅耕莘　郑振铎　马荫良
监察人:朱季华　詹沛霖　陆桢祥

---

① 邱雪松. 开明书店:"开明人"与"开明风":中国现代出版与知识分子的一种关系[D]. 上海:华东师范大学,2010:63.

② 谭日红. 别具一格的贡献——开明书店考察[D]. 上海:华东师范大学,2005:50.

据王知伊讲，这份《开明书店请求与国家合营呈文》见于开明1950年9月编印的《第一届全国出版会议纪念册》。2月份开明向总署递交"呈文"，同年4月3日出版总署即批准了合营申请。开明则按照总署的指示，由章锡琛、范洗人、傅彬然(董事会代表)、金灿然、沈静芷、史育才(出版总署代表)、顾均正、唐锡光、章士易(右加反文旁)(职工代表)组成业务委员会，具体落实公私合营事宜。1951年初，总经理范洗人去世，总署指派傅彬然(当时为总署出版司副司长)兼任开明协理，并协助邵力子以董事长名义参与决策重大事宜。[1] 可见，开明书店一些重大决策都还是经过董事会的。

从产权制度与组织制度的角度来看，开明书店也初步形成了以公司的法人财产为基础，以出资者原始所有权、公司法人财产权与公司经营权相互分离为特征，以股东会、董事会、执行机构作为法人治理结构来明确各自责、权、利的企业产权组织制度。开明书店企业经营班子的日常运作材料比较多一些，而董事会怎样行使其职责虽记载不多，但还是有迹可循的，比如1934年4月15日，书店董事会就讨论通过了《开明书店股份公司组织大纲》，这是一个规定企业组织构架、明确各自职责的管总的文件。这个大纲的最后一条(第十五条)明确规定："本大纲经董事会议决施行。如有增删修改，应提请董事会议议决之。"[2]从这里我们也可以看出董事会的某些职掌。公司重大决策一般都还是要通过董事会的，叶圣陶的《沪上日记》对此就略有涉及。其中，他在1947年10月30日有载："董事会提案，拟由一亿元增至三十亿元。所以然者，盖欲减少'做账'之困难。由于通货膨胀，币值低落，

---

① 王知伊. 开明书店纪事[M]. 太原：书海出版社，1991：177－183.

② 汪耀华选编. 民国书业经营规章[M]. 上海：上海书店出版社，2006：281－283. 本文以下提及、引用的相关开明书店规章制度皆出自此书，不再一一加注。

各业就其营业数字观之，皆远超出于原有资本之数。为避免付出巨大之所得利税（若照算各无以存立），几无一家不造假账。我店资本增加三十亿，在目前聊可应付。股东不必出现金，即以一股升为三十股即可也。"[①]公司这次所谓增资其实是40年代后期物价飞涨、通货膨胀情况下的权宜之计，但也属大事，还得董事会通过。

（四）开明书店的最后归宿

新中国成立之初，开明书店在公私合营期间制定了《开明书店股份有限公司业务委员会组织及工作简则》[②]，总计10条，其中5条关涉业务委员会具体的组织结构和工作职责，另外5条均出现"董事会"字样，如下：

> 第一条　本简则根据中央人民政府出版总署之指示及本公司第十二届董事会在京第一次会议之决定定订之。
>
> 第二条　业务委员会（下简称业委会）由董事会聘请中央人民政府出版总署有关人员三人，本公司董事代表、职工代表组织之。
>
> 第八条　业委会之各项决议，送请董事会核准后，或径交总经理交有关部门执行。
>
> 第九条　本简则须经董事会核准，并呈请中央人民政府出版总署备案后施行。
>
> 第十条　本简则如有未尽事宜，得由业委会提请董事会修正之。

---

① 叶圣陶. 叶圣陶集第21卷[M]. 南京：江苏教育出版社，2004：228.

② 王知伊. 开明书店纪事[M]. 太原：书海出版社，1991：189－190.

从字里行间我们可以了解，开明书店1928年改组为股份有限公司后，在和平时期董事会成员选举、召开会议等运转正常（即便是在抗战时期也曾偶尔召开过），到1950年已是第12届。当然，公私合营后，虽然也还有董事会，重大事项的决策也还通过董事会；但因为有了“公”的介入，有了上报“备案”等手续，还有实际参与决策的“公家人”，其制度安排离现代企业制度也就渐行渐远了。这些不是本文探讨的范围，不再展开。

和商务印书馆一样，开明书店不设立监事会，而是设立了监察人的。1934年3月21日公布的《经济委员会试行章程》中提到，“本会设主席一人、委员若干人，以经理为当然主席，其他委员由经理就本公司董事、监察人或职员中聘任之”。显而易见，开明书店股份有限公司较早就是设有监察人履行监督之责的。从上文提到的“呈文”来看，开明的监察人大约也和商务印书馆差不多，一般为3人。历届监察人的姓名可以从《申报》对开明书店股东会的报道中查到。

虽然开明书店初步建立了股份有限公司的企业制度，但从能找到的材料来看，它的产权制度及其具体实施远不及商务印书馆严格和规范。我们试图找到类似《商务印书馆股份有限公司章程》（1932年9月4日及11月6日股东临时会修改）[①]这样的资料，目前尚没有发现。总体来看，开明仍然带有一定的同人书店色彩，其非正式制度的作用发挥得更好，这也是我们后面还要重点讨论的。

这里，我们还要提一下50年代开明书店与团中央属下的青年出版社的合并。“1953年4月，新中国成立后最先实行股份制的出版社——中国青年出版社诞生了。一家国营出版社和一家私营书店两

① 汪耀华选编.民国书业经营规章[M].上海：上海书店出版社，2006：43.

厢情愿地结合在一起，到现在整整半个世纪了。”“两社联合，成立了公私合营的股份有限公司，谁来当常务董事呢？这个头衔落到了三个名人的头上，第一位是当时青年团第一书记胡耀邦同志，第二位是原开明书店股份有限公司董事长邵力子先生，第三位是青年团中央书记处书记刘导生同志。董事会的成员有胡克实、于北辰、韦君宜、杨述、朱语今、李庚、左林、陈绪宗、郑振铎、章锡琛、章锡珊、王伯祥、章育文、傅彬然、吴觉农、傅耕莘等人。”[①]这样的企业合并与公私合营，这样的股份制及其董事会的组成，自有其特殊的时代背景和历史内涵。它与现代企业实行的严格意义上的公司制将渐行渐远。直到2003年国家实行新一轮包括出版业在内的文化体制改革，出版机构的股份制改造才再次提上议事日程。

顺便提一下，有研究者把开明书店28年的历程，说成是“从兄弟书店—商业/同人书店—同路人书店—公私合营出版社的演变”，其实这里缺乏企业制度的视角。作者还认为，当时的开明“股份公司不上市，股票仅在‘开明人’间发行，因此可以称作商业/同伴书店时期”[②]，这个说法也是值得商榷的。一家企业是不是真正的股份有限公司，股票是否上市并不是不可或缺的因素。实行现代企业制度的股份有限公司既可以是上市公司，也可以是非上市公司，且未见得前者一定比后者经营得更好。

（原载《华中学术》2017年第1期，作者范军）

---

① 王久安.新中国最先实行股份制的出版社——中国青年出版社[J].出版史料，2004(3)：27-30.

② 邱雪松.开明书店：“开明人”与“开明风”：中国现代出版与知识分子的一种关系[D].上海：华东师范大学，2010：15.

略论开明书店的组织制度与管理制度

我国经济学界、管理学界讨论的企业制度主要是企业产权制度，也就是企业制度中的基本财产制度。而在企业经营与管理实践中，企业制度的其他方面也是十分重要的。完整意义的企业制度“是对企业全体成员应当遵从的各种行为规则的总称，包括企业的章程、条例、守则、规程、程序、标准等，它们都是企业制度的表现形式”①。本节我们探讨产权制度以外的有关开明书店的组织制度、管理制度的方方面面，这些行为规则往往具体而切实，值得总结和分析。

一、开明书店的“公司组织大纲”

企业组织制度与产权制度有着密切的关系。前文探讨开明书店实行股份制改造以后的有关组织情形，实际上对组织制度已经有所涉及。作为股份制公司，其组织制度就是在所有权与经营权相分离的条件下，调整和平衡公司各相关权利人关系并对公司运营进行监督的制度安排。而机构设置是企业组织制度的实现途径，其目的在于企业运作效率的优化。一般而言，现代企业组织制度的结构主要由股东大会、董事会、监事（会）、总经理和职能部门等组成。这些组织机构围绕着企业资产的保值增值进行活动。关于开明的股东会、董事会等，前

① 孙永正. 企业组织与制度［M］. 北京：中国财政经济出版社，2004：174－175.

文略有讨论,这里我们再来看看其他机构、职能部门及其职掌。

在开明书店的一系列规章制度中,《开明书店股份有限公司组织大纲》无疑是起提纲挈领、宏观指导作用的。这个“组织大纲”总计有15条,另含一个附表。其主要条款关涉组织机构的构成及其各自职能划分。第一条内容如下:“本公司于经协理下设编译所、营业处、总务处,并设经理室及经济、人事、审核三委员会分别掌管全公司之业务与事务。”接下来从第二条到第八条分别对编译所、营业处、总务处、经理室、经济委员会、人事委员会、审核委员会的“职掌”予以明确规定。如编译所:“掌理编译事宜,统辖编纂、校对两部及中学生杂志社、开明函授学校、开明图书馆,并由所主任从各机关选聘编审委员别组编审委员会”;总务处:“掌理不属编译所、营业处之事宜,统辖会计、出纳、出版、供应、栈务五部”;人事委员会:“掌全公司职工之进退、奖惩及福利事项,辖人事、考工、舍务三科,委员人数另定之”。“组织大纲”的第十五条前面已经引述,我们来看看第九条至第十四条的内容,因都十分简明扼要,兹转录如下:

第九条　本公司为推进业务起见,特组业务会议,其章程另定之。

第十条　各处所各设主任室,分掌各该处所之文牍、收发、庶务等事项。

第十一条　各处所置处所主任一人,各部署部主任一人,各课置课主任一人,各科置科主任一人。

第十二条　经理室置秘书若干人,分办本室及各处所主任室之秘书事务,并分任经济、人事、审核三委员会之书记,由首席秘书总其成。

第十三条　办事职员无定额，视各处所部课事务之繁简酌定之。

第十四条　各机关办事规程由经理室另定之。

从上述简要介绍不难看出，这个“组织大纲”具有纲领性、全局性、长远性的特征。它是开明书店股份有限公司的基本规范，规定了公司的组织指挥系统，规范了内部机构的设置、干部职工的职数及职掌，同时也明确了人与人之间的分工协调关系，等等。这种内部机构与机构、人员与人员之间的关系，更多是一种相互配合、协调的工作关系。而从更高层面，从现代企业治理结构的角度看，股东会、董事会、总经理（经营班子）及监事（会）除了各司其责、相互协调外，同时还有一个互相制衡的功能。因开明的同人色彩，人本化管理，这种相互制衡的制度安排及具体实施显得不是那么明显。

二、开明书店的日常经营管理制度

公司管理制度是对公司管理活动的制度安排，包括公司经营目的和观念、公司目标与战略、公司的管理组织以及各业务职能领域活动的规定。具体来说，管理制度主要应该包括企业的日常经营管理制度、科学的劳动用工制度，以及灵活有效的激励机制等。我们说开明书店是民国时期“文化人办出版”的典型，也是具有显著“同人色彩”的文化企业，但它同时也是当时的“六大书局”之一，是那个时期有重要影响的重要出版机构，因此在企业内部管理方面、在管理制度的建立健全方面依然有可圈可点之处。下面，我们侧重从日常管理制度方面来进行一些分析。此处主要依据的是1934年开明书店自己编印的

《开明书店股份有限公司章则汇辑》,这个材料收录在汪耀华选编的《民国书业经营规章》中。①

企业的运作往往是在一定的经营目的、理念指导下,确定战略目标,形成并选择战略方案。而公司战略必须通过组织机构去组织实施,同时还必须建立起适应战略要求的有效组织结构作为支撑。公司经营目标与战略归根到底是通过各种具体业务活动来实现。一般来讲,公司经营职能活动可以分为五大基本领域,即市场营销、研究开发、生产制造、财务、人事。这五大职能包容了公司主要的经营业务职能。公司经营管理层通过对这五大领域活动的计划、组织、指挥、协调与控制,并把它们有机地结合起来,就可以把握日常经营的全局,保证战略的有效实施和经营目标的实现。各职能领域的管理活动,同样有其特定的内容、原则、程序和方法。将职能领域的管理行为规范化,就形成了关于日常经营的管理制度。这是公司管理制度的主要内容,是公司经营目的、理念的载体,是实现公司目标与战略的保证。② 仔细阅读《开明书店股份有限公司章则汇辑》收入的 28 项规章制度,除了诸如"公司组织大纲"这类管总的文件外,其他若干分门别类的章程、规程、规则主要都是关于公司日常经营管理的,涉及方方面面。

作为出版机构,开明书店的研究开发不同于一般工商企业。在开明的各处所中,承担研发任务的应该是编译所。1934 年 5 月 1 日公布的《编译所暂行办事规程》就从制度上规定了它的组织、职掌、办事总则。这个"规程"含"附则"共计 4 章 26 条,内容翔实具体,具有可操作性。例如第二章"职掌"中,对所主任职掌的规定是:"主持本所一切

① 汪耀华选编. 民国书业经营规章[M]. 上海:上海书店出版社,2006:281 - 335.
② 汤少梁主编. 现代企业管理(第二版)[M]. 南京:南京大学出版社,2010:13.

事务”;“主席编审委员会”;“拟定出版方针及计划”;“督察及分配本所各部分人员之工作”;“处理著作权之购赁”;“按照决定之计划,委托图书编译人”;“决定书稿之发排”;“签付本所各种款项”;“主持其他关于编译之事项”。又如“编纂部职掌”包括“编审各种图书”“审订外来稿件”“整理旧出版物及旧稿”等。再如“中学生杂志社职掌”有“拟定本杂志之编辑方针”“约定本杂志之撰译人及征集外稿”以及“决定外稿之收用或退却”,等等。

开明书店对市场营销也是十分重视的,设立有专门的机构,制定了相关的管理制度。和编译所的“办事规程”同时颁布的还有《营业处暂时办事规程》,也同样是由“组织”“职掌”“办事总则”“附则”4 章组成,具体内容有 23 条。毫无疑问,营业处是专为开展市场营销活动而设立的。所谓市场营销,是指个人和组织通过创造并同他人交换产品和价值以满足需求和欲望的一种社会活动。广义的市场营销泛指与市场有关的一切活动。市场营销的主体是通过积极的活动,促进交易实现的人和群体,称之为市场营销者,被动的一方成为目标公众。通常情况下,市场营销者是服务于最终用户市场,同时又面临竞争的企业。开明书店作为一家书业企业从制度设计上确保了市场营销活动的有效开展。书店的营业处下辖 4 部,即分店部、推广部、发货部、进货部,分工明确,各司其职。其中“推广部”的“职掌”如下:“本公司各种货品推销之设计”;“调查本公司各项营业报告,筹拟改进之计划”;“调查与本公司营业有关系之事项”;“主持本公司营业上一切宣传事项”;“办理关于本公司出版物外来刊登广告事项”;“处理其他关于营业之推广事项”。开明书店与市场营销相关的管理制度还有 1934 年 5 月 28 日公布的《营业会议章程》,不再赘述。

开明书店的财务管理过去是人们所忽略的。其实,对任何企业来说财务管理及其制度建设都是极为重要的。企业财务是指企业在生产经营活动中的经济业务,及由此产生的资金运动和经济关系。企业在生产经营活动中必然要发生一系列经济业务,如对所需资金的筹集、投放、耗费、收回、分配等;必然要与各有关方面交往,发生资金、账目往来,产生财务行为,形成资金运动及与各方面的经济关系。要做好企业财务管理,制度的建立健全是基础、是关键。开明书店的企业制度中,与财务管理相关的有《总务处暂行办事规程》《经济委员会试行章程》和《款项收支试行规则》等。开明书店总务处下辖5部,包括会计部、出纳部、出版部、供应部和栈务部。从这个机构组成我们就知道总务处的"办事规则"中财务管理是必不可少的重要内容。其中,会计部职掌8项如下:"总公司各种账务之记载与结算";"总公司各种账单之抄发";"本公司结算报告之编制";"外来账单之核定";"本公司货物成本之计算";"本部使用账册、单据之保管";"筹拟改善记账方法之计划";"其他关于会计之事项"。条分缕析,清清楚楚,职责分明。出纳部的职掌有6条,也同样分工明确,职掌科学,便于管理。

除了上述与营销、研发、财务相关的管理制度,开明书店在生产、人事管理方面也注重建章立制,规范运作。与之相关的章程、规程、规则等,这里我们只列举其名称。生产管理方面有:《经理室暂行办事规程》《业务会议章程》《业务会议议事规则》《出版会议试行章程》《货物处理暂行规则大纲》等;人事管理方面则有:《人事委员会试行章程》《人事委员会试行办事规则》《人事陈述规则》等。关于人事管理,后文还要专门讨论。

三、开明书店的人力资源管理制度

人力资源管理是现代企业管理的一个重要方面。具体来讲，就是企业通过人力资源规划、工作分析、员工招聘选拔、绩效评估、薪酬管理、员工激励、人才培训和开发等一系列手段，来提高生产率，最终达到企业发展目标的一种管理行为。企业包括书业企业的竞争，人才是关键。和一般工商企业相比，书业企业对人力资源的依赖度更高，人才的作用也显得更加重要。如何用制度来管理好人力资源，同样是八十多年前开明书店面临的课题。开明人力资源管理制度涉及进退、薪酬和福利等方面。

1934 年 3 月 21 日公布的《人事委员会试行章程》是开明书店进行人力资源管理的一个综合性文件，着眼于劳动用工的各个方面。这个"章程"只有 8 条，实质性内容只有 6 条，不妨转录如下：

一、本会依照本公司组织系统组织，专任审核全公司同人（各部主任以上人员除外）之进退、奖惩及福利等事。

二、本会以经理为当然主席，下设书记一人、委员七人，除协理及各处所主任为当然委员外，书记及其他委员概由经理就本公司职员中聘任，并得随时更调之。

三、本会除主席及当然委员外，其姓名概不公开。

四、本会附设人事、考工、舍务三科，由经理另聘若干人处理日常事务。

五、本会接受关于全公司同人进退、奖惩及福利之提案，由经理审阅后交书记分别提交各委员审核考核，限期汇集意见，由书记制成报告书，送请经理核定后执行之。但事关急要者，得由书记或人事科径请经理核定后执行，再通知各委员。

六、本会汇集各委员意见归纳成决议后，即由本会全体委员负责，个人意见对外概不发表。

本会办事规则另定之。

本章程自公布日实施。

若说这个“章程”是比较原则性、稍显宏观的制度，那么此后不久即同年5月1日公布的《人事委员会试行办事规则》则要具体得多，十分具有可操作性。如关于“人事科之职掌”即规定为：“执行本会决议事件”；“办理同人薪给等之计算及分发事务”；“登记同人加班、请假、旷工等事务”；“办理同人津贴、抚恤、补助等事务”。而负责考查监督的“考工科之职掌”，负责宿舍管理的“舍务科之职掌”皆清楚明白，规定具体。“办事规则”最后要求“各科主任及职员应逐日将处理事务记录于各种簿册，每星期送请主席查阅”。

除了以上两项较为综合性的制度，开明还制定了若干有关人力资源管理的较为具体的规章制度。其中有《职员服务暂行规则》《职员待遇暂行章程》《人事陈述规则》《职员保证金章程》《职员押柜金章程》《同人疾病补助暂行章程》《同人婚丧假津贴薪金暂行章程》《特种储蓄章程》《练习生规则》。这中间的《职员服务暂行规则》类似于现今一些公司的“员工守则”，包括“总则”“奖励”“惩戒”“附则”4章计31条，规定得十分详细。其他几项规章制度主要关涉书店职员的薪酬、福利等，规范、细致、严谨。

对于开明书店30年代制定和实施的这些规章制度，公司内部其实也是有不同意见的。宋云彬对此有过评述:“初期的开明书店,工作人员不多,都是一些趣味相投的朋友,没有什么规章制度,也没有严格的分工,完全是手工业作风,里面充满一种温暖的气氛,自然而然提高了工作人员的工作积极性和事业趣味性,不斤斤计较工作时间和报酬。刚改组为有限责任公司的时候,还保持着这种作风,但不久情况就改变了。大约从 1933 年起,开明开始拟订各种规章制度,陆续公布。这些规章制度,大部分是从商务那里抄来的,多数由丁晓先草拟,经会议通过。婢学夫人,学得个四不像。那时候总公司一共只有一百多个工作人员,组织系统却分为三个处所、一个室、十八个部、三十三个课和四个委员会。职工每天上下午签到,旷工照扣薪水。还有其他各种章则。这样一来,过去的那种温暖气氛,给一扫而光了。那时候,我已经进开明,我跟锡琛谈过,我说这样做有利也有弊,其弊在容易挫伤同事们的积极性。但锡琛他们的看法跟我不同,据说这样做完全合乎资本主义发展规律云云。本来呢,为了严密内部组织,搞好分工合作,定一些规章制度,也是需要的。但必须结合实际情况,顾到开明的特点,考虑到如何保持那种优良传统,如何发扬同事们的工作积极性。然而锡琛他们全不考虑到这些,一味看商务、中华的样。锡琛也没有想到叶圣陶等人为什么要从商务跑出来,做开明的编辑。当时开明的大多数同事,对锡琛他们这种搞法是有反感的。不久,圣陶就在他的故乡苏州盖了几间房子,全家搬了回去。他虽然没有脱离开明,但不是天天上班,一个月只来上海一两次了。”①宋云彬所说开明最初的家庭式氛围、人性化管理,确实不假。至于他对后来在开明实施的一些

① 宋云彬. 开明旧事——我所知道的开明书店[M]//中国人民政治协商会议全国委员会,文史资料研究委员会编. 文史资料选辑(第 31 辑). 1962(7):7-8.

列管理制度，用宋云彬的话说是“专心致志于按照资本主义经营方式办书店”，一方面的确是凡事有利必有其弊，另一方面，也要注意此文写于 1962 年，当时的政治背景、价值评判无疑会影响作者的写作态度与语言表达。其实，30 年代中期开明书店已开始跻身大中型书局行列，如还是像起步时期三五个人那样的作坊式管理，肯定是不行的。就像 30 年代王云五在商务推行科学管理法也曾受到抵制，特别是编辑的强烈反对；但今天回过头来仔细思量，科学管理法的逐步实施，对商务后来的发展包括“一·二八”后的迅速复兴，还是发挥了积极作用的。

（原载《华中传播研究》2016 年第 1 期，作者范军）

略论民国时期开明书店的非正式制度

在民国的“六大书局”中，开明书店是成立较晚的。比起1897年创立的商务印书馆和1912年创立的中华书局，开明书店只能算小老弟，甚至是晚辈；即便是与1921年成立的世界书局、1916年成立的大东书局相比，开明的资历也还有差距。但在20世纪二三十年代中国图书市场已趋成熟、书业竞争十分激烈的情况下，开明能异军突起，跻身几大书局之列，实属不易。这无疑与开明的制度变革和完善有关。它在成立后不太长的时间里，就顺势而动，将兄弟合伙制企业改组为股份有限公司，实行了产权制度的根本变革；与此同时，在企业内部建立科学、合理、规范的组织制度和管理制度。

作为成长性良好的书业企业，开明书店的发展既是跨越式的，同时也是较为稳健的。“创店时只有四五人，随着业务发展，工作人员增加，总公司下分3个处所、1个室、18个部、32个课和委员会。书店创办资金约5 000元，改组为股份有限公司后资金为5万元。经过几次增资后，1936年资金为30万元。1947年增资为法币30亿元。北京的朴社、未名社和上海的大江书铺等先后由开明书店受盘。开明书店先后在北京、沈阳、南京、汉口、武昌、长沙、广州、杭州、福州、台北等地设立分店17处。1950年实行公私合营，与青年出版社合并成立中国青年出版社。”①从出版物的角度来说，开明走的是质量效益型的路子，不搞

① 上海出版志编纂委员会编. 上海出版志[M]. 上海：上海社会科学院出版社，2000：236－237.

简单的规模(数量)扩张。20多年中,开明书店共出版书刊约1 500种,主要以中等教育程度的青年为读者对象,内容包括文学、艺术、语文、自然科学、应用技术、史地等,类型有刊物、教科书、青少年读物、古籍和工具书等。注重质量,讲究品味,形成特色,办出风格,打造品牌,这是开明书店留给后人的深刻印象。成功的背后,有现代企业制度的支撑,更有企业文化的作用。按照西方新制度经济学家的说法,企业除了产权制度、组织制度、管理制度那样的"正式制度",影响其发展的还有"非正式制度"。如果说前者是"硬约束",后者则是"软约束"。下面我们将重点探讨开明书店卓有特色的非正式制度,以及它如何在企业建设与发展中发挥积极作用。

一、企业非正式制度及其在民国时期书业企业中的具体体现

非正式制度是西方新制度经济学的一个概念。所谓非正式制度,也称为非正式约束、非正式规则,是指人们在长期的社会交往中逐步形成,并得到社会认可的约定俗成、共同恪守的行为准则。它包括价值观念、风俗习惯、文化传统、伦理道德和意识形态,等等。在所有的制度中,正式制度只能占很少的部分,大部分领域仍然是非正式制度在起作用。"非正式制度既是一种约束人类行为的规则,又是一种人类在既定生产力水平条件下的生存和发展方式。虽然与正式制度相比,非正式制度对人的约束是软约束,但却是更持久、更坚韧的约束,由于非正式制度涉及人的价值观念、文化传统、理想和终极关怀等,因此,非正式制度约束又是一种对人类行为的终极约束。"①晚清民国时

---

① 伍装.非正式制度论[M].上海:上海财经大学出版社,2011:16.

期，我国出版企业一方面注重加强现代企业制度建设，在产权制度、组织制度和管理制度上积极学习西方企业的做法；另一方面，非正式制度在书业企业的建立和发展中也发挥了不可或缺的重要作用。

企业非正式制度中，最本质的东西是价值观念。正是一种崇高的理想信念和价值追求成就了中国近现代一些优秀的出版企业和编辑出版家。人们所熟知的亚东图书馆，是1913年由安徽人汪孟邹在陈独秀、胡适等人支持下创办的一家小规模书店（出版社）。作为实行业主制的小书店，汪孟邹既是投资人，又是经营者，企业正式制度始终没有建立健全，连员工（伙计）的工资如何确定、怎样发放，稿酬标准如何等，都十分随意。管理一度还有些混乱，出现危机。但就是这样一个离正规的现代企业制度有不小距离的出版机构，刊行了不少思想内容、装帧形式乃至编审校对和用纸印刷都很好的优秀出版物。这就与老板汪孟邹的义利观有着密切的关系。所谓义利观，无疑是属于非正式制度的范畴。吴永贵在论及"亚东人的精审作风"时触及到问题的实质：

> 亚东的古典小说，在书业界独占鳌头，在标点和版本上很下了功夫。标点力求准确，再版时，不断修改。版本则精益求精，一旦有更好的本子替代，不惜毁版重排，《红楼梦》《儒林外史》皆是实例。印刷方面，亚东更是表现不凡，《水浒传》《胡适文存》等畅销书，因屡次印刷，纸型模糊破损，亚东不惜成本，除旧布新，重起炉灶，这是一般专为牟利书商不可能做到的。它反映了亚东人对读者高度负责的精神。人们把这一精神贯注的亚东图书，敬称为"亚东本"，亚东同人也深深地引为自豪。汪孟邹不无得意地写道："我们出版认

> 真，不肯苟且，一半是由于个性使然，一半也是许多朋友，如章行严、陈仲甫、胡适之诸先生督促之力。我与同业群益主人陈子沛、子寿昆仲，泰东主人赵南公，太平洋主人张秉文诸老友时常要闲谈，都说：'我们与其出版一些烂污书，宁可集资开设妓院好些。'大家都大笑起来。"在汪孟邹身上，"义"和"利"的分别不妨统一。讲"义"，就是于"利"的追求之中，寓含有为社会文化服务的性质。二者相辅相成，相得益彰。[①]

从汪孟邹自己的话语中，我们看到不出"烂污书"是当时出版界中一些有识之士的共识。中华书局创始人陆费逵在《书业商之修养》一文中也曾说："如以诲淫诲盗的书籍供献于世，则比提刀杀人还要厉害。盖杀人不过杀一人，恶书之害，甚于洪水猛兽，不知害多少人。所以我们当刊行一种书的时候，心地必须纯洁，思想必须高尚，然后才可以将最有价值的结晶品供献于世；否则，不但于道德方面要抱缺憾，即自己良心方面亦受谴责。"[②]这种对义与利关系的认识，这种出版价值取向就是很重要的软约束，是非正式制度。创办世界书局的沈知方因为更加商人化、世俗化，更加看重经济利益，故而做出和落魄文人合作伪造出版《石达开日记》这类唯利是图的事情。可见，非正式制度如价值观念对出版人的约束，既有正向的积极方面，也有负向的消极因素。

非正式制度对书业企业的影响还体现在许多方面，下文我们进一步讨论开明书店时还将深入分析。此处我们还略提一下文化生活出版社。吴朗西、伍禅等人 1935 年在上海成立的文生社是一家典型的同人书店，

---

① 王余光，吴永贵，阮阳. 中国新图书出版业的文化贡献[M]. 武汉：武汉大学出版社，1998：135－136.

② 陆费逵. 陆费逵文选[M]. 北京：中华书局，2011：309.

不久巴金回国担任总编辑。为中国现代文学史、文化史作出突出贡献的文生社,凝聚着吴朗西、巴金等人的出版理想和人文情怀,巴金说:“我一生始终保持着这样一个信念:生命的意义在于付出,在于给予,而不在于接受,也不在于争取,所以做补书的工作我也感到乐趣,能够拿几本新出的书送给朋友,献给读者,我认为是莫大的快乐。”[①]总经理吴朗西、总编辑巴金义务为文生社工作十几年,他们以及其他同人都是秉持着“安那其主义”,给予、互助、奉献、牺牲,为现代中国出版业树立了一种类型典范。对于文生社来说,这种基于共同理想和信念的东西就是一种软约束,但实际作用一点不亚于企业正式制度的功用。

二、开明书店以“开明人”和“开明风”所呈现出的非正式制度

一家企业有自身特色的非正式制度如何形成,又如何发挥作用,最为关键的因素还是人。开明书店作为一家书业企业,其非正式制度的形成、完善也有一个渐进的、逐步完善和稳固的过程。提及开明书店,人们往往不约而同地会夸赞所谓“开明人”,怀念“开明风”。事实上,“开明人”与“开明风”正是开明书店企业文化的完美结晶,是其非正式制度的生动体现。

有研究者认为,首先提出并简要阐发“开明人”与“开明风”的是叶圣陶;这个说法似乎并不确切,因为叶老论及此主要是在店庆20周年及其后。而傅彬然在《“开明风”与“开明人”》一文中曾说:“本店开业十周年的时候,我曾在纪念刊上写过一段短文,题目是《开明风》。那时的

---

① 巴金. 为上海文艺出版社成立三十年而作[M]//李济生. 巴金与文化生活出版社. 上海:上海文艺出版社,2003.

纪念刊,孟通如先生还保存着一份,抄录如次:‘整个开明书店似乎有着一种显著的特色,我以为这可以拿它所出版的两种杂志——中学生、新少年来做代表:形式,中型,不怎么堂皇,但并没有小家气;着实,稳健而不落后,叫人看了不会‘上当’。这种特色,我称之曰‘开明风’。”[①]这是1936年的事了。而20年店庆的这篇文章,作者又进一步全面阐释了“开明风”与“开明人”;其文与叶圣陶的诗正好呼应。唐锡光在《开明的历程》一文中,也专有一节论述所谓“开明人和开明风”:

> 本文开头就说到组织和支持开明书店的,几乎都是章锡琛的同事和好友。他们大多数是文化人,如作家、教师、编辑等,由于各人的旨趣相投,从事的职业相同,还一起参加学会和办学,因此在开明同事之间,一般都是和睦相处,友情深厚。有些人曾经在开明工作过一段时间,后来离开了,仍然留恋着在开明工作的日子。这是什么缘故呢?概括地说,应为“开明人”和“开明风”这两个名词,对开明职工有一定的凝聚力,是他们的共同点。[②]

在开明书店成立20周年之际,叶圣陶曾赋诗一首云:“书林张一军,及今二十岁。欣兹初度辰,镂金联同辈。开明夙有风,思不出其位。朴实而无华,求进弗欲锐。惟愿文教敷,遑顾心力瘁。此风永发扬,厥绩宜炳蔚。是以交勉焉,各致功一篑。堂堂开明人,俯仰两无愧。”这首当时铸于铜牌上的诗有全体开明同人的签名,表达了大家共

---

① 傅彬然.“开明风”与“开明人”[J].明社消息,1946(17).1946年开明书店印行。收入吴永贵编《民国时期出版史料汇编》(9),国家图书馆出版社2013年版。下引《明社消息》同此。

② 唐锡光.开明的历程[M]//中国出版工作者协会编.我与开明.北京:中国青年出版社,1985:311.

同的心声。40年后的1986年,在开明书店60周年纪念会上,叶老再次阐发了开明书店的精神内涵:其一,开明人做的出版工作,其实就是教师的工作,在待人接物上跟老师一样以身作则,以诚恳平等的态度对待读者。其二,开明的编辑出版工作,有所为又有所不为。简单说就是不能为了单纯追求经济利益而不顾社会责任,辜负读者。开明人这样的出版理念和价值追求,就是开明风的内核,外显为开明风格。吴永贵曾概括说:"叶圣陶的这样一种价值取向和情感寄托,也是开明人共同的、集体性的信念和精神。如果说,'开明风'的形成,夏丏尊是基调的奠定者,叶圣陶则通过他实践中的彻底贯彻,和理论上的准确概括,堪称'开明风'的代表人物。"[①]开明是学者文人办企业,一批文化人志趣相同,个性相洽,不求名,不图利,都愿认认真真做点事,对社会有所贡献。每个人都把开明当作自己的事来做,都是企业的主人。叶圣陶说他们这些人是"同志的结合体"。我则进一步把开明人、开明书店称之为"价值共同体""精神共同体"。马克思·韦伯在《社会学的基本概念》中提出了一个"共同体"的概念,这种"共同体"是以感情和理想目标为基础形成的。[②] 开明人正是这样一个"共同体"。这样的共同体无疑是有凝聚力、向心力的。开明人及其开明风格并不是自封的,而是得到了读者和社会广泛认可的。傅彬然回忆说:

> 《明社消息》第十三、四合刊里转载了上海《前线日报》上署名"寒山子"的一段文字,标题是《开明与开明人》,说"开明人"都具有"同一种风格","他们的重心在文化",他们"以教育家的态度来开书店","他们的著作虽不一定怎么杰

---

① 吴永贵.叶圣陶,开明风"的代表者[N].光明日报,2010-11-19.

② 韦伯.社会学的基本概念[M].顾忠华,译.桂林:广西师范大学出版社,2005:54.

出，但他们尽心尽力为之，不偷懒，不欺骗青年。"他并认为"朴质，笃实，孜孜不倦从事于学问的研究"是"开明人"的特征。[①]

作为一种企业非正式制度的价值观念、精神追求，看似无形的、幽微的，却又实实在在、潜移默化地影响着开明书店出版活动的方方面面和每一个环节。内在的价值观念外化为开明的出版风格。柯灵这样评价开明书店说："人有人品，文有文品，书店也应当有品。开书店当然要赢利，否则就无法生存和发展；但如果大目标在于赢利，那就根本失去了出版事业的意义，因此书店有没有品，显得特别重要。开明书店品格鲜明，独具一格，扼要地说，是谦逊恳切，朴实无华，有所为而有所不为。""本着这种踏踏实实的作风，开明书店坚持在精神世界种粮食、种鲜花、培植树木、散播种子，不尚浮华，不耍花巧，恰像农民在土地上胼手胝足，辛勤耕耘，春华秋实，及时献与世人。开明以一本《新女性》杂志白手起家，惨淡经营，成为一家卓有声誉的大书店并非偶然，因为主持人不但多是名家学者，精通出版业务，而且有一致的目标，共同的理想。开明出版的书，选题有方向，有重点，而且丰富多样，琳琅满目；但在篇帙浩繁的目录中，你休想找出一种随波逐流、阿世媚俗之作，更不用说什么乌烟瘴气的货色了。"[②]显而易见，开明人是把出版工作作为教育工作的一部分看待的，出版事业与教育事业紧密相连，都是一种理想主义的事业。这里，通过作者的视角，我们也看到了开明所展现出来的某种"组织气候"。西方管理学家认为，企业文化或组织文化是包含"组织气候"的，即"组织成员在与外部接触过程中所传达的组织内部的风气

① 傅彬然. "开明风"与"开明人"[J]. 明社消息，1946(17).

② 柯灵. 开明风格[N]. 中国图书商报，2000-06-27.

和感情”。[①] 我们翻阅《我与开明》，其中不少作者、读者如冰心、陈原、陈学昭、丁玲、端木蕻良、戈宝权、吴祖光的回忆性文章中，我们都能深切地感受到开明的特殊“气候”。

有研究者探讨“开明风”的主要内容与精神内核，概括说：“有了这样一批‘开明人’努力工作，开明书店自然而然也就形成了一直为人所称道的‘开明风’，用现在的话说，其实就是开明书店的风格，就是他们待人待事的气度、作风。出版社的主要任务是出版书刊，而书刊的稿源靠作者，书刊出版后为读者服务。因此，出版社与作者、读者的关系直接影响到一个出版社事业的成败。而开明书店的成功很大程度上正是得益于很好地处理了与读者、作者的关系，这其中也正体现为为作者与为读者的‘开明风’。”[②]接下来，本文作者条分缕析地阐述了开明是如何善待作者、服务读者的。笔者认为，这里谈的“开明风”只是其外在的呈现，而非它的内核。如前所述，“开明人”是一个价值共同体，而“开明风”的本质与内核则是一种企业价值观。如何处理与作者、与读者的关系，仅仅是这种企业价值观指导或影响下的具体工作方式。

所谓“企业价值观”，是指一家企业在追求经营成功的过程中，对生产经营和目标追求及自身行为的根本看法和评价。“它是企业在多年经营管理实践基础上，对实践经验进行理性的提炼和加工而逐渐形成的，经历了一个由经验上升为理念，由理念内化为信念，最终达成共识的演化过程。企业价值观是企业文化的核心，它决定和影响着企业存在的意义和目的、企业各项规章制度的价值和作用、企业中人的各

---

① 刘光明. 企业文化史[M]. 北京：经济管理出版社，2010：4.
② 刘霞. 开明书店的“开明人”与“开明风”[J]. 娄底师专学报，2003(4)：48－52.

种行为和企业利益的关系，为企业的生存和发展提供基本方向和行动指南，为企业员工形成共同的行为准则奠定基础。”[①]开明书店一批志同道合的文化人，在出版实践中积累经验，将经验上升为出版理念，由理念而信念最后成为共识，形成了一种对企业影响深刻的企业文化，其实也就是约束大家的非正式制度；虽然它是软约束，无形约束，但这种约束是建立在自觉自愿基础上的，是一种道德自律，也是一种“心灵契约”。对于开明人来说，这种软约束的服从他们是自觉自愿的，这种集体性的选择是建立其对出版的文化价值、社会责任认识基础上的。在开明书店创办的“半文艺半广告”刊物《开明》创刊号的《致读者》中有这样两段话：

> 书店虽然也是商业的一部，然而它却负着巨大的使命和责任——负着促进文化，改善社会的使命和责任。在这两个互相矛盾的氛围之中，于是乎书店苦了。
>
> ……
>
> 开明书店和读者见面，已经有两年多了；虽然自问没有什么供献，但自信还不曾学着滑头书贾的样，出过一本害世的书。对于选稿，对于印刷，对于校对，对于装订，对于……总算还不曾“拆烂污”，不曾出离了轨道。这完全是仰赖着读者的辅助！此后自当益加奋勉，努力经营，期副读者的厚望！[②]

其实，这里是向读者昭告的开明人的一种出版价值观、出版文化

① 林德发. 中国近代民族企业文化[M]. 北京：经济管理出版社，2010：52.

② 编者. 致读者[J]. 开明，1928(1). 收入吴永贵编《民国时期出版史料汇编》(8)，国家图书馆出版社 2013 年版。

取向。他们也深知,“书店应纯以文化为主脑,而牟利则次之而又次之。像这样有些良心的书店有几个呢,在中国?”但开明同人在文化与商业、取义与牟利之的矛盾中力求平衡,而又始终坚持底线,不出“拆烂污”的书刊。在开明,由于共同的企业价值观,形成了公司对职工的吸引力,职工对公司的向心力。我们知道,“当一种文化的价值观得到该文化成员的共同认同之后,它就会成为一种黏合剂,从各个方面、各个层次把其成员团结起来,产生一种巨大的向心力,使文化成员有一种归属感,愿为本集体的目标而努力奋斗。”①

三、开明书店非正式制度的成因及经验

相对于正式制度安排,非正式制度往往具有自发性、非强制性、广泛性和持久性的特点。后面三个“性”好理解,前面的论述也有所涉及。这里的“自发性”则关乎非正式制度起源和形成。追根溯源,非正式制度的出现与形成是一种集体选择的结果,它们多由文化遗传和生活习惯积累而成;人们遵循某种非正式制度安排,常常是出于习惯而非理性选择。“研究非正式制度的最好起点是没有正式制度的原始部落。非正式制度也是集体选择的结果,因此,它们的产生必定带有集体的目的。目的之一是保持秩序,因为无秩序威胁到整个部落的生存。”②而中国近现代企业非正式制度的孕育形成,则有宗法社会与儒家文化的印痕,与企业家及其同人的文化教育背景关系密切。

---

① 苏勇,叶永青.企业文化:社会、价值、英雄、仪式[M].北京:中国展望出版社,1988:76.
② 唐绍欣.非正式制度经济学[M].济南:山东大学出版社,2010:19.

（一）开明人相似的文化背景

我们知道，中国传统文化是植根于“农业—宗法”社会土壤的、以儒家思想为核心的伦理型文化。“孔子提出把管理过程中的主体道德素养置于首位，并且注重运用观念和文化手段来影响和规范人们的行动。”儒家思想文化的影响很大，也很持久。“近代民族企业家一般都具有较为深厚的‘家学渊源’，有的直接是从封建知识分子队伍中转化而来。因此，他们深受传统文化的熏陶，自然或不自然地会把这些传统文化的思想理念运用到企业文化的建设中，使近代民族企业文化打上民族文化的烙印。”①从这个角度来观照，开明书店作为一家现代企业，其企业文化，其实也就是非正式制度的孕育形成，无疑受到了传统文化的深刻影响。以夏丏尊、叶圣陶、章锡琛、王伯祥、徐调孚、宋云彬、傅彬然等为代表的开明人，是接受了“五四”新文化洗礼的一代新型知识分子，但他们从小又都受过良好的传统教育及文化熏陶。拿长期担任编辑所长的夏丏尊来说，他既是清末秀才出身，又曾赴日本留学，新旧并蓄，中西融通。对于“开明风”的文化基因，开明人如周予同就有过自觉的认识，明确的总结：

> 我曾经研究这基本的原因，大概所谓“开明风”的滋长是大有关系的。开明本来是同志书店，参加的份子本来已经经过了一度严格的选择。我们在这里不为名，不为利，而只在相当低的生活条件下，为文化在服务。我们有儒家的正义感，有道家的“廓然而大公，物来而顺应”的涵养，而同时又在

① 林德发. 中国近代民族企业文化[M]. 北京：经济管理出版社，2010：38－39.

接受西洋的民主思想。如果说在现代的中国，要找出中西文化合流的新文化，不客气的说，"开明风"就是一种。[①]

在这些接受了西方文明的开明人的骨子里，儒家正心诚意、修身齐家的思想根深蒂固，服务社会、报效国家的使命感依旧强烈，外加"外儒内道"的互渗互补。王知伊就曾说，傅彬然"经常说的存在于开明同人身上的封建士大夫气味，在他自己身上也够严重的"[②]。这当然是极左时期傅彬然无可奈何的说法，恰好说明了开明人深受传统文化的浸润。那时，虽然这些老开明人不再简单地奉行"君子言义不言利"的准则，但"君子爱财取之有道"的义利观念影响至深。他们诚恳对待作者，热心服务读者，十分注重企业的诚信，这其中既有现代西方重契约、守规矩思想观念的影响，也存在着儒家"仁义礼智信"之"信"的因子。吴觉农就明确指出，在章锡琛身上，"充分体现了中国知识分子传统的品格和气质"[③]。共同的文化背景，共同的生活与工作环境，这一切都使得开明人比较容易在人生观、价值观，乃至企业文化、出版理念、教育思想诸方面，在达成共识基础上的集体性选择。

(二)开明人难解难分的"缘分"

除了文化传统、教育背景等方面的影响，企业非正式制度的形成和地缘、亲缘、学缘等也有着十分紧密的联系。上个世纪二三十年代的上海，虽然有欧风美雨的浸染，但开明书店那些主要来自江浙一带的文化人仍然受到"熟人社会"传统的影响。马克斯・韦伯认为："在

---

① 周予同. 半年的总干事[J]. 明社消息，1946(17).

② 王知伊. 开明书店纪事[M]. 太原：书海出版社，1991：158.

③ 吴觉农. 怀念老友章锡琛[M]//章士宋、章士褱(执笔). 绍兴市文化名人研究会编印. 开明魂：纪念爱国进步出版家章锡琛先生诞辰117周年. 2007(3)：55.

中国,一切信任,一切商业关系的基石明显地建立在亲戚关系或亲属式的纯粹个人关系上面。”民国时期的书业企业中,类似亚东图书馆那样的家族式管理就是对低信任度社会的一种适应性机制,以血缘关系为基础的企业组织,其内部结构简单,管理层次较少,行动者之间具有较高的信任与合作能力,企业运作具有较强的灵活性,制度运作和实施中的交易成本和道德风险相对降低了不少。

开明书店虽然建立了股份有限公司制度,但它的非正式制度方面又保存了一些家族企业、同人企业的合理内核。亲属、师生、同学、老乡以及老同事关系,等等,使得开明的非正式制度形成更加顺畅。王知伊说:“开明的一批文化人,起初大多是章锡琛的朋友、同事,后来扩大了些范围,但也跳不出师生关系、同乡、同事关系以至亲属关系,真正考进书店或聘请来店的很少。”①我们仔细梳理一下,事实的确如此。比如,章锡琛、叶圣陶、王伯祥、顾均正、周予同、金仲华等都曾是在商务印书馆一起工作过的老同事;而叶圣陶、王伯祥、郭绍虞的老家皆为苏州,并为小学时期的同窗好友;丰子恺、贾祖璋、傅彬然等又都毕业于浙江第一师范学校;夏丏尊当年则在浙江两级师范学堂(后更名为省立第一师范学校)任过教,与丰子恺、贾祖璋、傅彬然皆有师生之谊;而叶圣陶与胡墨林(校对)、叶圣陶与叶至善、王伯祥与王清华王汉华姐妹(校对),或为夫妇,或为父子,或为父女。此外,叶圣陶、丰子恺、赵景深等曾为立达学园同事,唐锡光是顾均正的弟子。还有先后两任编辑所长夏丏尊和叶圣陶早年曾为浙江“一师”同事,在开明后又结了儿女亲家,亲上加亲;同为姻亲关系的还有章锡琛与王伯祥。如此盘根错节的关系,实在是剪不断,理还乱。正如开明老人吴觉农所言:

① 王知伊. 开明书店纪事[M]. 太原:书海出版社,1991:4.

“开明的老一辈……大都有同乡、同窗或同事之谊的老关系，彼此私交甚笃。开明同乡多绍兴人（包括上虞、余姚等县），多杭州一师和上虞春晖中学的教员（当时经亨颐老先生办的春晖中学集中了一批知名的教师如丰子恺、朱自清、李叔同等），大家把开明当作集体的事业，关心它的成长和发展。”[①]作为一家书业企业，这样的职工来源，这样的人际关系，无疑更具有某些私人家族企业、同人企业的色彩。丰一吟在《丰子恺与开明书店》一开头这样写道：“提起开明书店，我就感到亲切，好比提起外婆家。”[②]陈天昌则在谈到他50年代初进开明以后对其“同人关系”的感受时这样说：“就我自己的亲身体验，觉得开明书店同人关系也有很可取的一面。可能因为当时刚解放不久，机构又比较紧凑，人员不多，生活在这样的集体里，不知道别人感觉如何，我当时有过像一家人的感受。年长的从学习、事业、生活各方面关心年轻人，年轻人把年长者看做是自己的长辈，很尊敬他们。可能因为彼此相处比较融洽，配合默契，我觉得人们的工作效率似乎比现在高得多。”[③]这种个人直觉、感受，其实很真实、准确地反映了老开明的良好人际关系和企业文化氛围，这也正是企业非正式制度形成的前提和基础。

（三）开明同人共同的爱好和习性

以往谈文化传媒机构，研究出版企业、出版家的个性风格和成就贡献，往往只从思想境界、人生追求、文化情怀这样的角度来看。其

① 吴觉农. 我和开明书店的关系[M]//中国出版工作者协会编. 我与开明. 北京：中国青年出版社，1985：82 – 83.

② 丰一吟. 丰子恺与开明书店[M]//中国出版工作者协会编. 我与开明. 北京：中国青年出版社，1985：116.

③ 陈天章. 开明书店培养青年的章法[M]//中国出版工作者协会编. 我与开明. 北京：中国青年出版社，1985：271 – 272.

实,对于一家书局、一个文化企业来说,管理层、编辑、作者之间良好的人际关系,融洽的工作氛围,都是十分重要的。除了那些“高大上”的精神层面的东西,同人间共同的爱好和习性也在企业文化构建、软约束的形成中,发挥着十分重要的作用。傅彬然谈到开明人的优点与缺点,实际上就涉及了这些人除了价值观念、出版理想以外的做人处事、习惯兴趣等。他说:“‘开明人‘的主要长处是实笃,可靠,见解高。缺点似乎也是散漫,迂缓,还兼着点板滞。从日常生活上,也可以看出‘开明人’的若干特色来:年长一辈的人,差不多都不大高兴活动,主要的应酬拜客是不来的。要人来求我,我不求人。在休闲生活上,除掉喝酒、打牌(打牌的风气,也大不如战前了)之外,看电影,逛公园的兴致就很少。至于跳舞之类,更不必谈。战前曾有一位店外熟悉开明的朋友,对某同事说:‘里面开明里的人,全是封建的,只知打牌喝酒,不懂得跳舞。’(大意如此,话也许记错)这个话,也多少说着了‘开明人’生活的某一些方面。”①

我们过去研究开明人、开明风,主要关注那些文化层面、精神层面的东西,注重形而上的提升,而对于这些个性趣味、生活习惯等形而下的东西常常视而不见,即便见了也觉得无关紧要。其实像叶圣陶等放弃大书局更优厚的待遇,主动投身到一家小的新书局,撇开理想信念之类的因素,这些接地气的“形而下”的因素也是十分重要的。对开明人爱喝酒之类的“小事”,他们内部职工也有过真切的描述。民国时期开明书店有个定期的“酒会”,是在编辑、作者之间举行的,那时很有影响。据吴岩说,开明的酒会,“参加的人不多,大多是开明的同仁和一些关系密切的作家们。或在‘马上侯’之类的酒店里,或在某一个人的

① 傅彬然.“开明风”与“开明人”[J].明社消息,1947(17).

家里,不备什么山珍海味,大家主要是品酒和欣赏饮酒的情趣,彼此很少敬酒,更不拼酒,各人怡然自得地慢悠悠地喝着,以尽兴、适量为度。"[①]而曾在开明书店工作多年的钱君匋回忆章锡琛时则说得更加具体:"章老友人中,能饮绍兴酒 5 斤以上有的是,他们就自愿结合成一个'酒会',每逢星期六晚上聚餐饮酒,他们是叶圣陶、郑振铎、王伯祥、周予同、丁孝先、夏丏尊、丰子恺、范洗人、章锡珊及章老诸公,有时也临时邀请几人参加,我只能略饮 3 斤半的酒,章老说'君匋可以参加,放宽一些尺寸请他来',于是我也参加过几次酒会。并曾记得章老与振铎打赌雁冰能否背诵《红楼梦》之笑谈。"[②]这种其乐融融的氛围、同事朋友的聚会,其意义常在饮酒之外。志同而道合加上习性爱好相同,在工作上达成共识、形成默契就是水到渠成之事了。

开明同人这种兴趣、爱好、习惯的一致看似并不紧要,无关宏旨,但它们也应该是开明"组织文化"的一部分。这不禁让我们想到美国管理学家沙因的相关理论。沙因认为,"文化是一个特定组织在处理外部适应和内部融和问题中所学习到的,有组织自身发明和创造并且发展起来的一些基本的假定类型,这些基本假定类型能够发挥很好的作用,并被认为是有效的,由此被新成员所接受。"而这种组织文化,包括三个方面:"物质层:可以观察到的组织结构和组织过程等。""支持性价值观:包括战略、目标、质量意识、指导哲学等。""基本的潜意识假定:潜意识的、暗默的一些信仰、知觉、思想、感觉等"[③]。若说前面我们谈开明企业价值观,基本属于第二层次,这里的内容就主要关涉第三层次。正如对其他组织文化的研究一样,人们研究开明大多停留在物

---

① 王知伊. 开明书店纪事[M]. 太原:书海出版社,1991:吴岩序.

② 钱君匋. 回忆章锡琛先生[J]. 出版史料,1988(3、4).

③ 刘光明. 企业文化史[M]. 北京:经济管理出版社,2010:5.

质层和支持性价值观的层面，对于潜在的深层的习俗、爱好等方面的影响还关注不够。这也正是为什么笔者这里不厌其烦地来讨论开明人的这些“小事”“琐事”之故，因为小中可以见大。

（四）开明同人共同的企业文化园地

企业文化的形成和建设，正规的组织机构固然重要，而那些非正规的自发组织也有其独特的作用。开明书店在抗战时期创立的“明社”，存在时间长达八年之久，组织丰富多彩的活动，创办职工自己的刊物《明社消息》，构成了“开明风”的重要内容。

明社是1942年在桂林成立的。这个群众性组织有点像我们今天的工会，属于非正式组织范畴，其组织形成具有自发性，成员关系具有非等级性，组织行为具有互动性。作为紧密型非正式组织的明社，在社长（总经理担任）赞助和干事会（由总干事、生活、康乐、进修、出版等组长组成）擘画之下，开展了各种各样、深受职工欢迎的活动。文体方面，成立乒乓球队、话剧组、昆曲组、京剧组，组织登山、棋赛、演出、体检，还设立同人福利基金，等等。更重要的是，“明社还特别重视职工的文化教育和业余进修，这方面的工作均为每届干事会的工作重点所在”。[①] 一方面，明社千方百计引导社员进修或进夜校读书，提升自我。除了举办图书室活动外，经常邀请社外的著名专家、作家来作专题演讲，茅盾、夏衍、顾颉刚、金仲华、徐盈、曹禺、杨东莼等都到过。社员上夜校读书，学费由店里补助。另一方面，明社出面组织各种进修班，叶圣陶、王伯祥、傅彬然、顾均正、徐调孚等资深编辑热心参与，和大家一起座谈、研讨，关系十分融洽。这样的非正式组织，较好地满足

① 王知伊.开明书店纪事[M].太原：书海出版社，1991：125.

了个人参与组织活动的目的和希望,有利于成员个体在群体关注下积极进取,同时也对个人行为产生约束性影响。

这里还要特别谈谈明社的"社刊"——《明社消息》。最初它是以墙报、黑板报的形式呈现的,后来刊印成了不定期的内部刊物。刊物上除了书店管理者、高级编辑的文稿,更多是普通员工自己写自己的生活。《明社消息》第13、14合期的《征稿启事》很好地昭示了刊物宗旨:

> 明社是我们大家的,明社消息也应该是我们大家的。在明社消息上发表意见是我们大家的权利,希望各位同人都踊跃的投稿,不论是写自己的生活情形,报道别位同人的生活情形,或是对明社的意见,对公司的意见,都可以写。分店同人的稿子尤其欢迎,虽然我们不同在一个地方,我们可以在明社消息上联系起来。[①]

作为企业文化的重要载体,《明社消息》在开明内部建立了沟通思想、交换信息、联络感情、上情下达和下情上达的良好渠道。王知伊回忆说:"不少年轻同志及工友同志在进修后常写一些他们对书店的观感,对自己的工作兴趣,读书心得和工作、生活中的所见所闻。这类文章反映了当时青年从业人员的思想,店的领导极为重视"。此外,《明社消息》上也登载诸如同人结婚、祝寿之类的生活花絮。"最为激动人的是社友之间的互助友爱,如上海解放前夕,明社曾为姜博泉同志募集医药费,为钱志扬同志的离职表示关切,并集体致送休养费,工友同志屠大宝家中失火后,集款慰问,凡此等等,用那时《明社消息》上的话来说,叫做'社员与明社之间,充满了人情味'。这种人情味,象征了

---

① 开明书店. 征稿启事[J]. 明社消息,1946(13、14).

'开明一家',也是'开明风'的一个重要内容。"[①]于细微处见精神,开明书店独特的企业文化、无处不在的非正式约束就是在这样的环境、氛围以及具体而微的活动中形成的。

吴永贵所编《民国时期出版史料汇编》(9)收入了一期《明社消息》(1946年12月"大家庭特刊"影印);另有研究者还收集到除了这一期以外的其他4期刊物,[②]很有点意思。这本1946年12月编印的是《明社消息》第17期,封面标注此期为"大家庭特刊"。这期刊物应该是为纪念开明书店成立20周年编辑的。除了刊载纪念会上范洗人、章锡琛、马夷初、吴觉农、茅盾、叶圣陶等人的演讲辞或答谢词,叶圣陶、王伯祥的店庆纪念碑辞、献辞手迹,范洗人、孟通如、傅彬然、周予同的纪念性文章,更值得我们关注的是,它用了大量篇幅刊载一些普通员工包括校对员、练习生的学习心得、工作感悟,每篇精短小文还配上个人照片。至于北平分店、福州分店、成都分店、杭州分店、长沙分店、台湾分店等,或个人撰文,或集体写作,无不一一登载分店同人的照片,或单个排列,或集体合影。确确实实有点"大家庭"的味道。在此期刊物中,卢芷芬、王清华有篇题为《我对大家庭的愿望》短文。全文极短,文字如下:

> 用"大家庭"来描绘公司组织,大概是为了公司里渗透了大家庭的融洽和乐互助合作的优点。然而真要具有这个优点,恐得要靠好的制度。好的制度是提纲挈领,不必用繁文

---

① 王知伊. 开明书店纪事[M]. 太原:书海出版社,1991:128.

② 邱雪松,邝明艳.《明社消息》与《开明通讯》:开明书店的两份内刊[J]. 郑州师范教育,2012(5):71-73. 据作者说:"幸运的是2009年笔者承蒙健在的开明人欧阳文彬和上海出版博物馆筹备组工作人员的帮助,获得了《明社消息》共6期,分别是1946年5月30日的第13、14合期,1946年12月31日的第17期《大家庭特刊》、1948年9月的《新一号》、1948年12月的《新三号》、1949年2月的《新四号》与1949年2月的《新五号》。"

来规定细节。我们公司最重要的纲领，似乎是稿件的取舍编印，人事的选调任免，经济的预算决算；这三项如果都能通过会议制度，然后决行，那就是民主的大家庭，那末公司事一定能融洽和乐互助合作，我们的公司似乎已朝着这个方向（会议制度）走了，我愿望能走得更彻底！[①]

这里，作者不自觉地涉及了正式制度与非正式制度、硬约束与软约束的关系问题。因为与商务印书馆等相比，开明的正式制度显然还是欠缺一些，故卢芷芬等有此“愿望”。如果把开明书店比作一个“大家庭”，维系这个家庭长治久安、家业兴旺既要有严格的“家规”，也要有良好的“家风”，二者一刚一柔，一硬一软，互为补充，缺一不可。

开明书店由一些“气味相投”（孙起孟语）的人来建立、来经营，其企业管理伦理自然而然就形成了。所谓企业管理伦理，是指“调节企业内外关系的一种非正式规范”[②]，它用于指导人们在经营管理过程中，知道哪些是应该做的，哪些又是不应该做的。这种管理伦理是管理者与员工、员工与员工之间的心理契约，也是一种道德自律。从新制度经济学的观点来看，“非正式制度的形成机制是模仿和顺从，当整个社会都在遵从一种共有的非正式制度的时候，为了避免与他人的摩擦或引致他人的歧视，人们会选择遵从大家共同持有的非正式制度”。[③] 在民国时期的开明书店，确实也存在这种“模仿与顺从”，创办最初的几个核心人物同声相应、同气相求，形成共同的价值观念、文化

① 卢芷芬，王清华. 我对大家庭的愿望[J]. 明社消息，1946(17).
② 马丁娜. 企业内部控制制度的非正式制度分析[J]. 商业文化，2006(3)：61－63.
③ 辛杰. 企业社会责任自律与型构：非正式制度的嵌入[J]. 当代财经，2014(5)：81－90.

理想，且率先垂范；而后老师影响学生、父辈感染子女、老员工带动新生代，共同维护着企业的非正式制度。如果说有“遵从”，也更多的是潜移默化、润物无声的。

（原载《中国出版史研究》2017 年第 1 期，作者范军）

抗战时期桂林文化供应社企业组织制度建设研究

民国时期的书业从1927年至1937年历经了“黄金十年”的发展，抗日战争的全面爆发将书业卷入“非常时期”。随着上海、武汉的相继沦陷，很多大型的出版机构损失惨重，被迫西迁，一些小型的出版公司更是不复存在。1939年10月，文化供应社股份有限公司（以下简称“文化供应社”）在广西桂林逆势而生，建社后的两年间共编书稿近500种，计900多万字，[①]迅速成长为广西最大的出版企业，与国际新闻社、救亡日报社并称为“桂林三大进步团体”[②]，成为桂林抗战文化传播的生力军。是怎样一种管理策略和组织形式使文化供应社这一地方出版企业能够在“非常时期”展现出顽强的生命力和适应能力？本文通过研究特定历史背景与政治环境下文化供应社的企业组织制度建设，探索“非常时期”出版企业的生存之道。

一、桂林文化城的“母体”孕育文化供应社的诞生

经济学家诺思认为，“应运而生的组织将反映制度母体所提供的

① 陈劭先. 文化供应社自我介绍[J]. 文化杂志，1941(1):65.

② 赵晓恩. 桂林文化供应社始末[M]//中国人民政治协商会议全国委员会文史资料研究委员会，文史资料选辑编辑部. 文史资料选辑第112辑. 北京：中国文史出版社，1987:162.

机会”①如果社会制度体系鼓励生产性的活动,那么企业组织就会纷纷诞生。任何企业的形成与发展与其所处的意识形态环境有着密不可分的联系,因此,欲探索文化供应社的“逆势而生”,首先应从其“母体”——抗战时期桂林文化城的政策环境入手。

抗战时期的桂林,是广西省政府的所在地,以李宗仁、白崇禧为代表的新桂系施行“三自”“三寓”政策,建立了相对独立的政治、军事、经济、文化体系,并本着“民族自救”的抗日意愿,成为中国共产党统一战线合作的重要对象。在文化政策上,抗战前期,广西主要实行以“发扬民族意识为宗旨”②的国民党中央文化政策,提倡以各种文化形式宣传抗战。广西省政府委员会于 1941 年 8 月 1 日颁布的《广西建设计划大纲》中也明确了“文化建设之最高指导原则,为三民主义”③,并按照省、县市、基层三级系统,改进社会教育、发展学术研究、革新社会意识。其中,省政府在文化建设方面采取“成立全省书刊供应流通网;改进新闻及广播事业;充实省立图书馆,成立博物馆、艺术馆;发展国民体育运动;整理并保存本省历史文献,编印年鉴丛书;改善社会固有文化;设置学术奖金,以提倡科学技术之研究发明”④等措施,以利于社会文化传播,发展地方文化和社会教育。为了进一步拢络进步文化人以抗衡蒋介石,新桂系对出版活动的管理给予了宽松的态度。1937 年国民党中央政府先后颁布了《修正出版法》和《修正出版法实施细则》,

① 诸思,张五常. 制度变革的经验研究[M]. 罗仲伟,译. 北京:经济科学出版社,2003:420.

② 中国第二历史档案馆. 中华民国史档案资料汇编第五章第二编文化(二)[M]. 南京:江苏古籍出版社,1912:1.

③ 广西省政府委员会. 广西建设计划大纲[M]//广西壮族自治区地方志编纂委员会编. 广西通志附录. 南宁:广西人民出版社,2006:56.

④ 广西省政府委员会. 广西建设计划大纲[M]//广西壮族自治区地方志编纂委员会编. 广西通志附录. 南宁:广西人民出版社,2006:56 -57.

其中限制出版品登载事项的条文因缺乏操作性，给广西的书报审查制度留下了空间。1939 年广西建设研究会文化部提出了书刊审查“以宽大态度，简单方法，敏捷手续办理”[①]的原则，时任省政府主席黄旭初也曾训示省图书杂志审查委员会：“抗战期间不应与文化界发生摩擦”[②]。与战时的“陪都”重庆相比，文化政策的包容性使大量的出版文化资源向桂林流动，如胡愈之所言“到桂林比在重庆还‘自由’些，不像重庆那里国民党公开捕人”；“广西地方上政治空气比较好些，出版、宣传都可以适当进行，所以桂林就成了国民党大后方的抗日文化中心”。[③]

从抗战时期文化转移的战略选择上看，除了有宽松的政策环境外，桂林地理位置也较为优越，向东连接广东、香港，向西可退至云南、贵州、重庆，是西南公路铁路交通的中心。同时，从汉口、长沙撤退的印刷所，大半来到了桂林，临近的湖南、江西又能供应出版活动所需的纸张，出版物资充足。此时，“软”“硬”条件兼具的桂林成为抗战出版活动的再生“母体”，汇聚了数以千计来自东北、华北、华中沦陷区，以及广东、香港等地的文化人和爱国热血青年。内迁的文化界人士在桂林得到妥善安排和重用，出版活动也得到新桂系的大力支持，如资助桂林《救亡日报》复刊，创办《抗战文化》等刊物，允许一批出版社书店注册开业，倡导社会各界出版图书、编印刊物等。

文化供应社股份有限公司亦是桂林文化城“母体”孕育下的出版机构之一。在广西建设研究会的支持下，文化供应社由胡愈之设计，

---

① 广西建设研究会:《广西之建设》(内部资料)，1939 年。转引自刘小玲，王海威. 抗战时期广西文化政策略论[J]. 玉林师范学院学报，2011(1):9.

② 桂林市志编撰委员会. 桂林市志(下)[M]. 1997:2962.

③ 胡愈之. 回忆桂林文化供应社[M]//胡愈之文集第六卷. 北京:生活·读书·新知三联书店，1996:91.

会同陈劭先、李任仁、万民一、万仲文等国民党民主人士,以及张志让、千家驹、杨东莼等外来进步文化人士共四十余人联名正式发起,向国民政府经济部申请立案注册公司。1939年10月22日,文化供应社股份有限公司在广西建设研究会举行了成立大会,通过公司章程,正式挂牌成立。与这一时期的其他民营出版机构不同,文化供应社是抗日民族统一战线的产物,它既有着新桂系官方的建社背景,同时又是在中国共产党的规划和指导下,集结广西地方民主人士和外来进步人士共同建设的抗战舆论宣传阵地,在抗日战争中后期发挥着保护和延续进步出版文化传播的作用。

二、文化供应社的企业资本与构架

民国以降的书业,已有了较为成熟的企业产权制度及管理模式,大的出版机构如商务印书馆、中华书局、大东书局等都采取了股份公司制的企业制度,其中商务印书馆"是将股份公司制发挥得最为有序,也非常有效的成功企业之一"[①],无论在资本运营和法人治理结构上都是出版企业制度建设学习的典范。文化供应社的企业管理制度沿用了股份公司制的企业制度。这一管理机制不仅使文化供应社能够迅速扩充运营资本、发展出版事业,更在危机关头成为机构存亡的"保护伞"。

(一)文化供应社的股东构成及融资情况

在现代企业制度中,股东是公司财产的原始所有者,通过股东选

---

① 范军,何国梅.商务印书馆企业制度研究(1897 - 1949)[M].武汉:华中师范大学出版社,2014:41.

举成立董事会并通过表决权的行使来反映自身作为公司投资者的权利，依法取得股权收益和行使其他权力，股东无权干涉公司的经营管理。文化供应社股份有限公司第一次股东会议上，选举万仲文、陈劭先、陈此生、李任仁、胡愈之、沈钧儒、方振武、杜重远、邱昌渭、孙仁林、林励儒等十一人为第一届董事，雷沛鸿、阳叔葆、苏希洵为监察人。[①] 公司的决策权由股东会行使，执行权由董事会和经理人行使，监督权由监察人行使，公司不定期举行股东会议（见表1）。

表1　文化供应社股份有限公司股东会议记录表

开会时间	会议内容	备注
1939 年 10 月 22 日	成立股东大会，通过公司章程，选举万仲文、陈劭先、陈此生、李任仁、胡愈之、沈钧儒、方振武、杜重远、邱昌渭、孙仁林、林砺儒等十一人为第一届董事，雷沛鸿、阳叔葆、苏希洵为监察人。	股东大会（据陈劭先《文化供应社自我介绍》）
	各董事互选李任仁为董事长，聘定陈劭先充任社长。陈劭先就职后，即行成立总务、编辑两部，聘请陈此生先生为总务部主任兼秘书，胡愈之先生为编辑部主任。	首次董事监察人联席会议（据陈劭先《文化供应社自我介绍》）
1940 年 1 月	决议扩充股本额至十万元，规定五月底以前募足五万元。	董监会议（据陈劭先《文化供应社自我介绍》）
1940 年 3 月	决议出资四万元与九如堂合营建设印刷厂（该厂有资金十一万元，生产工具尚称完备，石印机尤为精良，全厂职工七十余人）。 同时增设出版部，聘请宋云彬先生为部主任，另增聘傅彬然先生为专任编辑，旋又在总务部下设置营业处。	董监会议（据陈劭先《文化供应社自我介绍》）

① 陈劭先. 文化供应社自我介绍[J]. 文化杂志，1941(1)：65.

续表

开会时间	会议内容	备注
1940 年 5 月	董监会议决筹资二万元，在丽泽门外购地建筑社址，至七月而竣工。	董监会议（据陈劭先《文化供应社自我介绍》）
1940 年 11 月	改选李任仁、孙仁林、陈劭先、邱昌渭、陈此生、张任民、胡愈之、沈钧儒、黄维、万仲文、李章达等十一人为第二届董事，苏希洵、阳叔葆、陈炳南为监察人。 本届首次董监会议各董事互选李任仁先生连任董事长。	股东年会（据陈劭先《文化供应社自我介绍》）
1942 年 3 月 9 日	董事孙仁林代表董监会决议，增添股本情形，监察人阳叔葆报告本年度账务，社长陈劭先报告一年来社务进展状况及营业扩展情形，次讨论提案，决议公司资本增加为五十万元，并修改公司章程，最后选举董、监、李任仁、陈劭先、邱昌渭、张任民、徐启明、孙仁林、陈此生、万仲文、宋云彬、黄维、傅彬然等十一人当选为董事；陈炳南、黄子敬、王逊志等三人当选为监察人。	第二届股东常会（据 1942 年 3 月 10 日《大公报》）
1942 年 6 月 28 日	陈劭先、李任仁、徐启明等十余人参加，决议增募新股二十万元。	第三届第二次董监会议（据《文化通讯》1942 年，第 22 期，第 12 页）

股东会议从内容上看，主要包括报告社务状况、商议投资事项，以及股东选举、人事任免等事宜。股东成员包括陈劭先、陈此生、李任仁、胡愈之、万仲文、沈钧儒、方振武、杜重远、邱昌渭、孙仁林、林砺儒等。其中，社长陈劭先是广西省政府的客卿，时任广西省临时参议会议长，主持广西建设研究会工作；董事长李任仁是白崇禧的老师，在新桂系内部声誉卓著，德高望重；总务处及秘书陈此生是激进的民主人士，是李任仁的好友和政治活动的得力助手；编辑部主任胡愈之是奉

中国共产党南方局之命以救国会代表身份从事统一战线工作的出版家，时任广西建设研究会文化部副主任。万仲文、沈钧儒、杜重远、林砺儒等均是支持国共合作共同抗战的民主人士。作为一个地方性的出版机构，文化供应社的股东构成实力可见一斑。

在企业融资方面，抗战时期物资匮乏，供给书业发展的民间资本更为紧缺，文化供应社采取的股份有限公司制度，有利于筹集公司注册及发展的资本金，为企业生存蓄积力量。文化供应社注册资本 1.2 万元（法币），由李宗仁、白崇禧从所谓广西绥靖公署主任的特别办公费用××堂××号的一般民间假名认股 1 万余元，[①]其余由外来进步文化人士出资，完成了公司注册。从创社的资金来源上看，统一战线政策发挥了极大的效力，吸收了新桂系大量资金投入到文化建设上，股份公司的制度明确了出资者虽为股东，享有重大决策和选择管理者等权利，但却无权干涉公司的具体经营管理，这一制度给文化供应社的出版及经营以很大的活动空间。从 1939 年 10 月成立至 1942 年 6 月，文化供应社从 1.2 万元的创社股本增股至 70 万元（见表 2），其间，虽有因战事导致通货膨胀的影响，但相比 2.5 倍的货币贬值率而言，这一大幅度的增股额，着实可见文化供应社企业的迅猛发展。值得一提的是，在企业发展资金的保障上，陈劭先始终发挥着重要的作用，特别是在企业最困难的几年中，陈劭先多次利用自己的名义向广西银行贷款，或向其他方面借债，甚至将他夫人的私人储蓄借给文化供应社渡过难关。[②]

---

① 万仲文. 回忆文化供应社[G]//中国人民政治协商会议广西壮族自治区委员会文史资料研究委员会. 广西文史资料选辑第 11 辑. 1981:20.

② 杨承芳. 怀念劭老[G]//中国人民政治协商会议广西壮族自治区委员会文史资料研究委员会. 广西文史资料第 23 辑:陈劭先纪念文集. 1986:66.

表 2 文化供应社股本情况表(元:国币)

时间	股本	备注
1939 年 10 月 22 日	12,000 元①	据陈劭先《文化供应社自我介绍》、万仲文《回忆文化供应社》
1940 年 1 月	100,000 元	据陈劭先《文化供应社自我介绍》
1941 年	120,000 元	据陈劭先《文化供应社自我介绍》
1942 年 3 月 9 日	500,000 元	据《大公报》(桂林版)1942 年 3 月 10 日
1942 年 6 月 28 日	700,000 元	据《文化通讯》1942 年,第 22 期,第 12 页

从近代出版史的企业产权制度看,资本结构决定出版机构文化传播的立场。文化供应社的资本结构以新桂系以及进步民主人士的资本进驻为主,其在建社编辑方针的制定上也体现出"非常时期"进步文化出版的使命感:

抗战建国时期,文化工作的主要目标,在谋意志集中与精神之团结,故一切著作出版物,当本普及与提高国民对于三民主义与国父遗教之正确认识,根据抗战建国纲领,谋增进国民自觉自动自治之精神,而以建立三民主义之新文化,为吾人努力之最后鹄的,此其一。文化建设与政治经济军事建设原属不可分离。理论之可贵,在于指导行动。故本社编辑方针,务求适应此时此地之需要,力戒空言不切实际之时弊。在目前,出版生产计划尤当力求与二期抗战中之民众动员工作及地方建设事业相配合,此其二。在民众文化水准低落之我国,文化工作普及尤重于提高,故本社编辑出版计划首先竭全力以求大众化中国化之实现,以后逐渐谋高深学术著作之编译刊行,此其三。②

① 另据飞鸿的《胡愈之等人创办的文化供应社》记载,筹社资金由"桂系军政人员认股 1 万余元,胡愈之等文化界朋友出资 5 000 元",共筹 15 000 元。

② 陈劭先. 文化供应社自我介绍[J]. 文化杂志,1941(1):66.

在这一编辑方针的指导下，从1939年建社后至1941年，文化供应社共编印了500余种图书，各类图书共印行191.68万册，单面向大众的抗战宣传通俗读物“文化室图书”系列就印行了117.5万册，迅速成长为广西最大的出版企业。

（二）文化供应社的企业构架

在董事会下，文化供应社的经营管理采取的是社长负责制，由社长陈劭先管理社内的一切事务。在陈劭先的《文化供应社自我介绍》中提到了文化供应社的机构设置，即建社初期计划设立总务部、编辑部、出版部、研究部和制造部五个部门（见图1）。其中制造部负责各种教育用品，以及大众艺术、娱乐用具的制作；研究部负责设计编辑生产方案并从事特定某项学术部门之专门研究。[①] 但因皖南事变后时局动荡，研究部和制造部在史料中未见踪影，倒是营业处发展甚为迅速，下设了批发、邮购、门市、栈务各业务部门。[②] 文化供应社除了销售本版的图书以外还大量代销其他出版机构的图书，“当时，在桂林开设的书店和出版社共约一百六十多家，与文供社有业务往来的就有四十多家”[③]累计销售的书刊达一千多种。据笔者从《大公报》桂林版的出版广告中统计，从1941年6月到1943年5月，“文化供应社书报联合广告”共刊发过73期，是桂林出版联合广告发布持续时间最长的出版企业，由此可见文化供应社在桂林出版事业中的龙头地位。

---

① 陈劭先. 文化供应社自我介绍[J]. 文化杂志，1941(1)：65.

② 黄荣芳. 我所知道的文化供应社[M]//罗标元. 桂林旧事. 桂林：漓江出版社，1989：243.

③ 黄荣芳. 我所知道的文化供应社[M]//罗标元. 桂林旧事. 桂林：漓江出版社，1989：244.

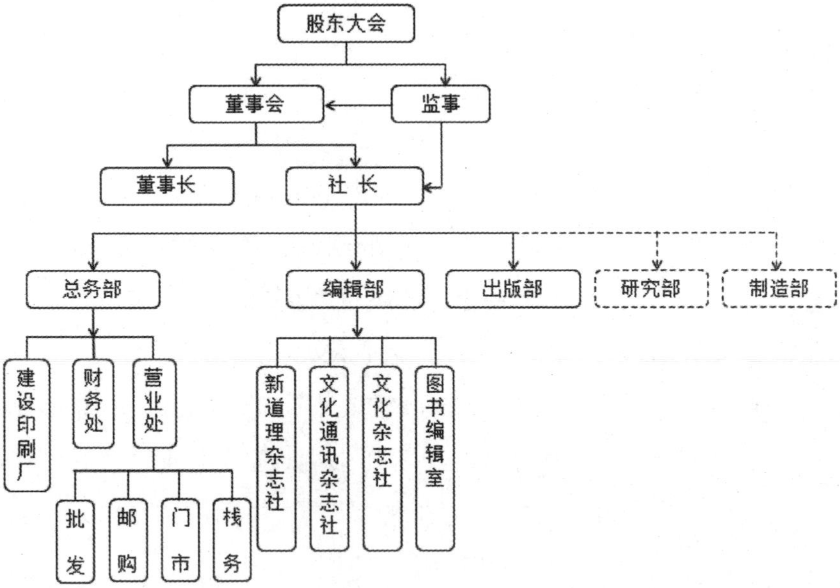

图1　文化供应社股份有限公司企业构架图①

1940年3月文化供应社出资4万元与九如堂合营了建设印刷厂,由总务部负责管理,成为了集编、印、发三合一的出版机构。从图1可看出文化供应社在企业构架上对商务印书馆等大型出版企业管理模式的“路径依赖”,但由于战时特殊的客观条件和自身规模限制,减省了冗余的部门,保留了最为核心的“编辑—出版印刷—发行”三大机构。1941年,公司共有工作人员41人(不含印刷厂),除社长、秘书外,包括总务部23人,编辑部10人,出版部6人。人数不多,五脏俱全,文化供应社这一企业构架在抗战时期集中了有限的资金和人力,

① 该图根据陈劭先《文化供应社自我介绍》、万仲文《回忆文化供应社》、赵晓恩《抗日战争时期的文化供应社》、黄荣芳《我所知道的文化供应社》、飞鸿《胡愈之等人创办的文化供应社》、莫志恒《入桂访书——记文化供应社》等史料制作。

提高了组织管理的灵活性和文化生产的效率。

三、文化供应社特殊的人事组织

“组织是由有某些共同目的，为获得某些目标而联系在一起的个人和团体所构成的”①，作为文化传播的组织机构，股份制决定的是企业经营管理的方式，而传播者的构成决定了内容生产的价值方向。作为救国会与广西建设研究会合办的企业，文化供应社的人事组织从诞生之日起就具有与众不同的特殊性，它既不同于中国共产党直接领导下的读书生活出版社、生活书店和新知书店，也异于纯民营的科学书店、万有书局，它是在中国共产党秘密领导下，由国民党左派人士与进步文化人共同组成的文化生产组织。

（一）文化供应社建设初期的人事结构及学习型组织建设

从 1939 年建社至 1942 年是文化供应社大跨步发展的时期，这一时期社内实行的是社长负责制，社长一直由陈劭先担任，董事长由李任仁担任②，但“董事长和董事实际上是挂名，照章每年出席一次董事会和股东大会，平时不过问社务，只是在需要筹拨资金的时候或有重大事情需要电报请示李宗仁、白崇禧的时候，才由社长陈劭先去找董

① 诸思，张五常. 制度变革的经验研究[M]. 罗仲伟，译. 北京：经济科学出版社，2003：420.

② 另据万仲文的《回忆文化供应社》记录，文化供应社第一任“董事长是徐启明（当时广西绥靖公署参谋长，即李、白××堂××记的股东代理人），常务董事是陈劭先、李任仁”；黄荣芳的《我所知道的文化供应社》也记录到“第一任董事徐启明、第二任张任民（军委广西绥靖公署参谋长，任董事长仅是挂名而以，实际负责工作的是社长），常务董事陈劭先、李任仁等，推选陈劭先（老同盟会员，桂系驻沪政治代表，一贯反蒋，主张抗战）为社长，负责全社工作”。可见股东中的徐启明、张任民都可能担任过文化供应社的董事长，但仅挂名不问社务，陈劭先担任的社长负责实际工作。

事长商量。”[①]建社初期的编辑部主任(总编辑)由胡愈之担任,负责对社内编辑方针、出版策略进行规划,是内容生产的指挥者和领导人,文化供应社最具影响力的“文化室丛书”便是由他亲自策划和实施的。编辑部是出版企业生产的核心部门,编辑部中的骨干力量由中国共产党员与非党进步人士组成,包括傅彬然、杨承芳、王鲁彦、姜君辰、宋云彬(后担任出版部主任)、林涧青等,他们在抗战时期先后参加了中国共产党。社内其他部门的负责人和骨干“大部分都是由李克农同志推荐的”[②]。表面上看,文化供应社是由新桂系领导的官办出版机构,而实质上“是由八路军桂林办事处领导的”[③](见表3)。可以说这一组织形式是为了保护进步出版力量而在“非常时期”采取的“非常手段”。

表3 文化供应社股份有限公司组织人事表(1939年-1942年)[④]

1939年-1942年			备注
董事	1939年	陈劭先、李任仁、陈此生、胡愈之、孙仁林、邱昌渭、万仲文、沈钧儒、方振武、杜重远、林砺儒	1939年10月选举
	1940年	陈劭先、李任仁、陈此生、胡愈之、孙仁林、邱昌渭、万仲文、沈钧儒、张任民、黄维、李章达	1940年11月改选
	1942年	陈劭先、李任仁、陈此生、孙仁林、邱昌渭、万仲文、张任民、徐启明、宋云彬、黄维、傅彬然	1942年3月改选

---

① 万仲文.回忆文化供应社[G]//中国人民政治协商会议广西壮族自治区委员会文史资料研究委员会.广西文史资料选辑第11辑.1981:21.

② 赵晓恩.抗日战争时期的文化供应社始末[M]//龙谦,胡庆嘉.抗战时期桂林出版史料.桂林:漓江出版社,1999:55.

③ 赵晓恩.抗日战争时期的文化供应社始末[M]//龙谦,胡庆嘉.抗战时期桂林出版史料.桂林:漓江出版社,1999:55.

④ 该表格根据胡愈之《回忆桂林文化供应社》、陈劭先《文化供应社自我介绍》、万仲文《回忆文化供应社》、赵晓恩《抗日战争时期的文化供应社》、黄荣芳《我所知道的文化供应社》、飞鸿《胡愈之等人创办的文化供应社》、莫志恒《入桂访书——记文化供应社》等史料整理。

续表

<table>
<tr><td colspan="4">1939 年－1942 年</td><td>备注</td></tr>
<tr><td rowspan="3">监察人</td><td>1939 年</td><td colspan="2">阳叔葆、苏希洵、雷沛鸿</td><td></td></tr>
<tr><td>1940 年</td><td colspan="2">阳叔葆、苏希洵、陈炳南</td><td></td></tr>
<tr><td>1942 年</td><td colspan="2">陈炳南、黄子敬、王逊志</td><td></td></tr>
<tr><td colspan="2">职务</td><td>姓名</td><td>身份背景</td><td>备注</td></tr>
<tr><td colspan="2">董事长/常务董事</td><td>李任仁</td><td>民主人士，时任广西省临时参议会议长，广西省政府和广西省党部委员。</td><td></td></tr>
<tr><td colspan="2">社长/常务董事</td><td>陈劭先</td><td>民主人士，时任桂系驻沪政治代表，广西绥靖主任公署、广西省政府顾问，广西建设研究会驻会常务委员，主持研究会工作。</td><td></td></tr>
<tr><td rowspan="8">总务部</td><td>主任/编辑室秘书</td><td>陈此生</td><td>民主人士，时任广西省政府参议，广西建设研究会编辑委员，中华全国文艺界抗敌协会桂林分会常务理事兼总务部副部长，中苏文化协会桂林分会理事。</td><td>1940 年 1 月起专任秘书一职</td></tr>
<tr><td>主任</td><td>宾旭东</td><td>广西进步青年</td><td>1940 年 1 月起任</td></tr>
<tr><td rowspan="2">营业处主任</td><td>朱执诚</td><td>原新知书店员工。</td><td>1941 年 2 月起任</td></tr>
<tr><td>赵晓恩</td><td>中共党员，原生活书店推广（宣传）科主任。</td><td>1942 年起任</td></tr>
<tr><td>发行所副经理</td><td>刘宗乙</td><td>广西进步青年。</td><td>1942 年起任</td></tr>
<tr><td>财务处主任</td><td>孙源</td><td>翻译家，民主同盟成员，时任重庆法国新闻处中文部主任，国际新闻社编辑。</td><td>1942 年起任</td></tr>
<tr><td>广西建设印刷厂</td><td>周承镐</td><td></td><td></td></tr>
<tr><td colspan="4" style="display:none"></td></tr>
<tr><td rowspan="3">编辑部</td><td>主任</td><td>胡愈之</td><td>政治活动家、新闻出版家，时任国民政府军委政治部第三厅第五处处长，广西建设研究会文化部副主任，生活书店、文化供应社策划人之一。</td><td>任期 1939 年－1940 年 10 月，胡离任后张锡昌领导出版工作。</td></tr>
<tr><td rowspan="2">副主任</td><td>傅彬然</td><td>编辑出版家，原开明书店董事、编辑。</td><td>1940 年 10 月起任</td></tr>
<tr><td>张志让</td><td>法学家，广西省政府顾问。</td><td>任期 1940 年－1941 年</td></tr>
</table>

续表

职务		姓名	身份背景	备注
编辑部	主要编辑成员	杨承芳	中国共产党党员，时任国际新闻社编辑。	
		王鲁彦	作家，中华全国文艺界抗敌协会成员，《文艺杂志》主编。	1944 年离世
		姜君辰	中国共产党党员，时任中共中央华中局研究室专任研究员。	
		林涧青	中国共产党党员，曾任中共中央书记处研究室副主任。	
		黄荣芳	广西进步青年	1941 年入社
		温涛	左翼木刻家。	1941 年撤离
		操震球	抗日救国会成员。	1941 年入社
	新道理主编	林山	中国共产党党员，时任中华全国文艺界抗敌协会桂林分会理事。	
		曹伯韩	中国共产党党员，时任中华全国文艺界抗敌协会桂林分会常务理事。	
		云健鹏	中国共产党党员。	
	文艺杂志主编	邵荃麟	中共中央南方局文委桂林文化工作组组长，中华全国文艺界抗敌协会桂林分会理事、常务理事兼研究部副部长、理论组组长，广西建设研究会研究员。	1941 年初起任
出版部主任		宋云彬	民主人士，1924 年加入过中国共产党，时任中华全国文艺界抗敌协会桂林分会理事和常务理事。	1940 年 3 月起任

对企业员工进行职业技能及文化知识的培训是企业可持续发展的需要。在抗日战争艰苦的环境下，文化供应社注重学习型组织的建设，通过举办各种研究会、读书会等提高社内工作人员的政治、文化和业务水平。其中，研究会有文学研究会、历史研究会和时事政策研究

会。文学研究会由邵荃麟领导,研究苏联文艺作品和其它国家的名著等;历史研究会由宋云彬、傅彬然领导,学习翦伯赞的《历史哲学教程》和李达的《社会学大纲》;时事政策研究会由杨承芳领导,杨承芳还亲自教授英文学习班。哲学、历史学科以自学为主,辅之分组讨论,学习内容有艾思奇的《大众哲学》,宋丁编著的《辩证唯物主义大纲》、张健甫编著的《中国近百年历史教程》。在业务学习方面,由李颀担任珠算老师,刘宗乙教授打包技能课。除了开展社内学习组织活动,社里还邀请了沈雁冰、羊枣、胡风、萨空了、聂绀弩、艾芜、柳亚子、叶圣陶、梁漱溟、冼群,骆宾基等许多社外的进步作家、学者、教授前来作报告。为了促进学习的交流,社内定期出版同人学习写作的《手板》,将文章集结装订传阅,互相评论。在浓厚的学习氛围影响下,"有的同志参加了林路在乐群社组织的歌咏队,有的则到夜校学习俄语,有的又到立信会计补习班学习会计等。"①这一时期,社里的"政治和学术空气浓厚,因此大家的文化知识和政治思想水平提高都比较快"②。

(二)皖南事变后文化供应社的人事调整策略及出版人的坚守

1939年1月,国民党召开五届五中全会,采取了"消极抗战,积极反共"的政策,对进步出版事业进行了限制和迫害。"皖南事变"后桂林的出版环境也变得异常紧张,但由于良好的统一战线的基础,广西当局在接到国民党中央查封生活书店桂林分店的密令后,并未对其立即封闭,而是先约生活书店的负责人谈话,采取"限期停

① 黄荣芳.我所知道的文化供应社[M]//罗标元,左超英.桂林旧事.桂林:漓江出版社,1989:242.

② 胡耀辉.陈劭先先生与桂林文化供应社[G]//中国人民政治协商会议广西壮族自治区委员会文史资料研究委员会.广西文史资料第23辑陈劭先纪念文集.1986:87.

业”的方式暂缓了查封。其他进步书店如新知书店、读书生活出版社等,则获取了化整为零,隐蔽精干的时间。文化供应社因有李任仁和陈劭先出面掩饰而免于被查办。为保全进步文化出版力量,//新知书店桂西路门市部改设文化供应社营业处,由朱执诚(朱希)任主任。新知书店、生活书店、读书生活出版社的一些干部也陆续转入文化供应社工作。

三家书店的出版人转入文化供应社后,壮大了文化供应社的出版力量,使文化供应社的出版活动更为活跃起来。1941 年,邵荃麟进入文化供应社创办了大型理论性月刊《文化杂志》,何香凝、艾芜、茅盾、千家驹、宋云彬、狄超白、葛琴、冼群、何家槐等左翼作家都为杂志写了文章,影响极大,引起了国民党右翼势力的恐慌。1942 年底,桂系驻渝办事处主任参加蒋介石的“官邸汇报”,后打电报给黄旭初,说“委座对文化供应社发展至感兴趣,已手令中央党部秘书长加以资助”①,试图以收编或改组的方式查办文化供应社。李任仁与陈劭先迅速组织主要成员商议了保全对策:第一,以股份有限公司吸收资金须经股东大会讨论通过为理由,拒绝重庆的投资;第二,文化供应社自动改组,将社长制改为总经理制,陈劭先、陈此生、傅彬然、宋云彬、邵荃麟主动提出离职;第三,原来在第二线的同事顶替第一线工作,编辑部留下来的有杨承芳,林涧青同志等。经过重组后的文化供应社组织人事上表面看领导层都已卸任,但核心出版团队依旧维持原有成员(见表 4)。

---

① 朱光暄. 忆劭老几件事[M]//中国人民政治协商会议广西壮族自治区委员会,文史资料研究委员会. 广西文史资料第 23 辑陈劭先纪念文集. 1986:98.

表4　文化供应社股份有限公司组织人事变更表(1943年－1944年)

职务		姓名	身份背景	备注
总经理		万民一	民主人士,广西省政府参议,曾任国民党广西省党部书记长。	1944年病重离任。
		万仲文	民主人士,广西省政府参议,时任广西建设研究会编辑室主任。	1944年春接任总经理
常务董事		陈劭先	民主人士,桂系驻沪政治代表,广西绥靖主任公署、广西省政府顾问,广西建设研究会驻会常务委员,主持研究会工作。	实际文化供应社工作管理者
秘书		杨承芳	中国共产党党员,时任国际新闻社编辑。	
总务部	主任	宾旭东	广西进步青年。	
	营业处主任	覃展	中国共产党党员。	1944年起任
编辑部	主任	钱实甫	曾任建设书店总编辑。	
	成员	杨承芳	中国共产党党员,时任国际新闻社编辑。	
		杜麦青	中国共产党党员。	
	新道理主编	林涧青	中国共产党党员,曾任中共中央书记处研究室副主任。	
出版部	主任	莫志恒	进步青年,曾在开明书店、商务印书馆担任美术设计工作。	92岁加入中国共产党
	主要成员	欧阳文彬	文学评论家,中共党员,原新知书店编辑。	
		朱光暄	原开明书店编辑。	
		胡耀辉	进步青年。	

注:该表格根据万仲文《回忆文化供应社》、赵晓恩《抗日战争时期的文化供应社》、黄荣芳《我所知道的文化供应社》、飞鸿《胡愈之等人创办的文化供应社》、莫志恒《入桂访书——记文化供应社》等史料整理。

此次事件的处理,股份公司的管理制度成为了文化供应社与国民党中央对抗的“保护伞”。根据《公司法》,股东大会是股份有限公司的最高权力机构,决定公司的经营方针和投资计划,以公司吸收资金须经股东大会讨论通过为理由拒绝重庆投资,名正言顺。“社长制”改为“总经理制”，实则换汤不换药，总经理万民一是由陈劭先和李任仁所物色的无争议的民主人士，时为广西建设研究会文化部副主任。万民一也只是挂名，全部社务仍然由陈劭先以常务董事的名义处理。编辑部主任钱实甫是由黄旭初安插的，为了编辑工作不受其影响，陈劭先在编印制度上进行了部分修改，即“编辑部有权收受书稿，至于出版与否以及印数，由出版部负责”①，以限其权。历经此次事件，文化供应社的出版活动受到诸多限制，业务也大为收缩，其间还出版了少量中间性的书籍以资掩饰，但对于进步出版事业而言，这一以退为进的做法，维系了出版人的生存，也保存了进步出版力量。

在抗战后期，文化人流离失所，但文化供应社始终坚守抗战文化传播的使命，在陈劭先等人的代领下借助有限的资源持续开展抗战宣传工作。1944 年 6 月，桂林大疏散，赵晓恩、朱光暄、赵文廉等几人转移到重庆营业处，陈劭先、万仲文带领其余大部分的工作人员和物资，撤往桂东南平乐昭平一带。1944 年秋，文化供应社在昭平北陀设办事处，并在昭平的沙子镇和贺县八部镇设立了两个门市部继续销售书籍。同时，张锡昌会同在桂东的文化界人事，由陈劭先为社管会主任，莫乃群主笔，办起了《广西日报》(昭平版)，能达到 3000 份的日发行量。

出版业的生存与发展有赖于出版资源的支撑以及文化政策的扶持，文化供应社能够在“非常时期”成为桂林出版界的“生力军”，不仅因为抗战时期文化资源的流动为其提供的宝贵历史机遇，更重要的是在“非常时期”出版人超党派间的合作，将现代企业管理制度进行了适

① 朱光暄. 忆劭老几件事[G]//中国人民政治协商会议广西壮族自治区委员会文史资料研究委员会. 广西文史资料第 23 辑陈劭先纪念文集. 1986:98.

应性的调整和应用,不断创造条件拓展经营的结果。八年抗日战争,进步出版业辗转凋敝却春风吹又生,文化人颠沛流离却始终坚持以笔为戎参与到抗战当中。作为抗战文化传播重要的组成部分,文化供应社为抗战文化传播做出贡献的同时,也为出版业留下了宝贵的经验财富。

(原载《华中学术》2017 年第 2 期,作者宋泉)

人物与史料：近现代出版企业制度的关键与基础

论近现代杰出出版人的企业家精神

追溯近现代企业发展的历史，可以看到，企业家在其中起着关键作用。近代中国，出版企业从无到有，从小到大发展起来，其重要原因之一就是有一批杰出的职业出版人和文化企业家：张元济、陆费逵、王云五、舒新城、沈知方、章锡琛、夏丏尊、张静庐……这些优秀的出版企业家，身处政治、经济、文化结构高度不确定的现代中国，他们作为一个群体，以经营新式企业的方式最先接受现代化挑战，自觉引进西方先进的文化理念、管理制度、科学技术等，身上闪耀着传统官、私刻书家所不曾有的企业家精神光芒，至今仍具有强大的感召力。

一、近现代出版企业家精神产生的背景

近现代杰出出版人的企业家精神，无疑是时代的产物，有着独特而深刻的社会背景。出版企业家从属于民族资产阶级企业家阵营，有那个时代企业家的共性，同时又体现了出版业自身产生、发展和演变的内在逻辑，具有文化企业家的特殊性，有其独特的表现。

近现代中国，经历了一个缓慢而曲折迈向现代化的过程，包括政治、经济、文化、社会的全面现代化。这个时期的民族企业家对“现代化”的感知最灵敏，也是最积极、最自觉的现代化实践者。在近现代的不同时期，民族企业家们展现出不同向度的企业家精神，从早期“商

战”“自强”“民富”等思想的提出，到后来“实业救国”“设厂自救”“挽回利权”等理念旗帜的高扬，其精神既体现社会经济观念和理论，也反映出社会普遍的价值观和占主导地位的意识形态。

鸦片战争以后，外国人获得了在长江沿岸通商口岸投资设厂的权利。鉴于欧美诸强在经济上对中国的蚕食，开明官员和资产阶级改良派呼吁清政府改变以往的“重农抑商”政策，重视商业，提高商人地位，与西方进行“商战”，以达到“自强”“求富”的目的；这一吁求获得了政府的支持。以此为契机，近代民族企业家开始出现。最初的企业家阶层，主要由投资兴办现代工业企业的新式商人、买办和洋务派官员转化而来。这些人在长期与外商打交道的过程中，对西方资本主义政治、经济、文化有了相当程度的认识，自觉把西方先进的科学技术、经营管理等知识引入中国，他们在经营新式企业的过程中表现出来的民族责任感、创新进取精神和善于经营的竞争能力，说明具有资本主义时代特征的企业家精神在他们身上已经开始萌生。

同时，传统的价值观念对他们的影响很大，表现为具有士大夫气、崇尚名节、信义经商。“红顶商人”盛宣怀、“状元企业家”张謇身上就较为显著地体现了这一代企业家“言商仍向儒”的精神特质。过于依赖传统价值观念，对企业的经营和企业家精神的培育是有害的。盛宣怀难以忘怀仕途，晚年的张謇沉迷于传统名士的生活做派，最后都导致事业的失败，这是值得反思的。第一代民族企业家的代表人物郑观应（1842—1922）对此有深刻认识，他认为无论是儒家官僚还是传统的商人阶级，都还不完全具备敢于冒险、善于判断、富于创新的企业家的活力，而这种企业家的活力正是日本和西欧经济发展的基本动力。[①]经济发展的真正动力和契机，很大程度上取决于个人的首创精神的彰显和企业家功能的发挥，第一代民族企业家与旧制度千丝万缕的联系，使其过于依赖传统价值观念，缺乏要求根本的经济变革的充足动力。

中华民国成立后，政府以法律条文的形式肯定工商业和商人在国民经济中的重要地位，民族工商业开始获得空前发展。在政府的鼓励和号召下，"实业救国""挽回利权""设厂自救"等口号成为时代的最强音，民族企业家的地位得到了显著提高。马克斯·韦伯认为新教伦理倡导人们追求财富不是一种罪恶，而是取悦于上帝的手段，无止境追求利润的活动被视为一种"天职"，这是资本主义精神发生和发展的动力之源。与此类似，我国传统的价值观念推崇"君子喻于义，小人喻于利"，"士农工商"的传统序列中商人位于最底层，而发源于晚清，勃兴于民初的"实业救国"的经济伦理，轻轻抹去了商人的"原罪"，民族企业家得以扬眉吐气地在各自的领域施展抱负，这一时期民族企业家整体呈现出上升时期勇于创新、开拓进取的精神面貌。

这一时期，以金融、实业（棉纺、面粉、卷烟、航海）和洋货业为代表的新生代企业家作为一个群体登上历史舞台。他们具有较高的现代文化水平与强烈的现代意识和经营手段，采用现代公司制度，所经营的企业发展快速、规模巨大、资本雄厚。新生代企业家带来了民族企业家阶层的变化发展，其突出表现是大量留学生和科技人才的加入，为企业家阶层引入了一股股活水，如刘鸿生毕业于上海圣约翰大学，

① 费维恺. 中国早期工业化：盛宣怀（1844—1916）和官督商办企业[M]. 北京：中国社会科学出版社，1990：46.

穆藕初获得美国德克萨斯农工专修学院硕士学位，范旭东毕业于京都帝国大学理学院。据调查，1920—1930 年代上海1 108名新式企业家普遍受过新式教育，其中受过高等教育与留学教育者占 20.7%①。比起前辈企业家，他们对西方先进的科学技术、经营管理制度、文化思想有了更为深刻的认识，作为资本主义一般特征与要求的“追求利益最大化”在他们身上体现得也更明显。因而，他们的进取精神也更强烈，并由此而发展出创新精神、契约精神、冒险精神、献身精神等基本品性，企业家精神在他们身上体现得更为全面。

此外，特别需要指出的是，近代的民族企业家在外国资本主义势力对华倾销商品已控制了市场后，在外国资本势力占绝对优势的竞争情势中，从无到有、从小到大发展起自己的民族工商业，因此，爱国主义和民族主义较早在民族企业家中萌生，充分体现时代风貌的爱国精神成为近现代优秀民族企业家的精神支撑，贯穿于他们事业的始终。他们心怀振兴实业之志，把企业发展与发展民族经济、维护民族利益紧密结合在一起。大中华橡胶厂创办人余芝卿、薛福基、吴哲生，中国民族化学工业的开创者范旭东，提倡以棉业为发展实业重心的穆藕初，主张建立民族经济体系并在机械制造业中获得显著成就的朱志尧，创设我国第一家电灯泡厂的胡西园，有“火柴大王”之称的刘鸿生，等等，诸多的嘉言懿行，充分展现出他们积极创办和发展民族资本主义企业，以达到“救贫”、“救国”的一腔热情和远大抱负。

1897 年商务印书馆成立，以此为标志迅速成长起来的民间出版业是与蓬勃发展的民族资本主义企业声气相求、共生共荣的。出版企业

---

① 忻平. 从上海发现历史：现代化进程中的上海人及其社会生活（修订版）[M]. 上海：上海大学出版社，2009：92.

家也是那个时代民族企业家的一个有机组成部分。当然,作为文化企业的出版又有其自身的特点,出版企业家精神的产生有出版业自身的内在逻辑。出版业的近代化转型是出版企业家产生的前提条件。促进这一转型的要素包括近代出版技术的引进与应用、大众图书市场的出现、知识分子的出版职业化、著译者队伍的扩大、版权保护制度的确立、现代企业制度的建立、宽松的文化环境、国内市场的统一等等。其中“知识分子的出版职业化”对出版人企业家精神的形成有特殊的意义。晚清的很长一段时间里,出版业被视为落魄文人的集聚之地。王韬、李善兰是较早以出版为营生手段的文人,他们译介的西学新书产生了很大的影响,但他们却不为世人所重,因而愤世嫉俗,郁郁不得志。清朝废科举后,传统知识分子“学而优则仕”的道路断绝,传统士大夫开始向现代知识分子过渡。随着康有为、梁启超、张元济、高梦旦、蒋维乔等一批文人参与到出版活动中,知识分子投身出版业逐渐变得普遍和自觉,知识分子凭借出版职业化,在这个可以安身立命的“民间岗位”实现抱负,逐步形成了一个出版业的近代知识群落。因此,我国近现代出版业的一个显著特征就是文化人(知识分子)办出版,知识分子的文化自觉深刻体现在他们的经营活动和经营方针上,其文化追求也更强烈。

二、近现代出版企业家精神的集体呈现

中国近现代涌现出一批优秀的出版企业家,秉持企业家精神,创造了辉煌的业绩。其企业家精神体现在创新、进取、合作、契约、献身、

冒险诸多方面,后三个方面笔者在相关文章中有所论述①,这里重点谈谈前三种精神。此外,根据近现代中国企业生存发展的特殊环境,专就当时出版家的爱国精神予以论述。

(一)创新:竞争之中谋求基业稳固

美国经济学家熊彼特认为,企业家最重要的职能就是创新。他认为创新就是建立一种新的生产函数,即把一种从来没有过的关于要素和生产条件的新组合引入生产体系,它包括五个方面:(1)引进新产品;(2)引进新技术;(3)开辟新市场;(4)控制原材料的新供应来源;(5)实现企业的新组织。国内学者张维迎将这五项创新活动归结为三大类:技术创新、市场创新和管理创新②。以此为参照系,我国近现代优秀出版企业家无疑是富有创新精神的。

陆费逵(1886—1941)就是那个时代具有创新精神的出版企业家的优秀代表。中华书局印刷所从无到有,从小到大,最后更是于1930年代取代商务印书馆印刷所全国第一的位置,这与陆费逵的创新精神是分不开的。中华书局成立之初,印刷所人不满百,规模既小,设备也十分简陋,大小印刷机器只有6台。书局成立的第二年,陆费逵就带领人马赴日本考察出版印刷事业,看到日本印刷事业的发达,他深受启发,回国后大力发展书局的印刷业务。1915年,中华书局兼并了民立图书公司、右文印刷所、彩文印刷局、中新印书局,印刷机器增至数百台,除印刷本版图书外,还承接社会大宗业务。在引进新式印刷技术和印刷设备上,陆费逵表现出极大的气魄。1916年静安寺路总厂建

① 范军.略论出版业经营管理类人才的企业家精神[J].出版发行研究,2012,11.
② 张维迎,盛斌.经济增长的国王——论企业家[M].北京:人民出版社,1989:73.

立后，他开始平、凹版印刷业务的筹设和技术的引进，花巨资从德日等国购进先进的雕刻制版设备。当时国内印刷业的主流技术是凸版印刷，相对而言平、凹版印刷是较为先进的技术，引进成本较高，故而采用此技术者较少，风险也较大。陆费逵眼光放得长远，懂得新技术对于企业的重要性，认定平、凹版印刷业务将会大有作为。他还花重金聘请留英的唐镜元，留日的丁乃刚、沈逢吉为技师，延揽 3 名日籍专家和 1 名德籍专家作指导。陆费逵的锐意创新和苦心经营获得了丰厚的回报：1920 年代靠承印南洋兄弟烟草公司的大宗烟壳印件，书局得以迅速度过“民六危机”；1930 年代借助印刷政府钞券，书局获得暴利；抗战时期及战后一段时间，印刷业更是撑起了公司的半边天，印刷获利一度逼近公司利润总额的一半[①]。现在上海的中华商务印刷有限公司，其主体部分的前身就是当年的中华书局印刷所，这家脱离了母体而获得新生的百年印刷企业，其长青基业就是由陆费逵奠定的，更确切地说，是由陆费逵的创新精神所奠定。可见，技术的领先是企业基业长青的重要保障。

比陆费逵小两岁的王云五（1888—1979）也是一位富有创新精神的杰出出版人。王云五是出版界将西方科学管理理念引入中国的第一人。1930 年，四十岁刚出头的王云五任商务印书馆总经理，上任伊始，他做的第一件大事就是出国考察，此次考察历时半年，到了 9 个国家。回国后，他立即向公司董事会提交了《科学管理计划》，极力阐述本馆管理方法的陈旧落后，科学管理方法的种种优良，建议立即采用科学管理制度和办法。在公司董事会的支持下，王云五在公司内全面推行科学管理制度，虽然起初遭遇了一些抵抗，引发了部分员工主要

---

① 中华书局. 陆费逵与中华书局[M]. 北京：中华书局，2002：232.

是编译所人员的不满情绪，但是随着时间的推移，科学管理制度的正面效果开始显现，逐步得到员工的理解。当然，王云五的这种改革也有其特定环境与条件。穆藕初早在上世纪初期就研究、译介了泰罗的科学管理理论，从美国学成归国，开办纱厂，他又将这套理论、方法用于企业管理之中，获得成功。其他一些企业也曾有过类似的尝试。出版家王云五成长于中西文化融合、碰撞的大环境下，读书极为广博，善于吸收新知识，是一个极富创新思想的人。他取得的成就包括：发明四角号码检字法；策划出版百科全书；推出“万有文库”。这些都主要受益于其开拓意识和创新精神。

竞争是市场经济的基本特征，企业之间的竞争围绕产品和“人”展开，这个“人”首先是企业家。优胜劣汰是竞争的基本法则，新胜旧败是竞争的必然规律，企业家作为企业生产要素和生产条件的组织者，在技术、市场、管理、文化等方面的创新都是为了实现企业的新组合，增强企业的竞争实力。市场大浪“淘出”了陆费逵、王云五等一批近现代杰出的出版企业家，他们的创新精神是值得今天的出版人接续的。

（二）进取：开拓之中注入动力之源

企业家从事经营，要合理追求利润的最大化，实现企业资产保值增值，不断扩大企业规模，这就需要企业家必须具有强烈的进取精神。进取精神的一个重要特性是“创造性在人们认识中的反映”，所有富于创造性，积极向上的精神，都可以称为进取精神。

陆费逵就是这样一个进取心强烈的出版企业家。特别值得一提的是，陆费逵对企业家精神做过深入的研究，并将其思想写成专书，书名是《实业家之修养》，1914 年由中华书局出版，以后多次重版。有学者认为陆费逵的实业家修养论是中外经济思想史上最早的企业家理论。[①] 陆费逵在书中将进取精神列为企业家一项重要的必备修养,认为进取精神源于企业家内心的"不满足"。中华书局从一家小小书局,一步步走来,最后成长为当时国内的出版重镇,服务出版近四十年的陆费逵强烈的进取精神始终伴随其中。

民国出版业的经营奇才沈知方(1882—1939),其进取精神更多地体现出一股闯劲和狡黠的精明。沈知方是民国第三大出版机构世界书局的创办人。在创办世界书局之前,他先后在广益书局、商务印书馆和中华书局任职。1917 年,沈知方挪用中华书局公款做投机生意,结果失败,书局为此蒙受了很大的损失,此事也是"民六危机"的诱因之一。因此之故,沈知方不得不离开中华书局,旋即,他就在上海创办了世界书局,靠大量出版社会纪实报道、礼拜六哀情小说、武侠黑幕小说、算命发财书、名人传记等格调不高的畅销书,获取企业早期发展急需的"第一桶金"。1924 年,沈知方开始向由商务、中华把持的中小学教科书市场进军,采取低价销售、有奖销售等花样百出的营销手段,一时风生水起。商务和中华采取应对措施,据说商务和中华先是要送 10 万大洋给沈知方,条件是沈退出出版界,沈知方事业心极强,坚决拒绝,而后商务和中华共同出资组建国民书局,试图以低价倾销的方式挤垮世界书局。沈知方左冲右突,向被两大书局忽略的县、镇、村市场大力拓展,逐渐赢得了稳固的市场,苦心经营六年,反过来将国民书局给挤垮,奠定了世界书局行业"老三"的地位。

事实证明,进取精神是企业家一切开拓、创新、改革行为的原动力,也是企业家艰苦奋斗、知难而不退、勇创事业天地的成功关键。凡

---

① 钟祥财. 中国近代民族企业家经济思想史[M]. 上海:上海社会科学院出版社,1992:107.

是成功的企业家包括出版家,没有一个是抱残守缺、不思进取的。王云五在“一.二八”商务遭受日本帝国主义毁灭性打击后,在董事会支持下,带领企业不屈不挠,使企业迅速恢复,并发展壮大。这些至今仍值得我们出版人好好学习。

(三)合作:协调之中探索发展道路

企业经营者既要具备较强的竞争意识,也要具备良好的合作精神。企业家的合作精神,其意义首先在于能够克服个人或企业个体的局限性,使个人或企业个体的力量得到最大程度的扩张和延伸;其次在于有助于群体与群体之间,个体与个体之间、个体与群体之间的意见沟通、心理相融、人际关系协调,增强团体的凝聚力和士气。出版企业是知识密集型企业,知识分子在此形成群落,容易出现“文人相轻”现象,因此,杰出的出版企业家应该具有良好的合作精神和独特的人格魅力,将优秀人才团结在周围,充分发挥智力资源的集约效应,以求最佳的社会效益经济效益。

开明书店章锡琛(1889—1969)和夏丏尊(1866—1946)就是具有合作精神的出版企业家的优秀代表。在民国五大书局中,开明书店的特色是十分鲜明的,主要体现为文化色彩浓厚,强调出版物的高质量、高格调,这与书店团结和培养的一批优秀的编辑和作者队伍是分不开的,这些人包括:赵景深、叶圣陶、胡愈之、周建人、孙伏园、谢六逸、丰子恺、夏衍、徐调孚、贾祖璋、朱光潜、周振甫等。章锡琛人称“老板”,是开明书店的创办人。他精明果敢,一心做事业而又有一颗平常心,他所关注的,是如何为开明延揽更多的人才,让他们各尽其能。他生意做得精明,却有许多文人朋友,主要就是因为他诚恳待人,善于团结人。夏丏尊做事平实稳重,与章锡琛的精明果敢形成互补,他还是一个谦谦君子，在做事业的过程中，包孕着一股强烈的理想情怀和一颗炽热的爱人之心，被大家看做忠厚长者，在文学界和开明内部都极具号召力，这使他既能够团结到一大批高水平的作者，也能够组织一支精干的编辑队伍。他及其后来主持编辑业务的叶圣陶的处事风格和人格魅力，在书店内形成了一种被时人和后人称之为“开明风”的企业文化和企业精神。[①] 章锡琛、夏丏尊、叶圣陶等人的合作精神和人格魅力，使得开明书店内部具有极强的凝聚力，书店管理者、作者、编辑人员之间关系融洽，书店规模虽然不很大但却效益突出，这是开明书店取得成功的重要因素之一。

我国近现代影响较大的出版企业，无不是善于集聚、吸纳优秀人才的企业，它们的编辑部门聚集了一大批文化精英，之所以能够出现这样一种振奋的局面，与出版企业家所具有的合作精神和对人才的珍视是紧密相关的。民国初期，中华书局和商务印书馆“明争暗斗”时，双方的人才争夺达到了白热化地步，最激烈时甚至出现了“中华多一人，商务则少一人”[②]的情况。出版企业家的合作精神，主要体现为团结、吸引一批优秀的作者、编辑，“人和”是事业成功的重要保障。当然，企业彼此之间的合作双赢也很重要。晚清民国时期书业在这方面既有经验也有一些教训，值得后人总结和记取。

（四）爱国：忧患之中呈现时代风貌

企业家精神往往带有时代的印记。富有浓厚时代气息的爱国精神，在我国近代民族企业家与外国资本主义势力的激烈竞争中，始终

① 吴永贵. 民国出版史[M]. 福州：福建人民出版社，2011：235.
② 张元济. 张元济日记[M]. 北京：商务印书馆，1981：195.

是感召大众、鼓舞民族企业家与外资企业相抗衡的猎猎旗帜。“实业救国”“设厂自救”“挽回利权”等响亮的口号,彰显了近现代民族企业家令人敬佩的爱国情操和民族气节。在出版业,虽然由于语言、文字、文化传统等因素,外国资本势力的影响相对较小,但出版业闪烁的爱国精神光芒却并不逊于棉纺、化工、钢铁、运输等受外资势力压迫较深的行业,甚至还要更耀眼些。

近现代杰出出版人的爱国精神,可以从“自觉追求”和“激发呈现”两个方面来理解。近代中国,帝国主义侵略日渐深入,民族危机步步加深,“救国救亡”成为时代的主题,各界有识之士在各自擅长的领域努力开展“救国”实践:“实业救国”“教育救国”“文化救国”“科学救国”“军事救国”……出版既和文化紧密相连,也与教育密不可分,近现代优秀出版人的爱国精神在文化和教育上体现得最为明显。张元济早年参与戊戌变法的经历使他认识到,国人不能获得良好的教育,没有现代知识的传播和变革意识的广泛觉醒,“富强”和现代化终是不切实际的口号。因此,当张元济应夏瑞芳盛情邀请加入商务印书馆时,与夏约定“以扶助教育为己任”的出版方针,大力普及国民教育,商务也得以从一家印刷作坊成长为中国近代文化史上的闪亮星座。陆费逵对出版与教育、国家社会重要关系的深刻认识,邹韬奋创办面向大众、提高大众思想觉悟的《生活》周刊及出版机构,张静庐恪守一生的文化为先的出版理念,都体现了一种深厚炽热的爱国情怀。此外,出版企业家在危难时局中迸发出来的爱国精神也十分具有感染力。1932 年“一·二八”国难中,商务印书馆闸北总厂遭到日机毁灭性轰炸,公司濒于危殆,斯时,总经理王云五以“为国难而牺牲,为文化而奋斗”为复兴口号,以临危不惧的勇气,挽大厦之将倾,以“日出一书”开创了商务印书馆的鼎盛时期,王云五的这种抗压抗暴的强烈爱国精神，是值得敬佩的。平生不怎么著书的张元济则编著了《中华民族的人格》一书，砥砺民族气节，弘扬民族精神。此书在抗战时期一版再版，影响很大，以至日本侵略者将其列为禁书。1939 年，病中的沈知方预立遗嘱，嘱咐同人不要为日伪的威逼利诱所动。还有夏丏尊，上海沦陷期间，日伪威逼利诱他出任伪职，但他宁可牺牲性命也绝不做汉奸。近现代优秀出版企业家在个人与国家危难面前所表现出的爱国精神，是令人敬佩的。

近现代中国，民族危机渐深，国家灾难深重，在这个特定的历史条件下，近现代优秀出版人展现出具有时代风貌的爱国精神，以出版为平台帮扶文化和教育事业，促进国家和社会的改革与进步，这既是他们自身追求的理念，也是他们用以增强自身竞争力的有力方式。甚至，企业是否华人自办、华资独办也成为企业竞争的一个由头。

（原载《华中师范大学学报（人文社会科学版）》2013 年第 6 期，作者范军、欧阳敏）

中国近代出版大家夏瑞芳的企业家精神

在中国近现代出版史上，夏瑞芳(1871—1914)是一位了不起的人物，他任商务印书馆总经理长达17年之久。1897年，他和鲍咸恩、鲍咸昌、高凤池等集资3 750元创办了商务印书馆，并被推举为总经理，相当于当今企业的CEO。就是这么一家发端于上海里弄里毫不起眼的小印刷作坊，短短十数年便成长为当时新式出版界的翘楚，到1914年资本总额达200万元之巨(全国第一)，资本额平均每年增长29倍多，其“跨越式发展”令人叹服，由此亦可证这位近代出版企业第一“CEO”魄力之大，能力之强，业绩之巨。令人扼腕的是，1914年当商务印书馆发展如日中天之时，正值盛年的夏瑞芳不幸遭到暗杀，年仅43岁。

由于夏瑞芳去世得太早，留存的相关史料也极为稀见，加之他身上的政治光谱较淡——既不属于亲国民党人士，也与共产党无缘，因此在很长一段时间里，人们谈起商务印书馆，大陆多关注张元济，台湾则推崇王云五，至于夏瑞芳，几乎被人们遗忘了。虽然商务馆史专家、出版史家总还是把他列入所谓“中国十大出版家”行列，但影响仅限于很小的圈子。

作为职业出版家的夏瑞芳不应该被历史遗忘，不仅在于他奠定了百年商务的稳固根基，更在于他是中国近现代新式民营出版业的领军人物，对现代书业企业制度的建立、对转型期中国教育和出版新风气的开创皆有重要功绩。胡愈之曾这样评价他:“商务印书馆的创办人夏瑞芳是一个企业家,他首先主张同维新的知识分子结合,再是认清了需要利用日本资金和技术,最后把日本股子收回来,他可说是民族资本家中的一个杰出人物。”[①]早期商务两杰——夏瑞芳与张元济如双峰并立,互相辉映,前者称得上是中国现代出版企业第一人,后者则无疑是现代出版文化第一人。在晚清民初书商云集、竞争异常激烈的上海,为何夏瑞芳能取得这样了不起的成绩？本文拟从企业家精神的角度进行初步探讨。笔者认为,商务印书馆早期的发展与夏瑞芳的企业家精神密不可分,具体而言,这些精神在他身上主要体现为勇于创新、敢于冒险、善于合作。

一、勇于创新:开创中国近现代出版的新风气

在新制度经济学的经济增长理论中,企业家与资本、土地、劳动力等均为经济增长的关键因素,企业家精神的重要性由此可见一斑,而创新精神则是企业家精神的核心。什么是创新精神？我们可以从奥地利经济学家约瑟夫·熊彼特(1883－1950)的理论中找到答案。“他赋予企业家以创新者角色,认为企业家是资本主义经济发展的发动机,是最具活力的因素,企业家的创新行为是商业周期和经济发展的根本原因。所谓创新就是建立一种新的生产函数,把一种从未有过的有关生产要素和生产条件的新组合引入生产系统。具体说来,这种新组合或创新包括五种:引入新产品、引入新技术、开辟新市场、控制原

① 胡愈之. 回忆商务印书馆(一)[J]. 出版工作,1979(8).

材料的新供应来源、实现企业的新组织形式。”①概而言之，企业家创新精神就是指企业家调动各项要素去创造性地开展企业经营管理活动。揆诸史实，夏瑞芳较好地践行了企业家的创新精神。

19 世纪中后期，西方传教士为了传教需要，开办了一批印刷机构，其引进的西式活字印刷技术比传统书业采用的雕版印刷方法进步，刺激中国印刷业改进。由于西式活字印刷技术（也就是铅印技术）的技术含量和经济成本较高，大部分传统书业即使想采用这种新技术也显得心有余而力不足，要么缺乏相应的技术人才，要么缺乏充足的资金，因此，当时中国出版业的技术光谱仍然是雕版印刷为主，而后引进了西方不太先进的石印技术，有过积极作用，其缺点也很明显。

在当时，作为“新媒体”的新式出版机构，技术门槛是较高的。夏瑞芳 11 岁时入教会在上海的清心书院，在那里总共待了 8 年。在这段时光里，夏瑞芳学到了新的洋知识，不但学会英文，而且逐渐养成了世界性的视野和心胸。当时清心书院经费不足，要求学生半工半读，夏瑞芳选择做印刷工作，这为他日后走上出版之路埋下了伏笔。1889 年夏瑞芳自清心书院毕业，先在一家慈善医院短暂工作，接着转投《文汇西报》做英文排字工，后又到《字林西报》，凭着精湛的技艺和踏实肯干很快升任植字部主任。夏瑞芳深知西式活字印刷技术在中国的广阔应用前景，因此，在精心谋划之后，与他的几位同样精通印刷技术的昔日同窗好友创办了商务印书馆。当时上海的新式出版机构主要由传教士所创办，如墨海书馆、美华书馆等，而商务则是当时国内最早的一批新式民营出版机构，可以说是点燃了中国新式出版业的星星之

① 鲁传一，李子奈．企业家精神与经济增长理论［J］．清华大学学报（哲学社会科学版），2000（03）：43．

火，其开创意义不可谓不大。

从发展逻辑来看，早期的商务印书馆是以技术立馆，几位创办人如夏瑞芳、高凤池以及后来成为夏之妻舅的鲍氏兄弟等都是技艺精湛的印刷人才；而出版技术与出版物形态之间有着一种"协同创新"的关系。目光深远的夏瑞芳显然并不满足于只做印刷，他的志向是要以新技术开创一种新的出版局面。很快，夏瑞芳就找到了开创新局面的突破口。中国在甲午战争中败于"蕞尔小国"日本后，救亡图存的社会意识空前高涨，向西方学习成为举国上下的共识。学习西方首先应该懂得西方的语言（主要是英语），因此，甲午战争后社会上掀起了学习英语的热潮。市场眼光极为犀利的夏瑞芳发现，当时市面上流行的英语教材要么极为粗糙，如一些"洋泾浜"式的学习小册子，英文单词用中文注音，如 come 的注音为"康姆"，yes 的注音为"也司"，等等；要么是翻印自英文原版教材，对初学者来说难度较大。有鉴于此，他决定将早年在清心书院读书时所用的英文原版教材 *Primer English* 拿来改编。这本书是英人给印度小学生编写的初级课本，在印度极受欢迎。夏瑞芳为了使教材更加适用，找来近代知名基督教翻译家、苏州博习书院教师谢洪赉（1873 – 1916），将该书翻译成中文，配课文单字汉语释义，以中英文对照排版，于 1898 年起陆续以《华英初阶》《华英进阶》（共 5 集）之名出版。教材面世之后，迅即畅销全国，之后长销二十多年，至 1921 年出到第 77 版。事实证明，该套教材在教育界和出版界具有划时代的意义，它在内容和形式上具备了近代英语教科书的范式，为后来中国人自编英语教材开创了先例。[①] 凭着这套教材，夏瑞芳

① 赵晓阳. 基督教与早期华人出版事业——以谢洪赉与商务印书馆早期出版为中心[J]. 青海师范大学学报（哲学社会科学版），2009(03)：82.

终于施展开拳脚,而商务的新教育基因也由此成形。后来张元济之所以愿意加入商务,也是因为他感受了夏瑞芳杰出的出版家眼光、气魄和品质。此后,商务从印刷到出版,从一元到多元,用今天的话讲叫主业坚挺、辅业并进,一步步成为亚洲第一、世界前三的大型文化教育“托拉斯”。

我们过去主要把商务看成一家单纯的出版机构,其实它在当时是靠印刷起家,编、印、发一体,多业并举的大型文化教育集团公司。印刷是商务起步的基础,也是它后来的主要经济支柱之一。如果说书刊内容上的创新和开拓更多得益于张元济,那么印刷设备及技术上的改造创新则主要是夏瑞芳的劳绩。卢仁龙注意到这一点,很有见地地指出:“作为技术出身的夏瑞芳及早期创始人,对印刷技术的引进与改造有着近乎痴迷的爱好。早在一九〇三年就设立黄杨木版部,聘日本技师指导;一九〇七年使用珂罗版;一九〇九年改进铜锌版,并试制三色铜版;在他去世前一年的一九一三年,商务开始使用汤普森铸字技术,每天可铸一万五千个字;商务确立了自己的‘商务体’字,包括楷书、隶书和粗体,取代了传教士的‘英华体’。夏瑞芳经营商务十七年间,在印刷技术上的发展提高和产能上的扩张战略是其主要贡献,夏瑞芳引进欧美日诸国的现代印刷技术,让商务印书馆成为改进和创造印刷方式的创新工厂,更成为国内印刷机械制造与推广的中心,并最终推动上海确立现代印刷业的发源地与中心。”①这一点,恰恰是出版史家过去没有给予高度关注和恰当评价的。

综上可知,创新确实是企业家精神的核心,杰出的企业家不仅要

① 卢仁龙.寻找现代出版史的失踪者——记商务印书馆创始人夏瑞芳[J].读书,2017(2):27-28.

了解和适应市场,更要引领潮流,变革内容,创新技术,开发市场。甲午战争之后,上海滩新开设的书局和小印书房也极多,机会极好,但是成功的却极少,而商务印书馆竟然由一家小印刷作坊“跨界”做图书出版业务,并取得巨大的成功,这与夏瑞芳的创新精神密不可分。他花巨资采用新式印刷设备,不断改进,还亲自策划出版了一套在全国具有开创意义的英语教材,同时积极建立较为规范的股份公司制度,使商务在较短时间内具备了大企业的框架与内核。赵俊迈《典瑞流芳》一书中列举了商务印书馆在现代出版史上的众多“第一”,发生在1914 年前的有 14 项,[①]涉及企业制度、引进外资、书刊选题、印刷技术诸多方面。这些无不是夏瑞芳创业、创新精神具体而全面的体现。

二、敢于冒险:不以成败论英雄

企业家是一个民族中冒险精神突出的一群人,能够带动整个民族精神面貌的提升,同时,“企业家绝不仅仅是一个民族既有的冒险精神的产物,它同时反过来又诱发这个民族的冒险精神”[②]。西方学者把企业家精神与风险(risk)或不确定性(uncertainty)联系在一起,认为没有敢冒风险和承受风险的魄力,就不可能成为企业家。一个企业经营者,要想取得成功,要想企业有大的发展,必须富有冒险精神。甚至可以说,对于一家企业和一个企业经营者来说,不敢冒险才是最大的风险。对于出版企业来说,也是这个道理。法国出版之父罗贝尔·拉封(1916—2010)曾说:“出版业是赌博业。”此话耐人咀嚼,颇有启示。

---

① 赵俊迈. 典瑞流芳:民国大出版家夏瑞芳[M]. 北京:商务印书馆,2017:92 - 93.

② 张维迎,盛斌. 经济增长的国王[M]. 北京:人民出版社,1989:130.

近代出版家夏瑞芳的冒险精神可谓与生俱来，11 岁时他独自一人从乡下到上海寻母便是一个生动的例证。“戊戌六君子”牺牲后，夏瑞芳不惧危险，大胆承印谭嗣同的《仁学》一书，也体现了他非凡的胆识和勇气。在经营商务印书馆的过程中，夏瑞芳以其过人的气魄经历了一场场商海冒险，其中既有成功也有失败，正是在这些冒险中，商务的经济资本和文化资本有了跨越式的增长。夏瑞芳执掌商务的十多年，无论是在企业战略的制定与实施，还是在书刊生产能力的不断扩大、产品品种的不断增加；无论是在管理新制度的建构与完善、印刷新技术新设备的引进及应用，还是广设分馆的全国市场布局与开拓，抑或是出版印刷主业之外的开疆拓土，大胆尝试，无不体现出一个大出版家的雄心、气魄和胆略。下文重点通过两个案例来探讨夏瑞芳的冒险精神。

先来看夏瑞芳大胆与日本金港堂合资的案例。实际上，商务早在1900 年就曾有过收购日本人所办修文印书局的成功尝试，其后也有过多次与其他书局及报刊的并购或合作经营。而 1903 年与金港堂的合资经营最为成功，影响也最大最持久，这个合作是具有企业发展战略高度的合作典范。

金港堂曾是 19 世纪末日本最大的教科书出版商，品种数量、发行数量都占日本全国一半以上。1902 年，金港堂因“教科书疑狱案”陷入被动，当时有 100 多人受到牵连，有的甚至被判刑。这起在日本轰动一时的“教科书疑狱案”使金港堂大受打击，此事也导致日本政府提前实行国定本教科书，彻底打破了金港堂的教材垄断。疑狱案涉事人员刑期虽不长，但颜面尽失，无法在日本活动，金港堂高层遂决定在上海投资办印刷厂，以安置这些人。[①] 当时沪上绝大部分书局、印刷厂的

① 汪家熔. 中国近现代出版家列传张元济[M]. 上海：上海辞书出版社，2012：118.

技术还十分幼稚，虽然商务的技术相对先进，但与老字号的金港堂相比，实力还是太过弱小。如果金港堂在上海的办厂计划付诸实施，商务将面临巨大的竞争压力，毕竟印刷利润在商务的总利润中占了近一半。夏瑞芳经过一番思考，决定以一种或许可以“双赢”的方式来化解这场危机——向金港堂提出合资经营的主张。此时金港堂正处于低谷，其高层也不想在上海与商务印书馆等开展激烈竞争，因此很快便同意了夏瑞芳的提议。

金港堂对商务的发展有较为重大的促进作用，其一是带来了 10 万元的资本，这在当时是一笔很大的投资，使得商务有大量资金扩大再生产；其二是带来了先进的印刷技术、人才和新式教科书编辑经验与方法，使得商务在印刷技术和教科书质量上得到飞速提升，成为行业执牛耳者。如今，中外合资是一件稀松平常的事，但是在甲午战争后不久的 20 世纪初叶，国内反日情绪日渐高涨，与日商合资是需要极大勇气的。夏瑞芳甘冒风险，以非凡的魄力将日资“为我所用”，同时坚持以我为主，自主独立，冒险中有坚守，达到双赢。数据表明，与日方合资以 20 万元建立真正意义上的股份公司以后的 10 年，也正是商务腾飞的 10 年。

再来看夏瑞芳的“炒股”经历。

自 1903 年与金港堂合资后，商务生意兴隆，效益蒸蒸日上，且企业成长性良好。与金港堂合资后不久，商务就在当时上海的郊县宝山地区建印刷厂，而工人们大多住在市区，往来颇为不便，为了解决此问题，夏瑞芳与沈季芳合资开办了一家名为“宝兴公司”的房地产公司，资本 3 万元。沈季芳在商务掌管印信、合同、票证等要件，财务能力突出，与夏一样也是一位冒险家，宝兴公司的业务主要由沈季芳负责。沈季芳依靠向钱庄借贷，经营规模极大，但负债亦很可观；而夏瑞芳则做起了“橡皮股票”生意。

清末的上海人称橡胶为橡皮,所以称当时经营橡树种植业的公司为橡皮公司,称这些公司所发行的股票为橡皮股票。19 世纪末,随着西方资本主义工业的大发展,橡胶成为众多工业产品的新兴材料,尤其是随着汽车制造业的迅猛发展,橡胶的需求量急剧增加,橡胶公司的股票也随之水涨船高,一路疯涨。这股热潮先是在伦敦股市出现,1910 年,上海滩上也出现了各界人士疯狂炒橡胶股票的狂潮,甚至一些公馆太太、小姐们变卖首饰来买橡皮股票,而一些大型钱庄则不顾风险拿存户的钱去炒股。30 两 1 股买进,几天之后就涨到 90 两 1 股,涨势惊人。生性酷爱冒险的夏瑞芳也加入了炒股大军,凭借精明的头脑,他几番买进卖出,并在股市快要“涨停”之际卖空,最终竟然赚到了一大笔钱。

孰料不久之后伦敦股市狂跌,上海橡皮股亦随之暴跌,几家大型钱庄损失惨重,总额高达 500 万两,存户纷纷前来挤兑,形成社会风潮,史称“橡皮股灾”。为了“救市”,当时的上海道台蔡乃煌拘禁各家钱庄的债户并限令立即还钱,夏瑞芳与沈季芳合办的宝兴公司负债金额亦高达四五十万两白银,其中绝大部分资金借自钱庄,因此,夏不得不将自己炒股所赚银两拿出来贴补宝兴公司,前功尽弃。更糟糕的是,1910 年 7 月,沈季芳怨恨商务没有收购宝兴房产而导致他破产,所以在钱庄倒闭风中他曾煽动存款于商务的存户提款,使商务处于经济紧张中,损失了 10 万余两白银,此一事件在商务馆史上称为“夏瑞芳橡皮股票投机失败”[①]。短短数月之间,夏瑞芳的个人财富经历了从冲上云霄到跌落谷底的大起大落,并连累商务印书馆蒙受不小的损失。

① 长洲. 商务印书馆的早期股东[M]//商务印书馆. 商务印书馆九十五年. 北京:商务印书馆,1992:652.

此时,张元济从大局出发,多方协调,说服日方股东以低息贷款的方式缓解压力,董事会决定夏瑞芳个人所持 1000 股以每股 150 元配给大股东,债务完全由他承担。这当然是很惨痛的教训。

在美国百年老字号企业 3M 公司有一个很有价值的口号:“为了发现王子,你必须和无数个青蛙接吻”。“接吻青蛙”常常意味着冒险与失败,但是如果害怕失败,那就什么事也做不了,冒险精神是可贵的,不能以一时的成败来论英雄。夏瑞芳的冒险有成也有败,结果固然重要,但即使摔倒也永不服输则更加可贵。蒋维乔在《夏君瑞芳事略》一文中说夏瑞芳“豁达大度,性果断,知人善任,喜冒险进取,百折不回,故能以微细资本,成极大之公司,于我国工商及教育事业,影响绝巨。”诚哉斯言!美籍华人赵俊迈所撰《典瑞流芳——民国大出版家夏瑞芳》(商务印书馆,2017)一书,大概出于为尊者讳而对橡皮股票风波一事只字未提,这似乎没有必要。顺便一提的是,该书称夏瑞芳为“民国第一 CEO”“民国大出版家”恐怕都不太妥帖。因为夏主政商务印书馆的 17 年,其中差不多 15 年是在清末,民国若满打满算才两年。清末民初民族企业崛起,各行各业都有很大发展,都出现了不少杰出实业家,都有很厉害的 CEO。因此,尽管夏瑞芳很了不起,但对他较为准确的历史定位应是“清末民初中国出版企业第一 CEO”。

三、善于合作:造就堪为实业界表率的企业文化

“正如艾伯特·赫希曼所言:企业家在重大决策中实行集体行为而非个人行为。尽管伟大的企业家表面上常常是一个人的表演(One-Man Show),但真正的企业家是擅长合作的,而且这种合作精神需要

扩展到企业的每个员工。”[①]在经营商务的过程中，夏瑞芳的合作精神体现得淋漓尽致：其一，他与翰林张元济成为至交，二人共事十余年，共同缔造了商务印书馆的黄金时代；其二，他以平等合作的心态对待职工，得到了公司大部分职工的拥戴，这与王云五形成了鲜明对比。由此，商务的企业文化成为当时实业界的表率。

合作精神也体现为一种宽容和大度，甚至可以说合作精神也就是一种宽容精神。所以也有人把宽容精神作为企业家精神的一个重要方面。具体表现为尊重人才，善于使用人才，敢于起用人才，宽待下属和同行，虚怀若谷，善纳忠言，等等。下面我们来看两则案例，以便更直观、深切地了解夏瑞芳如何善于合作，如何宽容友善，奠定了企业文化的基石。

案例一是夏瑞芳与张元济十数年如一日的精诚合作。英国当代社会学家 John B. Thompson 认为有四种资源对于出版公司来说特别重要：经济资本、人力资本、象征资本和智力资本。[②] 据此而言，有翰林身份的张元济可谓是商务最为宝贵的象征资本，同时张元济加入商务时还投了一万多元做资本，占股近 1/4，商务的基础由此奠定。张元济之所以愿意加入商务，主要还是看中了夏瑞芳的人品、能力和事业心。夏瑞芳不仅对张元济本人非常尊重，而且对于编译所的编辑也执礼甚恭，尊称为“老夫子”，还让工友们称这些文化人为“师爷”，除月薪外，还供给膳宿、茶叶、水烟等。在商务的夏瑞芳时代，张元济主持编译所，夏瑞芳则主抓营业事务，配合得天衣无缝。张元济爱好收藏古籍善本，既为文化保存之目的，也为商务编译所储备选题资料。古籍善

---

① 宋飞，徐波. 企业发展理论与成长机理[M]. 成都：西南交通大学出版社，2014：50.

② [英]约翰·B. 汤普森. 数字时代的图书[M]. 张志强等，译. 南京：译林出版社，2014：18.

本价值不菲,夏瑞芳倾全力支持采购古籍。1906 年,湖州“皕宋楼”主人陆树藩准备以 10 万元售出全部藏书,夏瑞芳将消息告诉张元济,并表示愿意和对方洽商,争取以 8 万元将其买下,要知当时商务账面流动资金也只有十多万元。后来,陆树藩以十万零八千元的价格将藏书卖给了日本静嘉堂,虽结果令人遗憾,但夏瑞芳的倾力配合令张元济大为感动。以“扶助教育为己任”的夏张二人之精诚合作可见一斑。夏瑞芳 1914 年逝世后,先是印有模担任了两年的总经理,而后总经理一职由高凤池接手,高凤池性格、观念迥异于夏瑞芳,因此张高二人合作得很不愉快,每当两人为公司事务发生冲突时,张元济总要叹气,痛惜夏公去世太早,这也从一个方面印证了夏张二人的“将相和”。

案例二是夏瑞芳与职工之间的平等合作。早年的商务印书馆中存在着两个主要派别:教会派与书生派。教会派的领袖是夏瑞芳,书生派的领袖则是张元济,总体而言,教会派对待职工的态度更为平等。蔡元培在《商务印书馆总经理夏君传》中,说他“信仰基督教,内行甚修,接人甚和易”。作为虔诚的基督徒,夏瑞芳以平等合作的心态对待职工,注重提高职工福利,这也得到了时人的认可。1920 年,站在劳工立场的《新青年》曾刊发一组反映上海各行业工人生存状况的文章,其中对夏瑞芳及商务印书馆持高度肯定的态度,请见下文:

> 吾国工业做工时间,向无规订可言。有时间的规定者,初以印刷业为首,不得不推崇教会的遗爱,又以商务印书馆为首倡......是以印刷业的印刷工人,享受时间规订的利益者,首推商务。
>
> 吾国新工业的组合,当以棉、织、丝、茶为最……印刷业者,远不及如上各业的宏大,竟能于二十余年以前,规划时

间,与二十世纪的新潮,有暗合的基础,造福全业,其眼光的远大,诚加人一等。该印刷所优美的质点,更有数节,足资据述:(一)对普通工人,有疗病所的设备;(二)抚恤金的定额;(三)储蓄金的优待;(四)补习班的夜校;(五)对于女工有保产金的恩惠;(六)幼稚园的组织。此与他厂的工人具优异的实惠,都是夏瑞芳君的余荫,足为建设的基础。[①]

由此可见,夏瑞芳以“宗教伦理”将合作精神推展到每个员工,从而造就出堪为实业界表率的企业文化。在职工心中,夏瑞芳和他们站在同一立场,以至于当1925年商务印书馆印刷所工人举行罢工时,工人们在议事会场悬挂夏瑞芳的遗像,全体向之敬礼,并表明罢工缘由,[②]夏瑞芳在职工们心中的威望由此可见。

企业家应该努力成为蜘蛛人(Spiderman),要有非常强的“结网”能力和意识,企业家自身要成为本公司最重要的“场域”,对其他成员具有向心引力。夏瑞芳的合作精神体现了他的人格魅力,实践证明这是一条通往成功的道路。

在中国近现代出版史上,商务印书馆颇具传奇色彩,一个个传奇的人物、一部部传奇的经典共同造就了商务的辉煌。我们应该记住那个站在120年辉煌历程起点上的一代巨擘——夏瑞芳:他点亮了商务这座中国近现代教育与文化的灯塔,开创了中国近现代出版企业的新风气,对新教育有重要的扶助之功;他勇于创新、敢于冒险、善于合作,体现出一个杰出企业家应该具备的优秀品质。至于企业家应该具备的创业精神、敬业精神、不满足精神、英雄主义精神,等等,在他身上也

---

① 赵义民.上海劳动状况:印刷业内容[J].新青年,1920(06):26-27.

② 申报.商务印书馆昨日罢工[J].申报,1925-12-24-009.

有充分的体现，于殿利、卢仁龙等人有所概括，[①]不再赘述。美国学者罗伯特·达恩顿（Robert Darnton）曾经指出，近代以来，出版商在书籍的传播循环中扮演着越来越重要的角色，出版（书籍）与资本的“联姻”成为一种普遍趋势。夏瑞芳正是以一个杰出企业家的志存高远、勤勉奋发、勇于开拓、踏实苦干，用资本、技术、人才与制度为书业企业打造了一座辐射面广、开放性强的大型传播平台，对中国近现代出版企业制度的创立、对教育与文化的转型产生了既深且巨的持久影响。

（原载《出版广角》2017 年第 15 期，作者范军、欧阳敏）

① 于殿利. 中国近代民族出版第一人——纪念夏瑞芳逝世 100 周年［J］. 现代出版，2014（6）；卢仁龙. 寻找现代出版史的失踪者——记商务印书馆创始人夏瑞芳［J］. 读书，2017（2）

夏瑞芳:中国近现代出版企业第一人

2017 年是商务印书馆成立 120 周年。跨越三个世纪的风雨历程,整整两个甲子的沧桑岁月,历史沉淀下多少让人感慨不已和值得回味的人与事、诗与史。作为商务创始人之一、且担任最初 17 年总经理的夏瑞芳让人们重拾历史的记忆,重思其历史的价值与现实的启示。

早在 2017 年 4 月份,北京商务印书馆就推出了美籍华人记者赵俊迈撰写的海内外第一本夏公的长篇传记——《典瑞流芳:民国大出版家夏瑞芳》。其实该书的中英文双语版在夏瑞芳遇害身亡 100 周年之际的 2014 年,已由台湾商务印书馆刊行繁体字版;大陆则在当年第 12 期《中国作家》上,以《百年孤寂的巨人——追寻近代出版先驱夏瑞芳》为题刊载了全篇传记(没有附录)。前些时,北京商务印书馆还专门举办了《典瑞流芳》一书的首发式,并邀请出版史专家、企业家和老商务的后人对话,由书及人,追怀先贤,畅谈感想。因为这本传记,我们不觉想到历史留待后人依旧需要深思的若干问题:在中国近现代出版史上夏瑞芳到底应该如何定位?他最可宝贵的品质是什么,对当今出版文化企业最有启示的东西又有哪些?

夏瑞芳执掌商务,主要是在晚清而不是民国。

这似乎是一个不是问题的问题。说它不是问题,就是说对一代出版巨擘夏瑞芳的贡献与历史地位,商务人(包括北京、香港和台北的)、商务馆史专家、出版史家并不曾忘记。且不说一般的出版词典、大型出版志书和出版史著作，商务印书馆是必写的，夏瑞芳自然也并没有被"完全遗忘"。至于像《中国十大出版家》（王震、贺越明著，书海出版社，1991 年）这样的专著，就把夏瑞芳列在了出版家"十大"之首，有点像"十大元帅"排座次的味道。北京商务印书馆带有馆史纪念意义的由众多编辑家、出版家照片组成的"先贤墙"上，一左一右是夏瑞芳和张元济，照片尺寸明显比中间其他人大一些，其"双杰"比肩地位的凸显也是十分清楚的。至于商务现任老总于殿利为纪念夏瑞芳逝世100 周年而撰写的《中国近现代民族出版第一人》（载《现代出版》2014年第 6 期），更是把夏公提到了一个新的历史高度。

即便如此，对夏瑞芳的历史定位仍是一个问题，未完全达成共识。2005 年广陵书社刊行的《中国近代十大出版家》（冯春龙著）所列 10 人中，6 人属于商务或从商务走出的人，他们是张元济、陆费逵、王云五、章锡琛、叶圣陶和胡愈之，但没有夏瑞芳。同年，由河南大学出版社推出的 10 卷本《20 世纪中国著名编辑出版家研究资料汇辑》（宋应离等编）收录 54 人，其中也没有夏瑞芳。至于研究论文、相关专著，有关夏瑞芳的比起张元济、王云五、叶圣陶、陆费逵等人的确实太少太少，与其历史地位和实际贡献明显不相称。因此，商务印书馆编审卢仁龙在今年《读书》第 2 期发文纪念夏总经理，标题就令人回味：《寻找现代出版史的失踪者——记商务印书馆创始人夏瑞芳》。

有鉴于此，《典瑞流芳》一书的正式刊行就有填补空白的特殊意义。该书在封四上的几段文字，大约可以看作是作者（似乎也是当下北京商务馆方）对夏瑞芳的总体评价：

夏瑞芳(1871—1914)，字粹方，江苏青浦人。商务印书馆创始人，第一任总经理。在他执掌商务17年间，完成了各种新式教科书的编制，对于中国近代教育改革和普及全民文化教育起到了重要的推动作用。1914年1月10日，夏瑞芳在公司发行所门前遭到暗杀，时年43岁。

夏瑞芳身上闪耀着许多企业家精神，诸如创业精神、创新精神、责任意识、市场意识和人才意识等。他豁达大度，知人善用，邀请张元济加入商务，广纳贤能之士共创大业，开中国印刷出版事业之先河，为商务印书馆开拓百年基业打下了很好的基础。他有着"民国第一CEO"的美誉，是中国近现代民族出版第一人。

这几段近乎"内容提要"的文字有《典瑞流芳》作者的观点，同时融入了于殿利总经理那篇纪念文章的看法。这几段话概括精炼，总结到位，但最后关于"民国第一CEO"及"近现代民族出版第一人"，还有书名中"民国大出版家"的提法，涉及对夏瑞芳的历史定位，也涉及与其他出版家的比较，笔者觉得还有值得商榷之处。

在我看来，称夏瑞芳为"晚清民初出版企业第一CEO"或"中国近现代出版企业第一人"是比较恰当的。其一，商务印书馆从1897年2月11日成立，夏瑞芳担任总经理之职，到1914年1月10日他遇刺身亡，离17周年仅差十天时间。民国是1912年成立的，满打满算，夏瑞芳任职于民国的时间是两年，而在晚清执掌商务长达15年。因此，只能说夏是"晚清民初出版企业第一CEO""晚清民初(或近现代)大出版家"。其二，晚清民初民族企业已有很大的发展，印刷出版业仅仅是众多行业中的一支。不好称夏瑞芳为所有企业的"第一CEO"。近现代的民族企业家按学者划分有三代，第一代是洋务运动时期（即60—90年代）的；第二代是19世纪末20世纪初成长起来的；第三代则是20世纪二三十年代登上历史舞台的。夏瑞芳是典型的第二代民族企业家，是那一代企业家中年纪较轻者（26岁当总经理。同代企业家当政的平均年龄是34岁）。同代企业家涉及多个行业，尤其是棉纺、缫丝、面粉、火柴等皆有大的发展，故有所谓“棉纱大王”“面粉大王”“丝业大王”及“火柴大王”等等之称。如仿此，夏瑞芳则可称为“出版大王”或“书业大王”。

夏瑞芳与张元济可并称“中国近现代出版第一人”，但一个侧重经营一个侧重文化。

我们早已习惯了这样的说法或认识：张元济是中国近现代出版第一人，或者说张元济在中国近现代出版史上稳坐“第一把交椅”。现在，于殿利总经理的文章、赵俊迈的传记又都把“第一人”“第一CEO”的桂冠戴到了夏瑞芳的头上。夏瑞芳与张元济的位置如何摆放？能不能有两个“第一人”，或者两把“第一交椅”？或同为“第一人”，并坐“第一交椅”，但二人有没有一定差别？

夏瑞芳与张元济的风云际会、惺惺相惜，乃商务印书馆之幸，也是整个现代中国出版之福。曾任商务董事多年并主持过商务总管理处的陈叔通这样说：商务印书馆“成为解放前我国最大的出版家，不能不归功于夏瑞芳和张元济。商务的主要创办人是夏瑞芳。夏是一个有雄心的企业家，夏与张结合才为商务成为一个出版企业奠定了基础。”但我们也见到一些作者常有“褒张贬夏”之嫌，说张元济是商务的灵魂还有一定道理，而把接受了近8年西洋教育的夏瑞芳说成是个“大老粗”式的没有文化之人就不妥当；说夏瑞芳如何尊重张元济，放心放手、识才用才是可以的，过分强调夏瑞芳如何“言听计从”也不符合实际。张元济哲嗣张树年评价说:“夏公瑞芳不仅是我国新式印刷事业的先驱者,更是一位思想开明、目光远大、魄力恢宏的企业家。”夏、张二人相约“以扶助教育为己任”,共同的理想和信念奠定了他们友谊和事业的基础。

我们赞同这样的观点,翰林张元济的加盟加速了商务印书馆从印刷业向出版业转型的进程,商务也从之前的纯商业染上了文化报国、启迪民智的色彩。但不容忽视的,商务印书馆是向“文化托拉斯”方向发展,书刊出版固然是重中之重,但印刷的收益一直占据重要地位,而其他相关产业的兴办也步步拓展。如今,夏瑞芳在中国印刷近代化中的引领和核心作用仅有个别人(如卢仁龙)予以关注,其实这对企业来说也是不容忽视的。作为商务的CEO,夏瑞芳是对企业全权负责的,是全面职掌馆务的。商务的战略决策、重大投资、内部协调、日常经营,等等,无疑是夏瑞芳在主导和统筹。所以,笔者认为从企业经营管理角度看,夏瑞芳是“中国近现代出版企业第一人”。

我们知道,出版企业不同于一般的商业、工业企业,它具有经济和文化的双重属性。刘杲讲,出版经济是手段,文化是目的。出版是经济和文化的平衡,是两个效益的统一。若侧重文化建设,侧重商务作为出版企业的文化属性来看,张元济的作用就更加凸现出来了。在“夏张配”的12年间,夏瑞芳放手让张元济主持编务(同时参与整个馆务的重大决策与管理),听任其聘用人才,施展抱负,可谓合作无间。张元济以自己的文化理想,领导商务从系统编写新式教科书,到出版“帝国丛书”“历史丛书”“法政丛书”及各种辞书,始终以开启民智、发展教育为宗旨。显然,张元济虽然也参与了商务的整个管理与运作,但作为商务编译所长,他在当时的主要贡献是引领时代潮流和出版文化方向,是那个时期中国最杰出的“总编辑”。因此,我们可以说他是

“中国近现代出版文化第一人”。

可见，商务印书馆在先贤墙上将夏、张并列，是十分恰当的。二人的地位和作用有点像部队的司令员与政委。我们讲“千里跃进大别山”的“刘邓大军”，刘伯承和邓小平是并驾齐驱的，不是只有一个“第一”。

夏瑞芳留给后人的财富既有信仰和道德，更有难能可贵的企业家精神。

赵俊迈在《典瑞流芳》一书的简体版序《付梓前几句心里话》中写道：“这本书的传主夏瑞芳和几位重要人物张元济、蔡元培等，他们给我们的启示正是今天社会亟需的‘信仰’与‘道德’。”作者在繁体版序言中也曾说：“夏瑞芳在‘商务’的角色，相当于今天的CEO，他广纳贤能之士，共创大业，开中国印刷事业之先河。适逢满清末年、民国建立，中华民族百废待兴的大时代，他洞察局势、放眼民族未来，于是和伙伴张元济、蔡元培等定下商务‘以扶助教育为己任’的方针大计。”这其中的潜台词或是：它里面包含的意义、动机、原因、影响，都是一种忠诚信仰及高贵道德的体现，进而成为一种值得景仰的“人文精神”。

确实如此，夏瑞芳留给后人的有其企业的品牌及实体，还有无形的声誉和有形的事功，但更有价值的是他的信仰、道德和理想主义精神、企业家精神。夏瑞芳去世不久，同行、朋友撰写的悼念文章就不约而同提到他的这些特质。蔡元培说：“（夏）君信仰基督教，内行甚修，接人甚和易……然君虽殁，而君所创设之事业，方兴未艾，其于教育之影响，则辗转流布而不能穷其所届，虽谓君永久不死可也。”蒋维乔也这样评价夏瑞芳：“君本基督教徒，其待人接物，和易宽厚，爱人如己，视敌如友，深合基督教义焉。”当然，时过境迁，我们今天不一定就需要直接和全盘接受夏瑞芳那种基督信仰、人格理想的具体内容，但出版人需要信仰、需要道德、需要理想主义，则是肯定的。如何在社会主义新时代,以马克思主义为指导,重铸出版人的信仰、道德和理想,确实是在当下过度功利主义、过度娱乐化商业化背景下所要面对的问题。笔者发表过两篇文章,分别是《出版本质上是理想主义者的事业》《理想让出版人拥有尊严》,论述较为全面深入一点,可以参看。

夏瑞芳的企业家精神是十分突出的。蒋维乔等人早就注意到他的这种特质。蒋维乔说夏君"豁达大度,性果断,知人善任,喜冒险进取,百折不回,故能以微细资本,成极大之公司,于我国工商及教育事业,影响绝巨。"今人于殿利更是将夏瑞芳视为"企业家精神的诠释者",认为在他身上"闪耀着许多企业家精神,诸如创业精神、创新精神、责任意识、市场意识和人才意识等,这些极具个人色彩的特性,为企业的现代性注入了应有的活力。可以说,商务印书馆的早期发展是与作为开创者和总经理的夏瑞芳所具有的企业家精神密不可分的。"对此,这里就不再赘述。需要指出的是,《典瑞流芳》中可能是出于"为尊者讳"的目的,对夏瑞芳在"橡皮股票风波"中的"走麦城"只字未提,似无必要。冒险无疑有成功也有失败,不能简单以成败论英雄。一个企业,最大的危险是领导人没有冒险精神。成功的企业家肯定是不安分的,不满足的,他的格局和气魄决定着企业的高度和前景。从这个角度来看,正是夏瑞芳的远见卓识、雄才大略,加上勤勉苦干,敬业务实,决定了商务后来几十年的走向和命运。他的那种冒险精神、不满足精神、英雄主义精神,正是我们这个时代的出版人所需要继承和弘扬的。

作为海内外第一部夏瑞芳的独传,《典瑞流芳》描述了传主的精彩一生,突出了他的精神价值与社会贡献,尤其是对海外资料(包括图片)有所挖掘和利用,涉及夏公后人的论述也给人耳目一新之感。但总体看,史料仍然缺乏,对夏瑞芳本身的聚焦,对其作为企业经营总负责人如何运作、作用何在等探讨仍需深入。我们高兴地得知,人民出版社在大型的“中国出版家”丛书中,已经把《夏瑞芳》列入了编纂计划。我们有理由期待早日出现——一个更加立体、丰厚的夏瑞芳形象,一部更加完整、深入的的夏瑞芳传记。

(原载《中国出版》2018 年第 11 期,作者范军)

中国近代出版企业制度文献综述

文化与经济是出版企业的一体两面,出版企业的文化特质较一般工商企业而言尤为突出,平衡文化与经济的关系是出版企业家的重要使命。在现代市场经济中,人才、资金、技术、制度等均为实现经济组织绩效增长的核心要素,而制度的重要性尤为突出。企业制度对于出版企业职员尤其是企业家而言意义重大,科学的制度能够保障出版企业家形成合理的心理预期和行为预期,激励他们巧妙平衡文化与经济的关系。

改革开放以来的近四十年,中国近现代出版史的研究无论着眼于文化,还是经济,抑或是技术,都取得了一定的进展。对出版企业制度史的研究从民国时期以至中华人民共和国成立初期的资料搜集与整理,到近些年的企业个案研究、制度专题研究、出版企业家精神研究等,逐步深入,值得总结经验和不足,以期进一步使之更加深入。

一、涉及近代出版企业制度的史料文献

史料,或称历史资料,是研究和编纂历史所用的建筑材料。史料工作是史学工作的重要组成部分,翔实、可靠的史料是历史研究的前提和保障。

（一）1949 年以前的出版企业制度相关史料与研究成果

出版企业的史料以商务印书馆、中华书局等大企业保存得比较完善，尤其是商务的资料留存较多，此不赘述。其实，当时其他书局的史料也还不少。例如 20 世纪 30 年代随着一些出版机构的周年庆，同时也为配合对这些机构的宣传，有了一些总结和回顾性的文章、专门的纪念册等。大东书局出版了《大东书局十五周年纪念册》《大东书局之过去情况和今后计划》（1933），介绍了该书局自 1916 年创办至 1933 年间的情况。《大东书局股份有限公司第十届报告中华民国二十二年份》（1933）是一本只有 12 页的小册子，内容包括该公司于 1933 年召开的第十届股东年会记录以及该年度资产负债表等，这本小册子是研究大东书局企业制度宝贵的一手史料。《上海世界书局收受教育界零股办法》（上海世界书局总务处，年份待考），是研究世界书局融资渠道的珍贵资料。

随着出版业的发展和出版史研究的渐次积累，1946 年，出现了出版史专著，这就是杨寿清的《中国出版界简史》（永祥印书馆 1946 年版）。该书篇幅不大，不到 4 万字，文字表述多为概述性，但它是中国第一本以“中国出版史”命名的，对从古代到抗日战争期间的中国出版的历史做了粗略的勾勒，对书业制度略有涉及，但该书过于单薄，筚路蓝缕之作无论资料还是论析都存在一些不足。

（二）1949 年以后关涉近代出版企业制度的史料集、出版史（志）及出版人日记等

20 世纪 50 年代，出现了一套体系较为完整、资料较为丰富的史料丛集，这就是张静庐辑注的《中国近代出版史料》初编、二编，《中国出

版史料补编》及《中国现代出版史料》甲编、乙编、丙编、丁编(上、下卷),共八册,二百多万字(分别由上杂出版社、群联出版社、中华书局,于1953—1957年之间出版)。它对中国近现代出版史料尽可能地进行了搜罗与整理。举凡出版机构的成立缘起、国民党的文化钳制与出版界争取出版自由的斗争情况、印刷业的发展情况皆有涉猎,对教会出版、官书业、民族出版业的发展、共产党领导下的进步出版业方面的资料也多有搜集,一些报纸、杂志方面的材料也有包罗,内容十分宏富。该套史料收录的一些文章和材料,较为直接地反映了民国时期民营出版企业的产权制度、组织制度和经营管理制度。

20世纪六七十年代,出版史研究进入低潮期。到了20世纪80年代,出现新一轮的出版史研究高潮,并持续至今。较具代表性的有宋原放等著《中国出版史》(1991)、叶再生著《中国近代现代出版通史》(2002)、肖东发等著《中国出版通史》(2008,其中有清代下卷、民国卷)、吴永贵著《民国出版史》(2011);史料整理与刊行则有宋原放主编的《中国出版史料》及其补卷(山东教育出版社、湖北教育出版社2001、2011年先后出版,其中近代部分、现代部分含补卷有13册之多)等。这里尤其值得一提的是《中国出版史料(近代部分·补卷)》,该书收录的材料大致可分为两个部分:一是出版的法律法令,二是民国时期商务印书馆、中华书局、生活书店、开明书店等几个主要出版社的规章制度。汪耀华选编的《民国书业经营规章》(2006)是为数不多的专门汇缉出版企业制度(包括行业协会)的史料集,也特别值得关注。

此外,近代一些主要出版社负责人的日记、书信、文集,也是研究当时出版业企业制度的较有参考价值的史料。有关张元济的资料出版尤多,关乎日记的《张元济日记》上下册两种,一种为商务印书馆1981年版,时间断限为1912—1926年;一种为河北教育出版社2001

年版，增加了1926年到1949年的有关内容。关乎书信的有《张元济书札》（商务印书馆1981年版）、《张元济傅增湘论书尺犊》（商务印书馆1983年版）和《蔡元培张元济往来信札》（台湾"中央研究院"1990年版）。张元济的日记中，所载多为有关商务印书馆经营管理的公事，对了解商务印书馆的经营生态是十分有益的。2013年，上海辞书出版社出版《舒新城日记》（共34册），它收录著名教育家、出版家舒新城先生1908年至1960年间日记手稿近500万字，涉及中国近代政界、学界近百位著名人物，详实记载了舒新城对社会时事的观察和分析，以及个人和家庭生活的记录，对于一些重要事件，还附有剪报或照片，对研究舒新城以及中国教育史、出版史、近现代史等提供了新的史料，具有重要价值。其中，1930年舒新城任中华书局编辑所所长后的内容与企业经营管理尤为相关。2013年，九州出版社出版《王云五全集》（共20册），《论管理》分册反映了王云五的出版管理思想。

20世纪80年代以来，中国出版科学研究所、商务印书馆、中华书局等机构，也先后主编刊出了比较系统、各具特色的出版史料，上海、北京等地纷纷创办相关刊物，推出新著，进展明显。如20世纪80年代《出版史料》杂志的创办以及后来的复刊，新世纪上海《出版博物馆》（先为内部资料，后以《新闻出版博物馆》为名公开出版）的刊行，《出版发行研究》《出版科学》《编辑之友》《出版广角》等杂志出版史研究栏目的设置，商务印书馆馆史资料的恢复刊行；另有《商务印书馆九十年》《商务印书馆九十五年》《商务印书馆百年大事记（1897－1997）》《回忆中华书局》《中华书局大事纪要（1912－1954）》等，这些史料多为企业"信史"，与企业制度相关度较高。商务印书馆110周年、120周年，中华书局100周年等历史节点还有不少资料汇纂、刊行。周武主编的《上海学》辑刊（1—4辑，上海人民出版社2015、2016年出版）上，连载了“商务印书馆董事会纪要”，很有参考价值。中华书局主办的《中国出版史研究》，自2017年起，每期选登由贾元苏整理的“中华书局股东会、董事会会议档案”，参考价值较高。三联书店、开明书店的各种史料汇编、世界书局的史料专号（《新闻出版博物馆》辑刊）等也值得关注。

综上所述，目前有关民国出版企业制度的史料多见于综合性出版史料中，专题性的民国出版企业制度史料相对较少。也有的见诸报刊文章，例如《关于群益出版社的股份制——吉少甫答郭平英问》（《新闻学史料》2009年第3期）。与出版文化史相比，作为经济维度的企业制度史在史料上不如前者丰富，许多史料有待我们从其他相关资料中去发现。建立“中国近现代出版史料学”有必要提上议事日程了。

二、整体层面的民国出版企业制度研究

有关民国出版业企业制度的主题研究方兴未艾，在研究方法上以个案研究为主，案例多为民国时期的几家大的出版机构。

范军、何国梅的《商务印书馆企业制度研究（1897－1949）》（华中师范大学出版社2014年版）是国内第一部关于出版企业制度的专题著作。该书较为全面深入地探讨了它在产权制度、组织制度和管理制度方面的尝试，为当下中国出版业的企业制度建设和改革创新提供了某些启示与借鉴。此书成书仍显匆忙，对涉及出版企业制度的诸多方面尚未展开，第一手资料的挖掘和运用也显得不足。该书略作修订后于2016年由台湾花木兰文化出版社刊行繁体字版。范军及其同仁在此基础上，近几年又就商务印书馆的监察人制度、编辑制度、会计制度、福利制度等分别撰文，有所深化和拓展。

此外,如下文献也对近代中国出版企业制度做了较为集中的研究。专著主要有:许静波的《石头记:上海近代石印书业研究 1843—1956》(苏州大学出版社 2014 年版)、陈钢的《晚清媒介技术发展与传媒制度变迁》(上海交通大学出版社 2011 年版)、李家驹的《商务印书馆与近代知识文化的传播》(商务印书馆 2005 年版)、王建辉的《文化的商务:王云五专题研究》(商务印书馆 2000 年版)、陈树萍的《北新书局与中国现代文学》(上海三联书店 2008 年版)。论文主要有:彭树新的《中国近代出版的产业化趋势》(《江西财经大学学报》2005 年第 2 期)、张曼玲等的《近代出版发展脉络之比较研究》(《北京印刷学院学报》2006 年第 1 期)等。

事实上,传统出版是应该包括图书、期刊和报纸的。报业经营管理与企业制度也有着十分密切的关联。胡太春著《中国报业经营管理史》(山西教育出版社,1998 年版)中,就专门讨论了《大公报》股份制的建立,《新民报》企业化的管理,以及《世界日报》《中央日报》等民营报纸和官方报业的产权制度、组织制度和管理模式等。此外,1982 年重庆出版社出版的张友鸾等著《世界日报兴衰史》、1993 年复旦大学出版社刊行秦绍德著《上海近代报刊史论》(近年有修订本问世)等,也对报业企业制度有所论及。

单篇文章中,欧阳敏的《中华书局的现代企业制度研究(1912—1949)》(华中师范大学硕士学位论文 2013 年),以 1912—1949 年间中华书局的企业制度建设为研究对象,在爬梳大量史料的基础上,综合运用产权经济学理论、管理学理论和传播学理论,力图构建起中华书局的现代企业制度框架。张彩霞、吴燕的《从解放前的中华书局看上海现代出版企业制度》(《编辑之友》2011 年第 6 期)选取中华书局作为案例,从企业制度建立的时代背景、过程、特色等方面进行论述,具有一定的理论新意。范军的《略论中国近现代出版企业制度的三种形式》(《出版发行研究》2012 年第 4 期),以亚东图书馆、万叶书店和世界书局为典型案例,分析了个人独资、合伙制、股份制三种近现代出版企业制度,该文视野宏阔,论述深刻,具有较大的理论意义和实践意义。在《试论中国出版企业制度的近代化转型》(《华中传播研究》2015 年第 1 期)一文中,范军从近代中国出版企业制度转型的外部刺激和内部改革两个方面展开论述。

值得关注的是,近年有部分博士学位论文以出版企业制度为方向,或在论文中较深入地关涉这个问题,在一定程度上推进了相关问题研究的深化和细化。黄宝忠的《近代中国民营出版业研究》(浙江大学,2008 年),第三章即为"出版企业制度和内部管理体制的现代化";张立勤的《1927—1937 年民营报业经营研究》(复旦大学,2012 年)第三章的"体制转型"和第四章的"组织变革"探讨的都是报业制度。宋泉博士的学位论文研究抗战时期的桂林文化供应社(华中师范大学,2017 年),亦有专章讨论企业制度问题。

三、以产权制度、经营管理制度、编辑制度等某一层面制度为主题的研究

(一)关于近代出版企业产权制度的研究

企业产权制度就是围绕企业产权的一系列制度安排,具体而言,就是围绕企业财产的占有、支配、使用等建立的一系列制度安排及运作。与业主制与合伙制企业相比,股份公司制出版企业更为重视产权制度建设,它们的产权制度更为规范。研究者们对产权制度的兴趣主

要集中于商务印书馆、中华书局、世界书局、大东书局、开明书店等几家大企业。

范军、欧阳敏的《试述民国时期出版企业股票的募集与流通》(《出版发行研究》2016 年第 1 期),运用第一手资料对民国时期商务印书馆、中华书局、世界书局等几家大书局在股票方面的产权运营进行考察,较有新意。上述两位作者还对世界书局、大东书局资本结构的演变及其对经营的影响做了较为深入的探讨。①

欧阳敏的《论民国时期中华书局的产权制度》(《中国出版史研究》2016 年第 1 期),对中华书局书局产权制度的建立、运作及法人治理结构做了较为深入的探讨,该文认为中华书局较早建立了法人产权制度,建立了股东会、董事会、监事会等相互制衡的机构,实现资源的有效配置,为大规模专业化生产提供了制度保障。

刘积英、张新华的《同人书店与商人书局——从融资方式看开明书店与世界书局的发展》(载《北京印刷学院学报》2002 年第 4 期),考察民国时期世界书局在融资问题上的表现,认为世界书局通过设立股份公司、储蓄会等形式,广泛吸纳包括官僚资本在内的社会资金,虽为书局的发展提供了强有力的支持,但过滥的融资和盲目的投资却招致自身的没落。

郭平英的《群益出版社股份有限公司股东分析》(《郭沫若学刊》2009 年第 2 期),探讨群益出版社股份制的建立、三次招股的具体情况。

范军的《试述开明书店产权制度的历史演变》(《华中学术》2017 年第 1 期),考察开明书店股份公司时期企业产权制度的建立及运行

① 范军,欧阳敏. 民营出版企业资本结构的演变及其对经营的影响——以上海世界书局和大东书局为考察中心[J]. 中国出版史研究,2016(01).

状况,包括股份有限公司的成立及发展,最终走向公私合营的变迁过程,重在梳理开明书店股份公司时期企业产权制度的建立及其运行状况,包括股份有限公司的成立及发展,股东构成及股东会的召开,董事会、董事长及其他相关情况等,在考证历史中凸显出开明书店产权制度的历史演变轨迹。

范雪的《抗战时期生活书店的制度选择》(《文艺研究》2017 年第 7 期)一文,讨论抗战时期生活书店是如何主动选择类似共产党组织形式进行书店的制度建设,进而成为新中国文化生产"一体化"的重要前史,论述视角很有特点,给人启示。

(二)关于近代出版企业经营管理制度的研究

出版企业的经营管理制度与其他工商商务并无本质差异,均包括对人、事、物的管理,但是由于出版企业家自身的相对素质较高,几家大出版企业的经营管理制度在当时处于先进水平。

汪家熔的《旧时出版社成功诸因素——史料杂录》系列论文(分别载于《出版发行研究》1994 年第 3、4、5、6 期,1995 年第 1 期)是较早从企业经营管理的视角进行研究的文献,文章从组织结构、发行渠道、管理制度等方面进行论述,主要选取商务印书馆、中华书局、世界书局、大东书局等作为研究案例,该文作者是上海商务印书馆的老员工,对商务的企业经营管理有切身体会,因而该文具有较强的说服力。

朱联保的《上海世界书局历年大事记(一—七)》(分载《出版发行研究》1987 年第 4、5、6 期,1988 年第 3、4、5、6 期),对民国时期世界书局创办、发展过程中的重要事件做了全面梳理,对书局的管理等方面有较为详细记叙,对研究民国时期中华书局的企业经营管理有重要的参考价值。

范军、沈东山的《20 世纪二三十年代新闻出版企业的会计改革》(《中国出版史研究》2016 年第 1 期)指出,20 世纪二三十年代,以上海商务印书馆为代表的中国新闻出版企业进行会计改革,是有识之士希望革新图强、西方科学管理思想在华传播、新文化运动的推动,以及企业经营陷入困境和财务管理混乱等原因共同促成的。

20 世纪二三十年代,商务印书馆的管理制度除了在财务方面发生变革,其在人事管理方面也发生了较大变革,所指涉的就是王云五推科学管理制度。郭太风[①]、闫卫平[②]、仝冠军等研究者对王云五与科学管理做了主题探讨。

石娟的《世界书局、大东书局的通俗文学出版及商业运作》(载《编辑之友》2013 年第 8 期),考察世界书局和大东书局的通俗期刊经营活动,该文认为世界书局和大东书局的通俗期刊经营活动,为一个时代的文化面相留下了可靠的记录,并在某种程度上引领这个时代的文化走向。

王晓霞的《开明书店的市场开拓策略述论 1926—1937》(《保定学院学报》2010 年第 5 期)认为,开明书店注重编辑高质量的图书,团结作者和读者,通过大量广告、廉价促销、读书营销等方式,并坚持文化出版理念,最终在出版市场站稳脚跟,跻身于民国时期大出版机构的行列。

民国时期的出版企业比较注重广告宣传工作。吴永贵的《民国时期书业广告的组织与运作》(《编辑之友》2009 年第 5 期)一文,对此展开了较为深入的考察。

---

① 郭太风王云五在商务印书馆推行科学管理的功过是非[J]. 东华大学学报(社会科学版),2001(1).

② 仝冠军. 出版科学管理的水土问题[N]. 中国图书商报,2008－3－25.

(三)关于近代出版企业编辑制度的研究

与其他工商企业相比,出版企业的制度特殊性主要有两方面体现,其一是编辑制度,其二是非正式制度。编辑制度既包括编辑规范制度如选题、组稿、编校等,也包括编辑部门的设立及变革、编辑培训制度、编辑福利制度等。

王建辉的《上海商务印书馆编辑薪水和作者稿酬问题》(《出版发行研究》2002 年第 8 期)认为,商务印书馆作为文化企业,其对于编辑和作者并不十分苛刻,这也是这家有名的出版机构在竞争十分激烈的近代出版业中,始终能够挺立前头的缘由了。吴永贵、曹琳娜的《民国时期出版企业的人员构成与管理》(《中国编辑》2006 年第 2 期)指出,民国时期的大型出版企业普遍重视为编辑提供体面的工资和福利待遇。

范军、欧阳敏的《试述晚清民国时期商务印书馆的编辑制度(上、下)》(《中国编辑》2017 年第 1、2 期)一文,梳理了晚清民国时期商务印书馆的编辑制度由草创到逐步完善再到成为行业表率的过程,阐述其制度的创设与完善对于确保出版物质量、提高工作效率、增强企业效益起到的重要作用,并对当时的同行及新中国的编辑制度产生了一定的影响。

宋若涛《新中国成立前教科书编辑制度论略》(《中国出版》2010 年第 12 期)则以商务印书馆为例,专门探讨旧时教科书编辑制度及其启示作用。

四、对企业家精神、企业文化等出版企业非正式制度的研究

非正式制度是西方新制度经济学的一个重要概念。所谓非正式制度，也称为非正式规则、非正式约束，是指人们在长期的社会交往中逐步形成，并得到社会认可的约定俗成、共同恪守的行为准则。非正式制度主要包括价值观念、伦理道德、文化传统、风俗习惯、意识形态等。同样是采用股份公司制度的出版企业，商务印书馆、中华书局、世界书局、开明书店却各有特色，究其原因，其一是制度执行力度不同，其二则是不同的非正式制度形塑不同的出版企业面相。如果说产权制度、管理制度等正式制度带给出版企业普遍意义上的经济绩效，那么企业家精神、企业文化等非正式制度则赋予出版企业独特的文化特质。

（一）对近代出版企业家精神的探讨

新奥地利经济学派认为，“在发现有用的知识，调配资本、劳力、技术和原材料，并由此创造出不断增长的产出这些活动上，企业家精神是必需的；而对于企业家精神来讲，制度具有极端的重要性”①。企业家精神主要体现为创新、冒险、团结等，它蕴含了文化传统、价值观念、风俗习惯等，企业家精神本身是企业非正式制度的核心部分。

在出版人群体的企业家精神论述方面，如下文献较具代表性。范军、欧阳敏《论近现代杰出出版人的企业家精神》（载《华中师范大学

① 柯武刚，史漫飞. 制度经济学：社会秩序与公共政策[M]. 韩朝华，译. 北京：商务印书馆，2008：23.

学报(人文社会科学版)》2013 年第 5 期)一文,对中国近现代杰出出版家群体的企业家精神进行考察。该文认为,近现代杰出出版人的企业家精神必然具有同时代企业家所共有的创新精神、合作精神、进取精神、爱国精神、契约精神、冒险精神、献身精神等;同时出版人的企业家精神也具有特殊性,主要体现为满腔的人文情怀和强烈的文化追求。

更多的研究者对近代著名出版家的企业家精神做个案研究,人物主要有张元济、夏瑞芳、沈知方等。

周化铁的《张元济的现代商业理性与士大夫精神》(《出版科学》2009 年第 2 期)指出,张元济将自己所秉承的士大夫情结,与现代商业理性成功结合,为商务印书馆发展成为那个时代具有经典意义的资本主义企业,注入了文化的力量。他所体现出来的"出版人的精神气质",成为后世出版企业核心价值观的彪炳和圭臬。王芙蓉的《张元济的儒商出版思想——兼及对当代中国民营出版业的启示》(《苏州大学学报(哲学社会科学版)》2010 年第 3 期)认为,翰林出身的张元济是近代中国杰出的出版企业家,同时又是一位学贯中西、博古通今的儒者。他在其毕生服务的出版企业——商务印书馆的经营、管理编纂过程中处处闪现爱国忧民、审时度势、务实开放、立己达人等儒商出版思想,这是其事业成功的重要因素。

范军和欧阳敏的《中国近代出版大家夏瑞芳的企业家精神》(《出版广角》2017 年第 15 期)认为,商务印书馆的崛起与夏瑞芳的企业家精神密不可分,他勇于创新,引进先进的印刷设备,以技术立厂,积极建立股份公司制度。夏瑞芳极具冒险精神,大胆引进日资,借鉴日方的教科书编辑制度,此外,他还善于团结职工,深受商务印刷工人的拥戴。

邓咏秋在《王云五的出版家素质》(《出版科学》2003 年第 3 期)一文中指出,王云五的出版家素质体现在如下 5 方面:杂家;擅长计算;善于借鉴和移植,喜欢创新;勤奋;办事大刀阔斧,追求效率。

王建辉[①]、吴永贵[②]、邓咏秋[③]等人则对沈知方的企业家精神做了探讨。综合来看,研究者们认为在沈知方身上既体现了商人的投机性,也彰显了出版企业家的冒险精神和创新精神,他是近代中国出版业的经营奇才。

此外,在一些经济史论著中,对出版企业家精神也有不同程度的涉及。如钟祥财的《中国近代民族企业家经济思想史》(上海社会科学院出版社 1992 年版),有一章专门论述中华书局创办人陆费逵的企业家思想,认为陆费逵的实业家修养理论是中外经济史上最早的企业家理论。沈祖炜的《中国近代企业:制度与发展》(上海人民出版社 2014 年版),该书第八章"企业家精神与企业发展"对陆费逵的实业家修养理论也比较重视。

(二)作为出版企业文化的非正式制度

近代几家大出版企业均带有鲜明的企业文化特色:商务印书馆的企业文化核心是"宗教伦理"与"科学管理",中华书局的则是"大家庭",而开明书局则是"开明风"。出版企业的独特面貌即由上述"非正式制度"或曰"软性制度"所赋予,研究者对开明书店的非正式制度关注较多。

以下文献较具代表性。范军的《略论民国时期开明书店的非正式

① 王建辉. 沈知方:冒险和投机兼备的出版家[J]. 出版广角,2001(06).
② 吴永贵. 沈知方,纵横书业的经营奇才[N]. 光明日报,2008-1-22.
③ 邓咏秋. "才气宏阔"的出版家"沈知方"[J]. 编辑学刊,2003(06).

制度》(《中国出版史研究》2017 年第 1 期)认为,产权制度、组织制度和管理制度等硬约束奠定了开明书店发展的体制性、机制性基础,而作为民国出版业中最具文化特色的企业,开明书店又是"文化人办出版"的典范,它的非正式制度的软约束发挥的极其重要的作用亦值得关注和研究。刘霞在《开明书店的"开明人"与"开明风"》(《娄底师专学报》2003 年第6 期)一文中指出,开明书店在20 多年的发展中,形成了特有的"开明人"与"开明风"。"开明人"学识渊博,朴质笃实,为人正派,思想开明,待人真诚,对待工作一丝不苟;而"开明风"则更多地体现在开明对待作者、读者的态度中。

邱雪松①、王国红②、吴永贵③等人也对作为非正式制度的"开明风"做了不同程度的探讨。这个方面的研究尚有进一步开拓的空间,对于我们当下建设有文化特色的出版企业制度很有借鉴价值。

制度之于出版企业的重要性是不言而喻的:出版企业的运行并非存在于真空市场之中,多种因素或为阻力或为动力,以一套复杂而又带有偶发性的机制共同决定出版企业的经济绩效和文化绩效;而制度的核心功能即在于提高行为的可预测性,科学先进的制度能够在更大程度上提升出版企业的经济绩效和文化绩效。"密涅瓦的猫头鹰在黄昏起飞",近代出版企业离当下已有相当的时空距离,史料与思想的积淀逐渐厚实,对近代出版企业制度进行研究正当其时。通过回溯文献,笔者发现中国近代出版企业制度研究尚处于起步阶段,在产权制度、组织制度、管理制度、编辑制度等方面既需要以新视角、新方法去

---

① 邱雪松.开明书店、"开明人"与"开明风":中国现代知识分子与出版的一种关系.[D].华东师范大学,2010.

② 王国红.开明书店与开明精神[J].中国编辑,2006(03).

③ 吴永贵.沈知方,纵横书业的经营奇才[N].光明日报,2007-1-20.

研究商务印书馆、中华书局、开明书店等“旧案例”，同时也需深挖中小书局或当时的官办书局如正中书局等企业的制度史料并展开研究。此外，近代出版家群体的企业家精神彰显得比较充分，但是研究者们并未给予近代出版企业家精神足够的关注。当前，国家提倡企业家精神，笔者认为近代杰出出版家的企业家精神能够为当下出版领域的企业家精神建构提供有益的参考与借鉴。

在提倡学科交叉与融合的当下，“近代出版企业制度”可以成为一种可供选择的突破编辑出版学传统研究范式的视角，笔者呼吁更多的同人加入到此一领域中来。

（原载《出版史料》2017 年第 4 期，作者范军、欧阳敏）

中国近现代出版制度史料经眼录

本文略述所经眼的与我国近现代出版制度（包括企业内部制度与外部制度）相关之史料，或为专书，或为书中某些部分，或为刊物单载与连载。所见史料的介绍，均以刊行（含正式出版和内部印行）的时间为序；报刊连载者以首发时间为准。一般只做客观描述，不加价值评判。所涉史料以与出版制度直接相关者为主，相关的间接资料（如经营管理）也略有简介。所收资料的时限上自1840年，下迄1949年。根据实际情况，有些资料的时间适当顺延至中华人民共和国成立初期。

《出版史料》（创刊号）

由上海市出版工作协会《出版史料》编辑组编辑，学林出版社1982年12月出版。此为第一辑，16开本，158页，定价0.60元。本辑收有《〈出版法规〉汇编（1906—1949）编目》，刊于第147—157页。前面的"编者按"如下："文化大革命"以前，原上海出版文献资料编辑所，花了几年时间，收集了大量资料，初步编辑了一部分1906年到1949年的《出版法规汇编》，内容包括清朝政府、中华民国临时政府、北洋政府和国民党政府有关新闻、出版的法令、法规、条例、规则、规程、命令等，约五十万字。现将《出版法规汇编》目录发表，并将其中《宣传品审查条例》刊载于后，从中可以看出国民党政府对舆论的种种箝制。《出版法规汇编》即将由上海学林出版社出版。（该书后来更名为《近现代出版新闻法规汇编》直到1992年才正式刊行。）

《回忆亚东图书馆》

汪原放著。学林出版社1983年11月出版。小32开本，245页，定价0.79元。上海亚东图书馆是我国现代新兴出版业中有过相当影响的一家出版机构，由本书作者的叔叔汪孟舟创办。它的前身是芜湖科学图书社，从1903年到1953年共有50年的历史。作者汪原放（1897—1980）是出版界的前辈，也是当年亚东图书馆的核心成员。他根据亲身经历和有关日记、书信、文件等撰写的这本回忆录，提供了大量有关亚东图书馆及当时上海出版业的出版史料，其中涉及亚东的产权、组织、管理诸方面。该书学林出版社2006年再版，更名为《亚东图书馆与陈独秀》。

《商务印书馆九十年——我和商务印书馆》

高崧等编纂。商务印书馆1987年1月出版。大32开本，639页，43.5万字，定价4.15元。该书是商务印书馆馆庆90周年的纪念文集，也是从商务出版史角度编辑的史料集，共收录文章78篇，另附“商务印书馆大事记”，主要内容有记述商务创业者和一些知名编辑家的业绩材料，还有该馆以“我和商务印书馆”为题，向一些关系比较密切的著译者和读书界知名人士征集的文稿。文集中收录的早期当事人文章尤其具有史料价值，其中不少篇章涉及到当时商务的产权结构、组织制度、企业管理等。如蔡元培《商务印书馆总经理夏君传》、蒋维乔《夏君瑞芳事略》、庄俞《鲍咸昌先生事略》、章锡琛《漫谈商务印书馆》等。后来商务印书馆在馆庆95周年、100周年、110周年、120周年之际，都编辑刊行过类似纪念文集，其中的《商务印书馆九十五年》一书中，一些文章与企业内部制度关系密切，如高翰卿《本馆创业史》、张蟾芬《余与商务初创时之因缘》、孟森《夏君粹方小传》，等等。

《出版史料》(1988 年第 2 期)

《出版史料》1987 年改为正式刊物(季刊)刊行。1988 年第 2 期“文献与介绍”栏目有与同文书会、广学会、中国基督教联合书局相关的文献、文章 5 篇,其中《同文书会(前中国书刊协会)组织章程》属于书业制度类史料。据该文献注释,这个团体于 1884 年 12 月首先成立于格拉斯哥。同文书会在 1887 年成立时成称为“The Society for the Diffusion of Christian and General Knowledge Among the Chinese”,1905 年改称“The Christian Literature Society for china”。1894 年中文名字通称为广学会。此《组织章程》共计 11 条,涉及同文书会的命名、宗旨、经营方式、会员、董事会权力、年会、执行委员会、章程的修改等内容。另外,《出版史料》1989 年第 1 期刊有方夫萌译《同文书会年报(第五次)》(1892 年 10 月 31 日)、《同文书会第五次年会记录》、《同文书会董事会名单(1891—1892 年)》;该刊同年第 2 期刊有徐荻洲译《同文书会年报(第六号)》,同年第 3、4 期合刊有徐荻洲译《同文书会第七年年报(1894)》。《同文书会年报》(后为《广学会年报》)第八次至第十四次分别刊载于 1990 年第 1 期、1990 年第 3 期、1991 年第 2 期、1992 年第 1 期、1992 年第 3 期、1992 年第 4 期、1993 年第 2 期。

《开明书店纪事》

王知伊著,书海出版社 1991 年 9 月出版。小 32 开本,238 页,16.6 万字,定价 4.00 元。这是列入“编辑回忆录传记丛书”中的一本个人回忆性的集子。前面有叶至善、吴岩分别作序。正文部分按照“开明风”“开明人”“开明事”“开明书”将若干单篇文章进行编排。与企业制度相关的是“附录”部分中的几篇,包括:《开明书店股份有限公司组织大纲》,录自 1950 年 9 月开明书店印赠的《第一届全国出版会议纪念册》;《开明书店股份有限公司业务委员会组织及工作简则》,来源同上;《开明书店版权授与契约》,编者在后面加注说明:“此系抗日战争前开明书店与著作人订立的一种版权授与契约的样稿。抗战后有所改动,一般已不实行版税制。”

《近现代出版新闻法规汇编》该书由刘哲民编,学林出版社 1992 年 12 月出版。大 32 开本,649 页,51 万字,定价 19.80 元。该书收录 1906 年至 1949 年我国历届政府颁布的有关出版、新闻的法令法规,包括有著作权约束力的咨文、释疑等。就至今所见的资料而言,该书收集较为完备。编辑体例,则分清政府、中华民国临时政府、北洋政府、国民党政府四个时期。每个时期分出版、新闻等目。所收资料较多者,再分若干细目。在同一目或子目内,按时间先后排列。另有附录,收国民党地方政府单行法令和汪伪国民政府、伪华北临时政府、伪满洲国的有关法令等,以及上海公共租界、法租界当局的律、章。

《著作权研究文献目录汇编》

杜学亮主编。中国政法大学出版社 1995 年 3 月出版。大 32 开本,393 页,定价 11.00 元。著作权属于出版宏观管理制度的一个方面,该书收罗的文献包括清末至 1994 年国内颁布的著作权法律及主要国际著作权公约等。

《中国科学翻译史料》

黎难秋主编。中国科学技术大学出版社 1996 年 9 月出版。大 32 开本,722 页,60.1 万字,定价 50.00 元。该书所收集整理的科学翻译史料上起 1911 年,下迄 1949 年。在“卷五　翻译机构、学馆”中,不少内容属于翻译出版方面的制度性史料,如《同文馆章程》(1862 年)、《译印西文地图公会章程》(1896 年)、《官书局奏开办章程》(1896 年)、《译书公会章程》(1897 年)、《上海文明编译印书局章程》(1902 年)、《上海文明编译印书局续招股份章程》(1903 年)、《京师大学堂译书局章程》(1903 年)、《奏定译学馆章程》(1903 年),等等。

《旧中国的股份制(一八六八年——一九四九年)》

上海市档案馆编著,中国档案出版社 1996 年 10 月出版。大 32 开本,442 页,40 万字,定价 30.00 元。该书列入“上海档案史料丛编”,编者从浩如烟海的企业历史档案中编选出这本史料。其中与书业企业相关的有两份档案材料:其一是关于中国图书公司的(1905 年 7 月),包括《中国书业有限公司缘起》(1905 年 7 月)、《中国图书股份有限公司章程》(1905 年 7 月)。编者注明“原件无年份,现年月由编者考订,供参考”。其二是关于良友图书公司的(1927 年 7 月 15 日—1928 年 9 月 5 日),内含四份文件,分别为《良友图书印刷股份有限公司创立会议决录》(1927 年 7 月 15 日)、《全国注册局批令》(1928 年 9 月 5 日)、《良友图书印刷股份有限公司章程》(1928 年 9 月)、《上海良友图书印刷公司董事会章程》(1928 年 9 月)。

《商务印书馆百年大事记》

《商务印书馆百年大事记》编写组编。商务印书馆 1997 年 4 月出版。16 开本,精装印制,30 万字,定价 35.00 元。该书在 1987 年版《商务印书馆大事记》基础上增补而成,采用编年纪事体裁,为使眉目清楚,每年排成两页左页为大事记录,右页刊有关资料,力图反映商务印书馆与文化、教育、学术界的密切交往和各界人士的支持,因重心不在企业经营,加之文字简略,故关涉企业制度方面材料并不多,但仍旧提供了一些有价值的线索。如 1897 年,摘录蒋维乔《创办初期之商务印书馆与中华书局》对合股情况介绍;1900 年,收购日本人在上海经营的修文印刷局;1901 年,张元济投资商务印书馆;1902 年,设印刷所、编译所、发行所;1903 年,正式成立商务印书馆有限公司,吸收日股,改进印刷;1911 年,设分馆或支馆二十余处;1914 年,董事会收回日本股份,设分馆于香港;1915 年,成立一处(总务处)三所(印刷所、编译所、发行所),陈叔通主持总务处;1926 年,张元济辞监理职,被推为董事长,等等。另外,1979 年商务印书馆创刊的内部刊物——《商务印书馆馆史资料》(1—47 期)保存了大量珍贵的一手资料。该内刊 1993 年因故停办,2012 年复刊,至 2017 年续出至新第 7 期。

《南开新闻出版史料(1909—1999)》

崔国良、张世甲主编。南开大学出版社 1999 年 10 月出版。大 32 开本,43.6 万字,定价 30.00 元。该书收录南开学校(大学、中学、女中、小学、研究所、重庆南开中学、抗战时期的西南联大等)的,自 1909 年至 1999 年的出版物、人、事等。内容包括报纸、期刊和图书出版机构的创立、历史沿革、组织机构、报刊和图书的出版情况及对南开出版物的概述与评论等。其中“南开新闻出版组织机构”中不乏制度方面的史料,如人员构成、会议记录;其他部分如“南开新闻报刊汇览”中有《南开日刊社简章》(1919 年 6 月 12 日)、《本社售报条规》(1919 年 7 月 12 日)、《本刊投稿章程》(1933 年 6 月)等,皆属制度类文献。

《中国出版史料·现代部分》(第一卷上册、下册)

宋原放主编,陈江辑注。山东教育出版社 2001 年 4 月出版。大 32 开本,精装,78.5 万字,定价 67.00 元。第一卷中关涉出版法律法规、企业制度的,上册有《〈学衡〉杂志简章》《北洋政府出版法》《北洋政府著作权法》;下册有《国民政府著作权法》《国民政府出版法》《国民党中宣部宣传品审查条例》《国民党中宣部修正图书杂志审查办法》《生活书店通信购书简章》。

《中国出版史料·现代部分》(第二卷)

宋原放主编,吴道弘辑注。山东教育出版社 2001 年 4 月出版。大 32 开本,精装,40 万字,定价 45.00 元。该书与出版制度相关的文献主要有《重庆市出版商业同业公会章程》(1943 年);“附录”部分的《出版法》《修正抗战期间图书杂志审查标准》《战时图书杂志原稿审查办法》《战时出版品审查办法及禁载标准》。

《出版史料丛刊》(第四辑)

新《出版史料》以丛刊形式,于 2001 年 7 月由开明出版社分辑推出,焦向英主编。第四辑 2002 年 12 月刊行。此辑有子冶整理、标点和注释的《关于中国图书公司的材料(三则)》,分别为《中国图书有限公司招股缘起(代论)》(录自《申报》1906 年 4 月 25 日)、《中国图书有限公司章程》(录自《申报》1906 年 4 月 25 日)、《中国图书有限公司开收股份广告》(录自《申报》1906 年 5 月 6 日)。整理者在注释中介绍说,中国图书公司是清末废科举后由张謇牵头集资开办的最大出版社,出版刻本品种仅次于商务印书馆。虽然以取代商务为目的,资本超过商务,但最终失败,被商务并吞。中国图书公司的原始材料本处所录三件为仅见。

《战斗在白区:读书出版社(1934—1948)》

范用编。生活·读书·新知三联书店 2001 年 10 月出版。大 32 开本,605 页,46.1 万字,定价 35.00 元。本书中有一篇文献是关涉出版企业制度的,即收录在第三部分的《读书生活出版社征股启事》。这个“启事”原刊于《读书》半月刊 1937 年 2 月。

《中国近代现代出版通史》(全四卷)

叶再生著。华文出版社 2002 年 1 月出版。大 32 开本,精装,397.6 万字,定价 398.00 元。该书系统论述了自清末至中华人民共和国成立前的出版历史,注重引用原始历史资料。每卷附录部分,较多出版法律、法规等方面的资料。其中第一卷附录中有:《大清印刷物专律》(光绪三十二年商部巡警部学部会同鉴定)、《资政院奏准著作权律折》(宣统二年十一月十七日)、《著作权章程》(宣统二年颁布)。第二卷附录中有:《出版法》(1914 年)、《出版法》(1930 年)、《出版法实施细则》(1931 年)、《修正图书杂志审查办法》(1934 年)、《著作权法》(1928 年)。第三卷附录中有:“国民政府有关新闻出版之法规”,内含《出版法》(1937 年)、《出版法实施细则》(1937 年)、《修正抗战期间图书杂志审查标准》(1938 年)、《战时图书杂志原稿审查办法》(1938 年)、《战时出版品审查办法及禁载标准》(1944 年)、《修正著作权法》(1944 年);“备考”栏下则有《汪伪政府出版法》(1941 年)、《伪华北临时政府出版法》(1938 年)、《伪满洲国出版法》(大同元年公布,康德元年修正)等。第四卷附录有《管理收复区报纸、通讯社、杂志、电影、广播事业暂行办法》(1945 年)、《出版法修正草案》(1947 年)等。

《陆费逵与中华书局》

俞筱尧、刘彦捷编。中华书局 2002 年 1 月出版。大 32 开本,535 页,38.9 万字,定价 33.00 元。该书主要内容为记述陆费逵生平思想和创办中华书局的经历,以及叙述陆费逵主持工作期间,中华书局重要书刊的编辑出版情况和业务经营方面的重大措施。其中,部分回忆和研究文章涉及中华书局的产权制度、组织制度、管理制度等。史料梳理比较详细的如钱炳寰《中华书局史事丛抄》,就有关涉经营管理和组织机构方面属于制度的内容,包括“六家出版社的营业新约”“视察分局简章”“董事、监察和董事会董事长”“股东会和董事会的会议记录”“股票股实户”“组织机构沿革概况”等。另,中华书局编辑部编《回忆中华书局》(中华书局 2011 年 11 月第 2 次印刷)一书,书局制度史料也时有所见。

《中华书局大事纪要(1912—1954)》

钱炳寰编。中华书局 2002 年 5 月出版。大 32 开本,271 页,19.7

万字,定价 18.00 元。该书主要资料来源有三:一是十几大木箱的档案资料;二是 180 余册《申报》(1902—1949)的影印合订本;三是近现代出版史料及舒新城的《狂顾录》。中华书局从 1902 年创办直到 1954 年的大事按年份进行编排。其中对于书局产权制度、组织制度、管理灰度等方面的资料记录翔实,并提供了进一步发掘和研究的线索。

《中国近现代出版史料》(1—8)

张静庐辑注。上海书店出版社 2003 年 12 月出版。这套史料集实为旧籍重刊,原书共七编八册,其中近代部分为二编二册(初编,上杂出版社 1953 年出版;二编,群联出版社 1954 年出版),现代部分为四编五册(甲、乙、丙、丁编,中华书局 1954—1959 年出版),外加补编一册(中华书局 1957 年出版)。全书约 250 万字,收录了自 1862 年京师同文馆创立至 1949 年中华人民共和国成立 87 年间我国出版事业的重要资料,包括图书、报刊、教科书、印订技术、出版法令等,还有三四百幅图片和书影,保存了大量丰富的第一手资料,有的辑录于当时的图书期刊,有的是未经公开发表的,还有的资料是特约编写和专门调查的,极为难得,对于中国近现代出版史的研究具有重要参考价值。其中不乏直接关涉出版法令、同业行规、书业企业制度方面的史料,具体包括:近代初编中的《官书局奏开办章程》(1896)、《京师同文馆馆规》(1898)、《京师大学堂编书处章程》(1902);近代二编中的《译印西文地图公会章程》(1896)、《译书公会章程》(1897)、《京师大学堂译书馆章程》(1903);现代丁编中的《出版商同业公会章程》(1943);补编中的《同文书局股印图书集成、二十四史启》(1884)、《聚珍仿宋印书局招股启》(1916)等。

《生活·读书·新知三联书店文献史料集》(上、下)

生活·读书·新知三联书店文献史料集编委会编。生活·读书·

新知三联书店2004年5月出版。大32开本,正文1385页,284.1万字,定价118.00元。该史料集内容丰富,除了文字材料,还有数十幅历史图片。全书分为二十五辑,与出版制度相关的有:“辑三”的《三联书店暂行薪给办法》《新中国文化企业股份有限公司增资缘起及简章》《生活·读书·新知三联书店为生活出版合作社(生活书店)在1945年前之股权全部捐赠韬奋图书馆公告全体社员启事》《生活·读书·新知三联书店为征集登记读书出版社、新知书店私人股权启事》;“辑七”中的《关于区分造货原则及制度的决定》;“辑八”中的《三联书店编校工作制度》;“辑十九”中的《北京分店门市部办事细则》。

《出版史料》(2004年第3期)

《出版史料》2003年改为用刊号正式刊行的定期出版物(季刊)。2004年第3期(9月出刊)上有《生活出版合作社章程》,属于“旧文重刊”栏目。这个“章程”是民国二十九年三月第六届社员大会通过的。内容包括第一章总则,第二章社员,第三章社股,第四章社员代表大会,第五章理事会,第六章监察委员会,第七章人事委员会,第八章会计,第九章社员之权利与义务,第十章附则。生活书店是在《生活》周刊社书报代办部的基础上建立起来的,于1932年7月在上海正式成立。生活书店对内为生活出版合作社组织,为集体所有制性质。

《中国出版史料·近代部分》(第一卷、第二卷、第三卷)

宋原放主编,汪家熔辑注。湖北教育出版社2004年10月出版。大32开本,精装,145.2万字,定价135.00元。该书与出版制度相关者,第一卷有《上海强学会章程》《京师大学堂译书局章程》《京师大学堂编书处章程》;第二卷有《江苏暂行图书审查会规则》《译印西文地图公会章程》;第三卷有《商务印书馆股份有限公司章程》《商务印书馆股东会记录》(选)、《商务印书馆历届董事名录》《商务印书馆清退日股合同》《中国图书有限公司招股缘起(代论)》《中国图书有限公司章程》《中国图书有限公司开收股份广告》《上海新立译书公会章程》《聚珍仿宋印书局招股启》《苏州各书坊公禁淫书议单条约》《上海书业公所初次订定章程》。

《书道》

汪耀华编。上海文化出版社2005年9月出版。小32开本,137页,10.2万字,定价12.00元。这是一本选录前辈出版人如陆费逵、王云五、邹韬奋、夏丏尊、徐伯昕、黄警顽、章锡珊、张静庐、王仿子等论做书之道的文集。该书与书业制度相关的是两篇附录。其一为《出版商业同业公会章程》(1943年),选自张静庐辑注《中国现代出版史料》(丁编),中华书局1959年版;其二为《书店印刷店管理规则》(民国三十一年五月五日行政院公布),原刊《国民政府司法例规补编》,引自刘哲明编《近现代新闻出版法规汇编》(学林出版社1992年版)。

《近代中国著作权法的成长(1903—1010)》

王兰萍著。北京大学出版社2006年5月出版。小16开本,265页,29.6万字,定价27.00元。该书研究的中国近代著作权法属于出版宏观管理的范畴,其"附录"有《中国法制近代化过程中的三部著作权法》《有关史料选辑》。

《民国书业经营规章》

汪耀华选编。上海书店出版社2006年8月出版。大32开本,正文481页,总计39.4万字,定价40.00元。编者先依次编选了上海书业商会、上海市书业同业同业公会、重庆市出版商业同业公会的章程、图书售价实施办法、本埠与外埠同行批发简章、特约经销处契约、独家寄售契约等,除相关"训令""公告",实际收录的章则13种。接下来,分别收录了商务印书馆、开明书店、百新书店的章程及具体规章制度。

其中,商务印书馆相关制度按照组织类、业务类、服务类、事务类进行编排,收罗相关规章72种;另有“附录”收入《商务印书馆人事管理概况》。该书“附编”,则选编了三联书店、东北新华书店、新华书店华东总分店的相关规章制度。这些资料主要来自历史档案,如商务印书馆规章,除附录外均录自商务1935年9月辑印的《商务印书馆规则汇编》。书前,编者有“代前言”《从事出版值得留意的经验》,对上述书业企业及同业公会的规则、章程予以简要介绍,并说明了编选该书的缘起、原则、用意等。

《生活·读书·新知三联书店大事记·稿本(上册1932—1951)》

生活·读书·新知三联书店2008年10月出版。16开本,144页。该书记录了三联书店(含前身几家书店)从1932年至1951年间发生的大事,所依据的资料主要是《生活书店史稿》《战斗在白区——读书出版社(1934—1948)》《新知书店的战斗历程》和《生活·读书·新知三联书店史料集》。这个大事记涉及书店(出版社)的企业经营与管理、产权制度、组织制度,等等。

《出版史料》(2009年第1期)

该期刊载有陈福康《郑振铎的“开明书店合立转股单”》一文。文章对这份珍贵的出版史料进行了详细介绍,转录了此“转股单”的正面全部文字,以及反面的“转股须知”。有拍摄的转股单图片。此外,作者还对已经被网上拍卖的另外两张同样的转股单进行了简要介绍。

《上海书业同业公会史料与研究》

汪耀华编著。上海交通大学出版社2010年7月出版。大32开本,正文362页,25.2万字,定价40.00元。该书分为史料编和研究编,其中研究编较为系统地研究了上海书业同业公会的历史,详细梳理和论述了上海书业同业团体发展嬗变的过程。史料编比较完整地收录了上海书业同业公会各个时期包括上海书业公所、上海书业商会、上海市书商业同业公会在内的涵盖1906年到1953年的主要章程、业规、划一图书价目实施办法及相关应用附件等。除此之外，在“其他”部分，还收有《中国书业有限公司章程》(1908年)、《著作权章程》(1910年)、《著作权法》(1928年)、《著作权法实施细则》(1928年)、《出版法》(1937年)、《中国书业联资社章程草案》(1942年)、《中国联合出版股份有限公司章程》(1943年)等。该书前面有时任上海市新闻出版局局长的焦扬撰写的《温故鉴今(代序)》、编著者的《阅读提示》。编者说明，本书所收上海书业商会最初章程(1905年)、上海书业商会现行章程(1924年)、上海市书业同业公会章程(1937年)，曾载于《民国书业经营规章》。

《出版博物馆》(2009年第3期)

这份内部刊物由出版博物馆(2011年更名为中国近现代新闻出版博物馆，刊物也于2014年更名为《新闻出版博物馆》)编研部编辑，林丽成主编。该期首篇为吉晓蓉、郭平英整理的《关于群益出版社的股份——吉少甫答郭平英问》，内容涉及群益实行股份制的背景和过程、“党资”和郭沫若等人名下的股份、得到工商企业家鼎力支持、投资者中不乏进步文人、“清单”是份珍贵史料等。本文整理者分别为吉少甫之女和郭沫若之女。另，吉少甫主编《郭沫若与群益出版社》(上海百家出版社2005年8月版)收入吉少甫《关于群益出版社》《郭沫若与中后期群益》，屈楚《早期群益琐忆》等15篇文章，也涉及出版企业内部制度等方面。刊于《出版博物馆》的上文也收录在这本书中。

《出版博物馆》(2009年第4期，2010年第1、2期)

这份内部刊物由出版博物馆编研部编辑，林丽成主编。这三期刊物连载(影印)了小册子《大东书局之过去状况与今后计划》。大东书局创设于民国五年(1916 年),该文册源自出版博物馆(筹)收藏的大东书局档案,撰写于 1934 年,介绍了大东书局的创业经过,组织机构沿革,1916 年至 1933 年历年的生产、经营、财产的统计数字等。

《张元济年谱长编》(上、下卷)

张人凤、柳和城编著。上海交通大学出版社 2011 年 1 月出版。16 开本,180.9 万字,精装印制,定价 350.00 元。该书可以说是张树年主编的商务版《张元济年谱》的扩展版,容量大幅度增加,资料内容的深度和广度都有大的拓展。年谱长编参阅的主要著作和文献档案包括《张元济全集》《张元济日记》《张元济书札》《张元济傅增湘论书尺牍》《张元济古籍书目序跋汇编》《商务印书馆股东会会议记录簿》《商务印书馆董事会会议记录簿》。其中,很多资料直接或间接关涉出版企业的制度尤其是内部制度。

《中国出版史料·近代部分·补卷》(上册、下册)

汪家熔辑注。湖北教育出版社 2011 年 2 月出版。大 32 开本,精装,87.4 万字,定价 90.00 元。该书收录的材料包括两个部分,一是近现代出版法律法令和民国时期几个主要出版出版机构的规章制度,二是晚清和民国初期的几个书目。其中上册收录内容具体包括:《清末民初有关出版的各种法令》《湖北官书处章程》《文通书局制度章程》《江南书局购书章程》《商务印书馆制度章程》(26 种)、《中华书局股份有限公司章程》《生活书店规章制度》(19 种)、《开明书店制度章程》(19 种)、《上海市书业同业公会业规》《上海市书商业同业公会会员名录》《上海市书商业公会第一届理监事名录》《上海市书商业同业公会章程》《教科图书划一定价》。

《出版史料》2011 年第 3 期

此期刊物上与出版制度相关的文章是丁伟的《一份弥足珍贵的史

料:一·二八事变后重订的〈商务印书馆函授学社简章〉》,据作者介绍,此简章是他从旧书市场淘得,32开本,21页。文章全文转录了这份资料,并附有影印件。

《出版博物馆》(2012年第1—4期)

这份内部刊物由出版博物馆(2011年更名为中国近现代新闻出版博物馆,刊物后来也更名为《新闻出版博物馆》)编研部编辑,林丽成主编。该刊分四期刊载了樊琳、王京芳整理的《上海市书商业同业公会档案选辑》。据整理者介绍,“上海市书商业同业公会”全宗档案藏于上海市档案馆,形成时间为1874—1958年,内容有该会历史沿革文件、公会章程、书业公所底挂号、组织人事文件、著作权章程及取缔翻版办法、版权纠纷等,共计730卷。1886年,上海书业崇德公所成立;1905年,公所重组,草定章程,1906年改称上海书业公所。1911年向清廷民政部注册时,会员已逾百家。1930年7月,上海书业公所与1927年成立的上海市商民协会书业分会、1928年成立的上海新书业公会合并组成上海市书业同业公会。1942年4月改组为上海市书业联合会;7月再次奉命改组为上海特别市书业同业公会。抗战胜利后,该会经过整顿更名为上海市书商业同业公会。1958年该会结束。《出版博物馆》杂志四期连续刊载的内容具体有:创建书业公所启(1886年)、上海书业公所初次订定章程(1906年)、上海书业公所落成全体大会开会词(1915年)、上海书业公所现行规则(约1915年)、书业商会十年概况、上海书业商会章程、《上海书业商会廿周纪念》发刊词、本会十周年以后至二十周年大事记、上海特别市执行委员会民众训练委员会工商同业公会登记表、人民团体登记表等。内有多幅清晰的档案原件图片。另,王京芳在《新闻出版博物馆》(2014年第1期,学林出版社出版)刊发了《沦陷时期上海特别市书业同业公会活动情况》,可以参看。

《中华书局百年大事记(1912—2011)》

中华书局编辑部编。中华书局2012年3月出版。16开本,精装印制,52万字,定价78.00元。该书分上、下两编,分界在1954年5月1日,此前为中华书局私营时期;此后为公私合营和国营时期。全书记事以年月日时序排列,记事范围包括重要的经营决策、经营活动和经营业绩;重要的图书策划、选题研究、学术交流活动;重要图书的出版、发行及获奖情况;重要的会议(如董事会、职代会)和管理决议;重要的机构和人事变动;重要的行业交流与合作等。相较于《商务印书馆百年大事记》,此书更加注重企业经营及企业制度方面的内容,材料更加翔实完整。该书编写上编以钱炳寰《中华书局大事纪要(1912——1954私营时期)》(中华书局2002年版)为基础,对其加以修改完善;下编资料基础为中华书局档案、历年工作简报、业务情况报告、《局史资料工作》(共15辑)及上世纪90年代书局组织人力编写的部分年代大事记手稿等。

《近代湖南出版史料》(一、二)

黄林编。湖南教育出版社2012年12月出版。小16开本,142.5万字,定价248.00元。该史料汇编中包括部分与出版管理制度及实施相关的内容,如《民厅拟订〈通志馆组织规程〉》《教部令湘禁止小学自编课本》《教部不准另设审查教科图书机关》《通信购书章程》《〈湘学新报〉售例》《〈湖南教育公报〉发行章程》《湖南中山文化书局出版图书推销方法》《〈湖南学生〉杂志订阅办法》《文化书社组织大纲》《湘报馆章程三则》《〈游学译编〉简章》《〈坤维杂志〉招股及开办简章》《〈湖南地方自治白话报〉简章》《〈实业杂志〉简章、招股章程》《〈天民报〉馆附属新湘印刷公司招股简章》《湖南政报处简章》《修正湖南省农会农报编辑社暂行简章》《湖南省政府公报简章二则》《湖南中央日报社暂行办事规则》《湖南中央日报社奖惩规则》《湖南中央日报社请假规则》《湖南中央日报社职工临时借款暂行规则》《湖南县报联合会简章》《湖南省新闻纸立案暂行规则》《湖南省图书杂志审查处检查规则》《湖南省图书杂志审查处各县市分处工作细则》《修正图书杂志送审须知》《市宣部呈请上级统一书报审查方法及规定审查标准》,等等。

《出版史料》2013 年第 1 辑

《出版史料》从 2013 年起再次改用书号出版,由正式期刊变为丛刊。该辑中王京芳整理的《正中书局概况》具有出版企业史料方面的重要价值。整理者按语说,《正中书局概况》系正中书局档案一则,成稿于 1949 年 5 月正中书局迁往台北不久,作者未署名,但在文章“附注”中说明,“本概况由上海办事处撰拟,一切情形系尽其所知者列报,谨此注明”。由此可以推断,这是中华人民共和国成立前夕,正中书局上海办事处应有关方面要求写的关于该局及上海办事处的基本情况报告。原文为手稿复写本,封面钤有“正中书局总管理处上海办事处公章”,内页字迹工整美观。原文无标点,系整理者所加。文章从组织状况、政治背景、经济状况、出版物性质、编审工作状况、业务工作状况、现有财产状况、现有工作员工人数、与各同业关系等方面,说明正中书局的历史与现状,文末附《正中书局组织系统表》。

《民国时期出版史料汇编》(全二十二册)

吴永贵编。国家图书馆出版社 2013 年 10 月出版。全套影印版,精装印制,定价13 000.00元。该书以文献为单元,整本影印出版,共收录近现代各种出版史文献 116 种,包括 7 类,即出版机构史料;出版概况及研究性著作;出版管理与出版法规;书业公会史料;印刷业及纸业史料；出版类期刊；出版物目录。其中的绝大多数文献为民国时期出版物，少量的清末史料。其中，有的类别如"出版管理与出版法规"整体与出版制度相关，也有些类别中散见部分出版企业制度、出版行业协会制度等方面的史料。具体包括第五册的《商务印书馆附设函授学社英文本科简章》《商务印书馆附设函授学社英文科选科简章》；第八册的《大东书局法律函授学社简章》；第十二册的《通俗读物编刊社宣言及简章》《中国大词典编纂处一览》；第十五册的《出版法规汇编》《著作权法与出版法》《审查手册》《审查法规辑要》《民众读物各项重要法令》《教育部出版品国际交换处章程》；第十六册的《上海市书业同业公会章程》《北平市书业同业公会划一图书售价实施办法》。

《湖北官书局版刻图录》

阳海清、汤旭岩主编。湖北教育出版社 2014 年 3 月出版。16 开本，精装印制，定价 450.00 元。该书分为"书影""资料""书目"三部分，其中"资料"部分刊有《湖北官书处购书章程》。

《上海学》（第一辑——第四辑）

周武主编。上海人民出版社 2015 年 3 月——2016 年 11 月出版。此辑刊在"新史料"专栏里连载了周武、陈来虎整理的《商务印书馆董事会议录》（一、二、三、四）。"整理者按：由于 1954 年商务北迁，商务印书馆原始档案至今下落不明，有关商务印书馆的研究均无从使用商务印书馆档案，因此只能借助商务出版物和少量的非正式出版物，这无论对商务印书馆馆史研究还是对商务印书馆与中国现代教育、现代文化的研究而言，都不能不说是重大的缺憾。所幸，商务北迁后，商务档案并没有同时北迁，1950 年代后期上海市总工会工人运动史料征集委员会曾组织力量对商务印书馆档案进行了分门别类的摘抄（全部使用钢笔抄录），并装订成册，共 120 余册。每册页数和字数不等，少则十几页，多则百数十页，总字数近 100 万字。这批档案抄件虽不免受到摘抄者视野所限，多着眼于商务内部的矛盾，特别是劳资关系，但涉及内容极其丰富，包括 1954 年公私合营前商务印书馆历届董事会会议记录、馆规、版权交涉、书信、人事、事业发展、劳资关系等，而且每一份都注明摘自档案何卷宗、第几页。在商务原始档案无从寻觅的情况下，这批档案抄件弥足珍贵，对于深化商务印书馆馆史、中国现代出版史乃至中国现代教育史、文化史的研究，无疑均具有极其重要的史料价值。”整理者整理刊出的“董事会会议录”不仅包括常规的董事会会议录，还包括特别会议录，董事会议章程等。第一辑有 29 页，第二辑 43 页，第三辑 45 页，第四辑 32 页，总计已登载 149 页。第四辑后面标注有“未完待续”，说明第五辑还将继续刊载。

《新闻出版博物馆》(2015 年第 1 期)

新闻出版博物馆(筹)编。学林出版社 2015 年 4 月出版。此期刊有严洁琼《民国时期出版合同一瞥——略说上海图书馆藏〈出版权授与契约〉》。作者在文章开头写道:“在上海图书馆近代文献书库中，有一本‘书’显得颇为特别，16 开本，细线装订，既无封面，也无封底，更无书名。仔细翻看才发现，这并非是什么‘书’，而是一本由 21 份格式合同装订而成的册子。合同抬头为‘出版权授与契约’，出版权授与人(甲方)为中华教育文化基金会董事会编译委员会，出版权让受人(乙方)则为商务印书馆股份有限公司。原来，这是 1936—1938 年间中基会与商务印书馆签订的一批出版合同，原本应该都是散页，大概后人为了整理方便才将其装订成册，作为书籍的一种收进了近代文献文库。”作者以这批合同为基本材料对民国时期出版经营有关情况进行了分析。

《民国时期出版史料续编》(全二十册)

吴永贵编。国家图书馆出版社2016年10月出版。全套影印版,精装印制,总定价12 000.00元。“续编”收录的第一手史料仍旧采用整本影印的方法编排。编者将收录史料分为五类:1.出版法、著作权法与审查制度;2.出版机构史料;3.相关调查统计资料;4.出版物样本及目录;5.出版界期刊。其中第一、第二两类关涉出版宏观制度与中观微观的企业制度等。第一册中有《出版法》(1930年)、《出版法释义》(1931年)、《出版法实施细则》(1936年)、《新闻法律》(1937年)、《出版法实施细则》(1937年)、《修正出版法及实施细则》(1937年)、《出版法》(1941年)、《著作权法释义》(1929年)、《著作权法、出版法详解》(1936年)、《战时图书杂志原稿审查办法释义》(1943年)、《民国二十三年二月中央宣传委员会查禁一四九种书目及最后决定五种办法》、《中央续行取缔查禁刊物一览》(1936年);第二册中有《商务印书馆规则汇编》(1939年);第七册中有《上海女子书店招股章程》、《中华文化服务社资料供应部叙说订购简则》(1948年)。

《新闻出版博物馆》(世界书局文献史料汇编)

新闻出版博物馆(筹)编,祝君波主编。2017年9月内部刊行。16开本,326页。这辑特刊是为了纪念世界书局创立100周年而编辑刊行的,收录了朱联保《上海世界书局史忆》、刘冰《沈知方与世界书局的历史及轶闻》、吉少甫《世界书局和沈知方》、李富春《陆高谊与民国世界书局》、樊东伟《世界书局大事年表(1917—1931)》等史料文章34篇,其间包含不少与出版企业制度相关的材料。刊首的历史图片,如世界书局组织系统、世界书局1950年因停止营业对著作权人保留著作权各书稿一般的处理办法、世界书局股票样张、增加股本呈请注册委托书、世界书局股份有限公司监察人查账证明书、世界书局股东常会报告(1948 年 3 月 21 日)、世界书局股份有限公司董事会决议录(1948 年 5 月 27 日)、世界书局股份有限公司章程(1925 年 3 月第二次修正)、世界书局股份有限公司章程草案(1947 年 6 月 15 日)、世界书局董事及监察人名单(1942 年 8 月 23 日),等等,都是非常重要的出版企业制度史料。

《商务印书馆史料选编(1897—1950)》

汪耀华编。上海书店出版社 2017 年 3 月出版。大 32 开本,260 页,15 万字,定价 30.00 元。该史料集收录了 9 个文本,包括:1.《商务印书馆成绩概略》(民国二年四月);2.《上海商务印书馆总公司待遇同人章程》(民国十年一月至十六年十月);3.《商务印书馆志略》(民国十八年七月);4.《上海商务印书馆被毁记》(民国二十一年七月);5.《商务印书馆复业后概况》(民国二十三年一月);6. 附录:商务印书馆各分馆组织表(民国二十三年三月);7.《商务印书馆同人节约手册》(民国二十七年十月);8.《九年来之报告》(民国三十五年九月);9.《商务五十年》(一九五零年九月)。上述文本中不少关涉出版企业的内部制度,尤其是《上海商务印书馆总公司待遇同人章程》涵盖面非常广,内容丰富具体,包括二十多个具体规章,有《酬恤章程》《同人疾病扶助金章程》《总馆疗病室简章》《同人人寿保险章程》《扶助同人子女教育基金管理规则》《同人储蓄章程》《总馆同人米贴办法》《总馆同人例假办法》《总馆学生待遇办法》《总馆印刷所包工待遇办法》,等等。

《中国出版史研究》(2017 年第 3 期)

杨牧之主编。中华书局 2017 年 7 月 20 日刊行。该刊从这一期开始,陆续刊登部分经过初步整理的早期中华书局档案(主要是股东会、董事会会议记录),按年代编排。这一期登载了由贾元苏(原中华书局编审）整理的《中华书局股东会、董事会会议档案（一）》，收录的资料有民国元年（1912）股东会议（两次：第一、二次）、董事会议（两次：第一、二次）；民国二年（1913）股东会议（两次：第三、四次）、董事局会议（五次：第一至五次）。其间，既有股东会、董事会的会议纪要，还有《中华书局董事局规程》《分派花红规程》《任用职员规程》等企业管理制度。除此之外，该期刊物还登载了《民国二年（1913）董事会函件（十三件）》。

《中国出版史研究》（2017 年第 4 期）

杨牧之主编。中华书局 2017 年 10 月 20 日刊行。这一期登载了由贾元苏整理的《中华书局股东会、董事会会议档案（二）》，收录的资料有民国三年（1914）董事局会议（十一次：第六至第十六次）。其中有会议基本情况记载，同时附有董事、股东的提议案，《分派公积办法》《董事局拟定改发息折办法》《中华书局董事会规程》等规章制度。此外，还收录董事会函件十九件。

《中国出版史研究》（2018 年第 1 期）

杨牧之主编。中华书局 2018 年 3 月 20 日刊行。这一期登载了由贾元苏整理的《中华书局股东会、董事会会议档案（四）》（实际应为“（三）”），收录的资料有民国四年（标为 1914，实际应为 1915）董事局会议（六次：第十七至第二十二次）纪要；民国四年（1915）董事会函件十件；民国五年（标为 1914，实际应为 1916）董事会会议（七次，第二十三次至二十九次）纪要；民国五年（1916）董事会函件五十二件。

《中国出版史研究》（2018 年第 2 期）

杨牧之主编。中华书局 2018 年 6 月 20 日刊行。这一期登载了《中华书局股东会、董事会会议档案（四）》，包括会议纪要、重要信函，内容为民国六年、民国七年的相关档案，涉及企业制度方面的会议议案有《董事监察暂行办事规则》《中华书局有限公司优先股章程》《中华书局有限公司优先股募集办法》《修改优先股章程》《垫款印造重版图书合同》等;另外,如延请史量才担任中华书局局长的往复信函,可以考察当时高管的职责、权限和待遇等情况。

（作者　范军）

后　记

正是烈日炎炎、昼长夜短的盛夏时节,利用暑假的空闲编订好这本研究我国近现代出版企业制度的文集。承蒙志同道合的中国传媒大学出版社同仁厚爱,论集得以忝列国家出版基金项目"中国出版产业发展研究丛书",由中国传媒大学出版社高规格出版,与有荣焉。

回想三四年前,我为和学生何国梅合著的《商务印书馆企业制度研究(1897—1949)》撰写"后记"是在北国的京城,末尾有这样几句话:"屋外已是寒冷的冬日,室内却洋溢着浓浓的暖意。今天是西方的感恩节。我也不妨赶一下时髦,洋为中用:借此机会,以感恩之心,为我的亲人和朋友们送上最诚挚的谢意和最美好的祝福。"今天虽离感恩节还有不短的一段日子,但我仍然要满怀感激之情,向多年来鼓励与支持我进行出版企业制度研究的同仁、师友和学生深表感谢。那本很不成熟的研究老商务书业企业制度的专著,由华中师范大学出版社2014 年底推出后,居然得到了出版学界和业界朋友们的诸多谬赞,还获得了武汉市人民政府第十五次社会科学优秀成果一等奖。该书2016 年由台湾的花木兰文化出版社引进版权,刊行了繁体字修订版,著名历史学家章开沅先生拨冗作序,关爱和鞭策有加,这让我更坚定了继续深化中国近现代出版企业制度研究的信心和决心。

寒来暑往,春秋代序,这一千多个日日夜夜一直与出版企业制度相伴而行。我的同事、也是注册会计师沈东山副编审,博士生欧阳敏、何国梅、宋泉等,渐渐形成了学术团队,大家分工合作,相互砥砺,不断推出书业企业制度史方面的新成果。我所在大学社科处何静处长,李华忠、刘中兴、吴海涛副处长等积极扶持中国近现代出版企业制度的探索,连续两次将其列入教育部直属高校基本科研业务费专项资金项目。应该说,我们也算很努力了:相关论文先后刊发在《出版发行研究》《中国出版》《现代出版》《中国编辑》《出版史料》《出版广角》《华中师范大学学报》《华中学术》等重要期刊和学术辑刊上,新创办不久便在出版史学界声名鹊起的《中国出版史研究》更是特辟专栏推出我们团队的系列论文。(需要特别说明的是,本书中收录的文章除了《中国近现代出版企业制度史料经眼录》未曾公开发表,其他均主要刊载于上述报刊上。此次编选,恢复了发表时因版面限制等原因删除的部分资料和案例,并在文字上适当有所调整与增补。)《新华文摘》、人大复印报刊资料《出版业》、《高等学校文科学术文摘》等二次文献刊物,也给予相关成果充分肯定和特别关注,多次摘登论点和全文转载,扩大了成果的影响。不久前,"中国近现代出版企业制度研究"系列论文荣获湖北省人民政府第十一届社会科学优秀成果一等奖,更让我们在惊喜之余,有一种更上层楼的压力与动力。

到今年春夏之交,我最后告别了出版企业,完全回归书斋,潜心学术。但二十年的出版企业从业经历,让我对书业企业制度的关注和探求仍然会不离不弃。虽然手头又有了新的写作任务和研究课题,但我还将继续在出版企业制度方面不断积累和深度沉潜,力求以后有所掘进和突破。行笔至此,从桂子山巅七楼办公室放眼望去,不远处珞珈山上空的蓝天白云清晰可见，难耐的暑热和知了的叫声被紧紧地关在了窗外。此刻我不觉想到唐代边塞诗人岑参的诗句："残云收夏暑，新雨带秋岚。"我想这两句诗中间若加两个字，倒是蛮切合眼下的火炉武汉："残云何日收夏暑，新雨几时带秋岚？"

是为跋。

范军　戊戌年盛夏于武昌

中国出版产业发展研究丛书

第一辑

◎《论出版的文化自觉》
◎《自出版管理问题研究》
◎《当前出版企业转型问题研究》
◎《中国数字出版产业政策研究》
◎《出版传媒上市公司投融资研究》
◎《中国数字出版内容国际传播研究》
◎《媒介融合趋势下的出版变迁与转型》
◎《中文人文社会科学学术期刊评价体系研究》
◎《中国出版产业政策研究：社会转型与价值观建构》
◎《大学精神与大学出版：民国中央大学“学人办刊”研究》

第二辑

◎《出版是什么》
◎《出版的边界》
◎《期刊：连续出版的逻辑》
◎《中国版权管理体制改革研究》
◎《中国近现代出版企业制度研究》

图书在版编目(CIP)数据

中国近现代出版企业制度研究 / 范军主编. -- 北京 : 中国传媒大学出版社, 2020.5
(中国出版产业发展研究丛书. 第二辑)
ISBN 978-7-5657-2704-7

Ⅰ. ①中… Ⅱ. ①范… Ⅲ. ①出版业—企业管理制度—研究—中国—近现代
Ⅳ. ①G239.23

中国版本图书馆 CIP 数据核字(2020)第 064083 号

中国近现代出版企业制度研究
ZHONGGUO JINXIANDAI CHUBAN QIYE ZHIDU YANJIU

主　　编　范　军
副 主 编　欧阳敏
责任编辑　刘广东
封面设计　李杨桦　郭　琳
责任印制　阳金洲

出版发行　中国传媒大学出版社
社　　址　北京市朝阳区定福庄东街 1 号　邮编:100024
电　　话　86-10-65450528　65450532　传真:65779405
网　　址　http://cucp.cuc.edu.cn
经　　销　全国新华书店

印　　刷　三河市东方印刷有限公司
开　　本　710mm × 1000mm　1/16
印　　张　25.25
字　　数　307 千字
版　　次　2020 年 5 月第 1 版
印　　次　2020 年 5 月第 1 次印刷

书　　号　ISBN 978-7-5657-2704-7/G · 2704　**定　　价**　95.00 元